改訂版　聞いて覚える中国語単語帳

キクタン

中国語
【中級編】
中検2級レベル

アルク

はじめに

「キクタン 中国語」シリーズとは

ベストセラー「キクタン」の中国語版

単語を聞いて覚える"「聞く」単語集"、すなわち「キクタン」。「キクタン」シリーズはアルクの英単語学習教材として始まりました。本シリーズは音楽のリズムに乗りながら楽しく語彙を学ぶ「チャンツ」という学習法を採用し、受験生から TOEIC® のスコアアップを狙う社会人まで、幅広いユーザーの支持を受けています。本書は、この「キクタン」をベースにした中国語の単語帳です。

中検2級合格レベルの単語や、
押さえておきたい
成語、慣用句を精選

改訂版では内容を一新し、過去数年間の中国語検定試験で使用されている語彙、外国人に対する中国語教育のために制定された HSK（汉语水平考试）の語彙、中国語を扱った複数のコーパスを基礎データに、単語などを厳選しました。具体的には、中検2級合格レベルの単語 1008 語に加えて、中検2級を受験するなら押さえておきたい成語 112 語、慣用句 56 語を収録しています。

だから「ゼッタイに覚えられる」!

本書の**4**大特長

1 過去の中検問題などを徹底分析!

中国語検定試験で使用されている語彙、外国人に対する中国語教育のために制定された HSK（汉语水平考试）の語彙などから、中検 2 級合格レベルの単語 1008 語と、日常生活でよく使われる成語 112 語、慣用句 56 語を厳選・収録しました。

2 「耳」と「目」をフル活用して覚える!

本書では音楽のリズムに乗りながら楽しく単語の学習ができる「チャンツ」を用意。「目」と「耳」から同時に単語をインプットし、さらに「口」に出していきます。また、日本人が苦手とするピンインや声調もチャンツで覚えることができます。

3 1日16語、12週間のスケジュール学習!

「ムリなく続けられること」を前提に、1日の学習語彙量を 16 語（成語、慣用句は 1 日 8 語）に設定しています。12 週間、84日間の「スケジュール学習」ですので、ペースをつかみながら効率的・効果的に語彙を身に付けていくことができます。音声にはチャンツだけでなく、例文も収録しているので、音声を聞くだけでもしっかり学習できます。

4 選べる 2 つの「学習モード」

見出し語だけを聞く、見出し語と例文の両方を聞く、という 2 つのモードを用意しました。その日の忙しさなどに合わせて、学習の分量を調整することができます。

本書とダウンロード音声の利用法

1日の学習量は 4 ページ、学習語彙数は 16 語です（成語、慣用句は 2 ページ、8 語）。

見出し語

この日に学習する 16 語が
ピンインと一緒に掲載され
ています。

定義

赤字は最も一般的に用いられる定義
です。チャンツ音声ではこの赤字を
読み上げています。
定義の前に表示されている記号の意
味は次のようになります。

名 名詞　動 動詞　形 形容詞
副 副詞　代 代詞
助 助動詞　接 接続詞（連詞）
前 前置詞（介詞）

Tips

見出し語や中国語、中国事
情などについて「ちょっと
知っておきたいこと」をま
とめました。学習の参考に
してください。

語注

よく使うフレーズや関連語、
よくつく量詞、注意すべき
点などを掲載しています。
記号の意味は次のようにな
ります。

関 関連語や追加の解説など
同 聞き間違えやすい同音異義語
⇆ 同義語
⇄ 反義語
！ 日本語と同じ漢字でも意味・用法が違うため、注意すべき語彙
量 見出し語に対応する量詞
◇成語（10 ～ 11 週目）近 近義語（類義語）反 反義語

本書のピンイン表記について

① 原則として《現代漢語詞典》(商務印書館)の第七版に基づいています。
② "一"、"不"は変調後の発音表記にしています。
③ 3声が連続する場合の声調の変化については、本来の声調で表記しました。
④ 《現代漢語詞典》で声調がついていても、軽声で発音するのが普通で、場合によって 本来の声調で発音されるものについては軽声で表示します。
⑤ "没有"は動詞の場合は méiyǒu 、副詞の場合は méiyou と表記します。

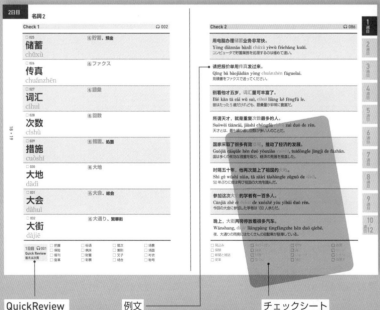

QuickReview

前日に学習した語彙のチェックリストです。左ページに中国語、右ページに日本語を掲載しています。日本語は赤シートで隠すことができます。

例文

見出し語と派生語を含む中国語の例文と日本語訳を掲載しています。よく使われる表現を選び、自然な中国語になるようにしていますので、少しレベルの高い語彙を含む文を採用しているものもあります。

チェックシート

本書にはチェックシートを付属しています。本文の赤字部分を隠し、単語やピンインを覚える際に活用してください。

1日の学習量は 4 ページ、学習語彙数は 16 語です
（成語、慣用句は 2 ページ、8 語）。
1 つの見出し語につき、定義を学ぶ「Check1」、
例文の中で単語を学ぶ「Check2」があります。
まずは「チャンツ音楽」のリズムに乗りながら、
見出し語と定義を「耳」と「目」で押さえましょう。
Check1 では定義とピンインが身に付いているか、
Check2 では訳を参照しながら、隠されている語が
すぐに浮かんでくるかを確認しましょう。

Check1 🎧

該当のトラックを呼び出し、見出し語とその意味をチェック!
まずはしっかり単語を覚えましょう。

Check2 🎧

見出し語を含む例文をチェック!
実践的な例に触れることで、理解度が高まります。

量詞のまとめ

1～9 週目の最終ページには、常用
の量詞をまとめました。組み合わせて
覚えておきたい主要な名詞ごとに掲載
してあります。使い分けは難しいです
が、しっかり覚えて表現の幅を広げま
しょう。

おすすめの学習モード

見出し語だけを聞く「チャンツモード」
学習時間：3 分

忙しいときには Check 1 の「チャンツ音
楽」を聞き流すだけでもOK!　できれば、
チャンツを聞いた後にマネして発音してみ
ましょう。

見出し語も例文も聞く「しっかりモード」
学習時間：12 分

やるからにはしっかり取り組みたい人は、
Check 1 の「チャンツ音楽」と Check 2 の「例
文音声」、どちらも学習しましょう。例文も声
に出してみることで、定着度がアップします。
正しい発音や声調を意識して「音読」してみ
てください。余裕のあるときは、語注の内容
もしっかり押さえましょう。

音声の構成

本書では「見出し語」（チャンツ）と「例文」の音声は以下のような構成になっています。

■ 見出し語

チャンツに乗せて「中国語 → 日本語（定義）→中国語」の
パターンで読んでいます。

■ 例文

読み上げ音声を「中国語の見出し語 →日本語（定義）→ 中国語例文」の
パターンで収録しています。（チャンツ形式ではありません）

音声ダウンロードについて

本書の音声は無料でダウンロードできます。
商品コードは「7022040」です。

パソコンの場合

以下の URL で「アルク・ダウンロードセンター」にアクセスの上、画面の指示に従って、音声ファイルをダウンロードしてください。
【URL】https://portal-dlc.alc.co.jp/

スマホの場合

QR コードから学習用アプリ「booco」をインストール（無料）の上、ホーム画面下「さがす」から本書を検索し、音声ファイルをダウンロードしてください。
【URL】https://booco.page.link/4zHd

※本サービスの内容は、予告なく変更する場合がございます。あらかじめご了承ください。

中検について

「中検」は、「中国語検定試験」の略称で、日本中国語検定協会によって実施されている、主に日本語を母語とする中国語学習者を対象に中国語の学習到達度を測定する試験です。1981年秋に第1回中国語検定試験が実施されて以降、評価基準、評価方法に検討が加えられ、今日まで回を重ねてきました。

2級合格の認定基準

2級試験は、「実務能力の基礎づくり」が完成しているかどうかに基準が置かれています。出題内容は、以下のように定められています。

日常生活全般及び社会生活の基本的事項における中国語から
- 日常会話及び長文の聞き取りと内容理解
- 長文読解と長文中の語句に関する理解
- 正しい語順と語句の用法，熟語・慣用句を含む語句の解釈
- 長文中の指定語句の書き取り及び指定文の日本語訳（記述式）
- 日本語の中国語訳（記述式）
- 与えられた語句を用いたテーマに沿った中国語作文（記述式）

2級に合格すれば、
複文を含むやや高度な中国語の文章を読み、
3級程度の文章を書くことができ、日常的な
話題で会話を行えるレベルと言えるでしょう。

※詳しい情報については下記にお問い合わせください。

一般財団法人 日本中国語検定協会

〒103-8468 東京都中央区東日本橋2-28-5 協和ビル
電話番号：03-5846-9751　メールアドレス：info@chuken.gr.jp
ホームページ：https://www.chuken.gr.jp

目次

キクタン中国語
1 週目

中国語で言ってみよう！

彼は病床に伏していてもなお勉強を続けている。

（答えは 006）

□ 001

把握

bǎwò

❗ 名（成功の）見込み、可能性
動 握る、把握する
≒ 掌握 zhǎngwò（掌握する、把握する）

□ 002

保险

bǎoxiǎn

名 保険
形 安全である、確かである
動 保証する、請け合う

□ 003

报刊

bàokān

名 新聞と雑誌、定期刊行物
量 份 fèn

□ 004

变革

biàngé

名 変革
動 変革する

□ 005

标语

biāoyǔ

名 スローガン、標語
量 条 tiáo、幅 fú

□ 006

病床

bìngchuáng

名 病床、病院のベッド
量 张 zhāng

□ 007

财富

cáifù

名 財産
量 笔 bǐ、份 fèn
🔲 抽象的な意味で使われることが多い

□ 008

彩票

cǎipiào

名 宝くじ
量 张 zhāng

继续
▼

1 週目
2 週目
3 週目
4 週目
5 週目
6 週目
7 週目
8 週目
9 週目
10～12 週目

中国には "体育彩票 tǐyù cǎipiào" と "福利彩票 fúlì cǎipiào" が
ありますが、当たるかどうかは運次第。

Check 2 🎧 085

他有把握考上那所大学吗？ Tā yǒu bǎwò kǎoshàng nà suǒ dàxué ma?
彼があの大学に合格する見込みはありますか。
我们要把握一切可能的机会。 Wǒmen yào bǎwò yíqiè kěnéng de jīhuì.
私たちはあらゆるチャンスをつかまなければならない。

我爸刚入了大病保险，这样我才放心。 Wǒ bà gāng rùle dà bìng bǎoxiǎn, zhèyàng
wǒ cái fàngxīn.　父は大型医療保険に入ったばかりだが、これで安心だ。　他们的做法不太
保险。Tāmen de zuòfǎ bú tài bǎoxiǎn.　彼らのやり方はあまり確かではない。　听我的话,
保险没事。Tīng wǒ de huà, bǎoxiǎn méi shì.　私の言うことを聞けば絶対に大丈夫です。

在中国的邮局可以订阅报刊。
Zài Zhōngguó de yóujú kěyǐ dìngyuè bàokān.
中国の郵便局では新聞と雑誌の予約購読ができる。

中国正处在社会的大变革之中。Zhōngguó zhèng chǔzài shèhuì de dà biàngé
zhī zhōng.　中国はまさに社会の大変革のさなかにある。　只有通过变革社会制
度，才能消除各种矛盾。Zhǐyǒu tōngguò biàngé shèhuì zhìdù, cái néng
xiāochú gè zhǒng máodùn.　社会制度を変革してはじめて、各種の矛盾を解消できる。

不准在公共场所乱贴标语。
Bùzhǔn zài gōnggòng chǎngsuǒ luàn tiē biāoyǔ.
公共の場所にむやみにスローガンを貼ることを禁じる。

他躺在病床上还在坚持学习。
Tā tǎngzài bìngchuáng shang hái zài jiānchí xuéxí.
彼は病床に伏していてもなお勉強を続けている。

世界文化遗产是人类共同的财富。
Shìjiè wénhuà yíchǎn shì rénlèi gòngtóng de cáifù.
世界文化遺産は人類共通の財産だ。

他像中了彩票一样高兴。
Tā xiàng zhòngle cǎipiào yíyàng gāoxìng.
彼は宝くじに当たったみたいに喜んだ。

継続
▼

Check 1　　　　　　　　　　　　　　　　　　　　🎧 001

□ 009 **层次** céngcì	名（言葉や文章の）順序、段落、（人間や事物、組織などの）レベル
□ 010 **差别** chābié	名違い、差異、格差、隔たり 🔁 区別 qūbié
□ 011 **叉子** chāzi	名フォーク 🔢 把 bǎ
□ 012 **场合** chǎnghé	名場合、場面
□ 013 **场景** chǎngjǐng	名場面、情景
□ 014 **场面** chǎngmiàn	名（映画などの）シーン、様子、場面
□ 015 **衬衣** chènyī	名シャツ、肌着、下着 🔢 件 jiàn
□ 016 **称号** chēnghào	名肩書き、称号

写作文如何做到层次清晰？ Xiě zuòwén rúhé zuòdào céngcì qīngxī?
作文を書くにはどのようにすれば順序が明瞭になるのか。

拿什么吸引高层次人才好呢？ Ná shénme xīyǐn gāo céngcì réncái hǎo ne?
何でハイレベルの人材を引きつけたらよいのか。

我看不出这两幅画有什么差别。
Wǒ kànbuchū zhè liǎng fú huà yǒu shénme chābié.
私にはこの 2 枚の絵にどんな違いがあるのか分からない。

我不习惯用刀和叉子吃饭。
Wǒ bù xíguàn yòng dāo hé chāzi chī fàn.
私はナイフとフォークで食事をするのに慣れていない。

这件衣服不适合在这种场合穿。
Zhè jiàn yīfu bú shìhé zài zhè zhǒng chǎnghé chuān.
この服はこのような場で着るには適当ではない。

这部电影里有很多感人至深的场景。
Zhè bù diànyǐng li yǒu hěn duō gǎnrén zhì shēn de chǎngjǐng.
この映画には感動的なシーンがたくさんある。

这部电影的武打场面十分精彩。
Zhè bù diànyǐng de wǔdǎ chǎngmiàn shífēn jīngcǎi.
この映画のアクションシーンはとてもすばらしい。

这件衬衣真好看，什么牌子的?
Zhè jiàn chènyī zhēn hǎokàn, shénme páizi de?
このシャツはとても素敵ですね、どこのブランドですか。

他在这次辩论会上获得了"最佳辩手"的称号。
Tā zài zhè cì biànlùnhuì shang huòdéle "zuì jiā biànshǒu" de chēnghào.
彼は今回の弁論大会で「最優秀弁士」の称号を獲得した。

1週目 2週目 3週目 4週目 5週目 6週目 7週目 8週目 9週目 10〜12週目

16 ▸ 17

□ 017

程序

chéngxù

名 **手順、順序、プロセス**

□ 018

成员

chéngyuán

名 **構成メンバー、グループの成員**

□ 019

尺寸

chǐcun

名 **サイズ、長さ**

□ 020

翅膀

chìbǎng

名 **翼**

量 只 zhī、对 duì、双 shuāng

□ 021

宠物

chǒngwù

名 **ペット**

□ 022

初期

chūqī

名 **初期、初めの時期**

□ 023

厨师

chúshī

名 **コック、料理人、シェフ**

□ 024

除夕

chúxī

名 **大みそか、除夜**

継続
▼

日本では年を越してから言う「あけましておめでとう」、中国語では大晦日も元旦も"新年快乐！"が使えますね。

1週目

2週目

3週目

4週目

5週目

6週目

7週目

8週目

9週目

10週目/12

Check 2　🎧 086

我对股票交易的程序不太了解。

Wǒ duì gǔpiào jiāoyì de chéngxù bú tài liǎojiě.

私は株取引の手順があまり分からない。

他是这次访日代表团的成员之一。

Tā shì zhè cì fǎng Rì dàibiǎotuán de chéngyuán zhī yī.

彼は今回の訪日代表団のメンバーの一員だ。

这件衣服的尺寸有点小，换一件大一点的吧。

Zhè jiàn yīfu de chǐcun yǒudiǎn xiǎo, huàn yí jiàn dà yìdiǎn de ba.

この服のサイズはちょっと小さいので、大きいのに換えてください。

这种鸟翅膀短，飞不高。

Zhè zhǒng niǎo chìbǎng duǎn, fēi bù gāo.

この鳥は翼が短く、高く飛べない。

他在东京开了一家宠物医院。

Tā zài Dōngjīng kāile yì jiā chǒngwù yīyuàn.

彼は東京でペット病院を開業した。

低血糖是糖尿病的初期症状之一。

Dī xuètáng shì tángniàobìng de chūqī zhèngzhuàng zhī yī.

低血糖は糖尿病の初期症状の1つだ。

这家饭店在招聘厨师。

Zhè jiā fàndiàn zài zhāopìn chúshī.

このホテルはコックを募集しているところだ。

每年除夕我都会和爸爸妈妈一起看"春节联欢晚会"。

Měi nián chúxī wǒ dōu huì hé bàba māma yìqǐ kàn "Chūnjié liánhuān wǎnhuì".

毎年大みそかには父母と一緒に「春節聯歓晩会」を見る。

继续
▼

Check 1　　　　　　　　　　　　　　　　　　　　🎧 002

□ 025
储蓄
chǔxù
名 貯蓄、預金

□ 026
传真
chuánzhēn
名 ファクス

□ 027
词汇
cíhuì
名 語彙

□ 028
次数
cìshù
名 回数

□ 029
措施
cuòshī
名 措置、処置

□ 030
大地
dàdì
名 大地

□ 031
大会
dàhuì
名 大会、総会

□ 032
大街
dàjiē
名 大通り、繁華街

| 1日目 🎧 001
Quick Review
答えは次頁 | □ 把握
□ 保险
□ 报刊
□ 变革 | □ 标语
□ 病床
□ 财富
□ 彩票 | □ 层次
□ 差别
□ 叉子
□ 场合 | □ 场景
□ 场面
□ 衬衣
□ 称号 |

用电脑办理储蓄业务非常快。

Yòng diànnǎo bànlǐ chǔxù yèwù fēicháng kuài.

コンピュータで貯蓄業務を処理するのは極めて速い。

请把报价单用传真发过来。

Qǐng bǎ bàojiàdān yòng chuánzhēn fāguolai.

見積書をファクスで送ってください。

别看他才五岁，词汇量可丰富了。

Bié kàn tā cái wǔ suì, cíhuì liàng kě fēngfù le.

彼はたった5歳だけれども、語彙量が非常に豊富だ。

所谓天才，就是重复次数最多的人。

Suǒwèi tiāncái, jiùshì chóngfù cìshù zuì duō de rén.

天才とは、最も繰り返し回数が多い人のことだ。

国家采取了很多有效措施，推动了经济的发展。

Guójiā cǎiqǔle hěn duō yǒuxiào cuòshī, tuīdòngle jīngjì de fāzhǎn.

国は多くの有効な措置を取り、経済の発展を推進した。

时隔五十年，他再次踏上了祖国的大地。

Shí gé wǔshí nián, tā zàicì tàshàngle zǔguó de dàdì.

50年ぶりに彼は再び祖国の大地を踏んだ。

参加这次大会的学者有一百多人。

Cānjiā zhè cì dàhuì de xuézhě yǒu yìbǎi duō rén.

今回の大会に参加した学者は100人余りだ。

晚上，大街两旁停放着很多汽车。

Wǎnshang, dàjiē liǎngpáng tíngfàngzhe hěn duō qìchē.

夜、大通りの両側にはたくさんの自動車が駐車している。

☐ 見込み	☐ スローガン	☐ 順序	☐ 場面
☐ 保険	☐ 病床	☐ 違い	☐ シーン
☐ 新聞と雑誌	☐ 財産	☐ フォーク	☐ シャツ
☐ 変革	☐ 宝くじ	☐ 場合	☐ 肩書き

名詞3

□ 033
大脑
dànǎo

名 **大脳**

□ 034
大厅
dàtīng

名 **ロビー、ホール、大広間**

□ 035
代价
dàijià

名 **代償、代価**

□ 036
待遇
dàiyù

名 **待遇**

□ 037
当前
dāngqián

名 **目下**
動 直面する

□ 038
当年
dàngnián

❗ 名 **その年、同年**

□ 039
当天
dàngtiān

名 **その日、当日**

□ 040
导师
dǎoshī

❗ 名 **（大学などの）指導教官、リーダー**

継続
▼

毎日16語、先延ばしせず、その日のうちにやってしまいましょう。

1週目
2週目
3週目
4週目
5週目
6週目
7週目
8週目
9週目
10〜12週目

Check 2 🎧 087

睡眠是保证大脑休息的最好办法。
Shuìmián shì bǎozhèng dànǎo xiūxi de zuì hǎo bànfǎ.
睡眠は大脳を休める最良の方法だ。

大厅里静悄悄的，一个人都没有。
Dàtīng li jìngqiāoqiāo de, yí ge rén dōu méiyǒu.
ロビーはひっそりしていて、誰もいない。

你会为你的行为付出代价的。
Nǐ huì wèi nǐ de xíngwéi fùchū dàijià de.
あなたは自分の行為に代償を払うことになるだろう。

近年来，小学教师的待遇有了很大提高。
Jìnniánlái, xiǎoxué jiàoshī de dàiyù yǒule hěn dà tígāo.
近年、小学校教師の待遇はかなり向上した。

作为学生，当前我们最重要的任务就是学习。
Zuòwéi xuésheng, dāngqián wǒmen zuì zhòngyào de rènwu jiùshì xuéxí.
学生として、目下の私たちの最も重要な任務は勉強である。

我们公司成立的当年就盈利了。
Wǒmen gōngsī chénglì de dàngnián jiù yínglì le.
我が社は創立したその年に利益を上げた。

当天的作业要当天完成，最好不要拖延。
Dàngtiān de zuòyè yào dàngtiān wánchéng, zuìhǎo búyào tuōyán.
その日の宿題はその日のうちに終わらせるべきで、先延ばしにしないほうがいい。

他的导师是世界著名的学者。
Tā de dǎoshī shì shìjiè zhùmíng de xuézhě.
彼の指導教官は世界的に著名な学者だ。

继续
▼

□ 041 **地面** dìmiàn	名 地面、床

□ 042 **地毯** dìtǎn	名 じゅうたん

□ 043 **地形** dìxíng	名 地形

□ 044 **地震** dìzhèn	名 地震

□ 045 **典礼** diǎnlǐ	名 式典、セレモニー

□ 046 **电梯** diàntī	名 エレベーター、リフト 量 部 bù

□ 047 **动机** dòngjī	名 動機

□ 048 **动力** dònglì	名 エネルギー、動力、原動力

□ 程序	□ 宠物	□ 储蓄	□ 措施
□ 成员	□ 初期	□ 传真	□ 大地
□ 尺寸	□ 厨师	□ 词汇	□ 大会
□ 翅膀	□ 除夕	□ 次数	□ 大街

1
週目

2
週目

3
週目

4
週目

5
週目

6
週目

7
週目

8
週目

9
週目

10~12
週目

我国发射的宇宙飞船已成功返回了地面。

Wǒ guó fāshè de yǔzhòu fēichuán yǐ chénggōng fǎnhuíle dìmiàn.

我が国が打ち上げた宇宙船はすでに地上への帰還に成功した。

伊朗是世界上最大的地毯出口国。

Yīlǎng shì shìjiè shang zuìdà de dìtǎn chūkǒuguó.

イランは世界最大のじゅうたん輸出国だ。

这里四面环山，地形十分复杂。

Zhèli sìmiàn huán shān, dìxíng shífēn fùzá.

ここは四方を山に囲まれ、地形が非常に複雑だ。

日本是一个地震频发的国家。

Rìběn shì yí ge dìzhèn pínfā de guójiā.

日本は地震が頻発する国だ。

开学典礼明天上午九点开始。

Kāixué diǎnlǐ míngtiān shàngwǔ jiǔ diǎn kāishǐ.

始業式は明日午前 9 時に開始だ。

这部电梯直达三十层。

Zhè bù diàntī zhídá sānshí céng.

このエレベーターは 30 階まで直通だ。

求知欲是学习动机中最主要的因素。

Qiúzhī yù shì xuéxí dòngjī zhōng zuì zhǔyào de yīnsù.

知識欲は学習動機のなかで最も重要な要素だ。

改革是经济发展的强大动力。

Gǎigé shì jīngjì fāzhǎn de qiángdà dònglì.

改革は経済発展の強大なエネルギーだ。

☐ 手順	☐ ペット	☐ 貯蓄	☐ 措置
☐ 構成メンバー	☐ 初期	☐ ファクス	☐ 大地
☐ サイズ	☐ コック	☐ 語彙	☐ 大会
☐ 翼	☐ 大みそか	☐ 回数	☐ 大通り

Check 1 🎧 004

□ 049 **发票** fāpiào	名 領収書 量 张 zhāng
□ 050 **法规** fǎguī	名 法規、法律と規則の総称
□ 051 **方案** fāng'àn	名 企画、計画、草案、方案
□ 052 **妇女** fùnǚ	名 婦人、女性
□ 053 **概况** gàikuàng	名 概況
□ 054 **干劲** gànjìn	名 意気込み 量 股 gǔ
□ 055 **岗位** gǎngwèi	名 職場、持ち場
□ 056 **高度** gāodù	名 高さ 形 高度な

继续
▼

1週目

2週目

3週目

4週目

5週目

6週目

7週目

8週目

9週目

10～12週目

Check 2 🎧 088

请开正规的发票。

Qǐng kāi zhèngguī de fāpiào.

正規の領収書をください。

我们要自觉遵守国家的各项法律法规。

Wǒmen yào zìjué zūnshǒu guójiā de gè xiàng fǎlǜ fǎguī.

我々は国の各種法律・法規を自主的に守らなければならない。

他们的方案引起了一场争论。

Tāmen de fāng'àn yǐnqǐle yì cháng zhēnglùn.

彼らの企画は論議を呼んだ。

他主动把座位让给了一个抱小孩的妇女。

Tā zhǔdòng bǎ zuòwèi ràng gěile yí ge bào xiǎohái de fùnǚ.

彼は進んで子供を抱いた女性に席を譲った。

校长向来宾们介绍了学校概况。

Xiàozhǎng xiàng láibīnmen jièshàole xuéxiào gàikuàng.

校長は来賓に学校の概況を紹介した。

同学们，要鼓足干劲，力争上游。

Tóngxuémen, yào gǔ zú gànjìn, lìzhēng-shàngyóu.

学生諸君、気合いを入れて、上を目指そう。

他们在平凡的岗位上做出了不平凡的事。

Tāmen zài píngfán de gǎngwèi shang zuòchūle bù píngfán de shì.

彼らは平凡な部署で非凡な業績を出した。

一个人知识的深度决定了他人生的高度。

Yí ge rén zhīshi de shēndù juédìngle tā rénshēng de gāodù.

1人の知識の深さが彼の人生の高さを決める。

继续
▼

Check 1　　　　　　　　　　　　　　　　　　🎧 004

□ 057　　　　　　　　　　　名 **達人、名手、名人**

高手
gāoshǒu

□ 058　　　　　　　　　　　名 **歌曲**

歌曲
gēqǔ

□ 059　　　　　　　　　❗️名 **隣、隣家、隣室**

隔壁
gébì

□ 060　　　　　　　　　　　名 **個人**

个人
gèrén

□ 061　　　　　　　　　　　名 **労働組合**

工会
gōnghuì

□ 062　　　　　　　　　　　名 **公衆、大衆**

公众
gōngzhòng

□ 063　　　　　　　　　名 **遺跡、古跡、旧跡**

古迹
gǔjì

□ 064　　　　　　　　　　　名 **株、株券**

股票
gǔpiào

| 3日目 🎧 003
Quick Review
答えは次頁 | □ 大脑
□ 大厅
□ 代价
□ 待遇 | □ 当前
□ 当年
□ 当天
□ 导师 | □ 地面
□ 地毯
□ 地形
□ 地震 | □ 典礼
□ 电梯
□ 动机
□ 动力 |

陈杰是个电脑高手，经常免费帮大家修电脑。

Chén Jié shì ge diànnǎo gāoshǒu, jīngcháng miǎnfèi bāng dàjiā xiū diànnǎo.　陳傑はパソコンの達人で、いつも無料でみんなのパソコンを修理してくれる。

八十年代的歌曲能唤起很多当年的记忆。

Bāshí niándài de gēqǔ néng huànqǐ hěn duō dāngnián de jìyì.

80年代の歌は当時の記憶をたくさん呼び起こす。

我隔壁的夫妇是四川人。

Wǒ gébì de fūfù shì Sìchuānrén.

私の隣のご夫婦は四川の出身だ。

法律保护个人合法财产。

Fǎlǜ bǎohù gèrén héfǎ cáichǎn.

法律は個人の合法的な財産を保護する。

我们公司每个员工都自愿加入了工会。

Wǒmen gōngsī měi ge yuángōng dōu zìyuàn jiārùle gōnghuì.

我が社はどの従業員も自発的に労働組合に加入した。

国家干部的行为理应接受公众监督。

Guójiā gànbù de xíngwéi lǐyīng jiēshòu gōngzhòng jiāndū.

国家幹部の行為は当然公衆の監督を受けるべきだ。

我们要重视文物古迹的保护。

Wǒmen yào zhòngshì wénwù gǔjì de bǎohù.

我々は文化財や遺跡の保護に力を入れなければならない。

爸爸把手里的股票全部卖出去了。

Bàba bǎ shǒuli de gǔpiào quánbù màichuqu le.

父は手持ちの株を全部売った。

☐ 大脑	☐ 目下	☐ 地面	☐ 式典
☐ ロビー	☐ その年	☐ じゅうたん	☐ エレベーター
☐ 代償	☐ その日	☐ 地形	☐ 動機
☐ 待遇	☐ 指導教官	☐ 地震	☐ エネルギー

Check 1　　　　　　　　　　　　　　　　　🎧 005

□ 065
故障
gùzhàng

名 故障

□ 066
官僚
guānliáo

名 官僚

□ 067
冠军
guànjūn

名 優勝、第1位

□ 068
罐头
guàntou

名 缶詰や瓶詰（などの保存食品）
量 听 tīng、个 ge

□ 069
规划
guīhuà

名 計画、企画、プラン

□ 070
贵宾
guìbīn

名 貴賓

□ 071
柜子
guìzi

名 戸棚

□ 072
过后
guòhòu

名 あとで、以後、後日、その後

"贺卡"は誕生日だけでなく、"七夕、中秋、教师节、新年"など節目節目に送ってみるのもいいですね。

1週目

2週目

3週目

4週目

5週目

6週目

7週目

8週目

9週目

10〜12週目

Check 2 🎧 089

由于电力系统发生了故障，工厂停电了。
Yóuyú diànlì xìtǒng fāshēngle gùzhàng, gōngchǎng tíngdiàn le.
電気系統に故障が発生したため、工場は停電した。

新的政策遭到了官僚们的抵制。
Xīn de zhèngcè zāodàole guānliáomen de dǐzhì.
新しい政策は官僚たちの反発を受けた。

他是上届"北京国际马拉松"的冠军。
Tā shì shàngjiè "Běijīng guójì mǎlāsōng" de guànjūn.
彼は前回の「北京国際マラソン」の優勝者だ。

我特别喜欢吃水果罐头。
Wǒ tèbié xǐhuan chī shuǐguǒ guàntou.
私はとりわけ果物の缶詰を食べるのが好きだ。

新的城市规划已经得到了政府批准。 Xīn de chéngshì guīhuà yǐjīng dédàole zhèngfǔ pīzhǔn. 新しい都市計画はすでに政府の承認を得た。 **地震过后，政府对重建家园进行了整体规划。** Dìzhèn guòhòu, zhèngfǔ duì chóngjiàn jiāyuán jìnxíngle zhěngtǐ guīhuà. 地震の後、政府は郷里を復興する全体計画を立てた。

先请贵宾们到休息室喝茶。
Xiān qǐng guìbīnmen dào xiūxishì hē chá.
まず VIP の方々は休憩室でお茶をお召し上がりください。

把这些书放到柜子里吧。
Bǎ zhèxiē shū fàngdào guìzi li ba.
これらの本を戸棚に入れてください。

大雨过后，天边出现了一道美丽的彩虹。
Dàyǔ guòhòu, tiānbiān chūxiànle yí dào měilì de cǎihóng.
大雨の後、空に美しい虹が出た。

继续
▼

名詞5

□ 073

含量
hánliàng

名 含有量

□ 074

行业
hángyè

名 業種

□ 075

和平
hépíng

名 平和

□ 076

盒子
hézi

名 (小型のふたのついた) 箱、ケース
📖 箱子 xiāngzi (大型の) 箱

□ 077

贺卡
hèkǎ

名 グリーティングカード

□ 078

后果
hòuguǒ

名 (悪い) 結果、結末
📖 同じ「結果」でも "成果 chéngguǒ" がよい結果、
"结果" jiéguǒ が中立的な結果を指す

□ 079

后期
hòuqī

名 後期

□ 080

胡子
húzi

名 ひげ
量 根 gēn
📖 刮胡子 guā húzi、剃胡子 tì húzi (ひげを剃る)、
留胡子 liú húzi (ひげを生やす)

| 4日目 🎧 004
Quick Review
答えは次頁 | □ 发票
□ 法规
□ 方案
□ 妇女 | □ 概况
□ 干劲
□ 岗位
□ 高度 | □ 高手
□ 歌曲
□ 隔壁
□ 个人 | □ 工会
□ 公众
□ 古迹
□ 股票 |

Check 2 🎧 089

1 週目

2 週目

3 週目

4 週目

5 週目

6 週目

7 週目

8 週目

9 週目

10～12 週目

近年来，大气中温室气体的含量正急剧增加。

Jìnniánlái, dàqì zhōng wēnshì qìtǐ de hánliàng zhèng jíjù zēngjiā.

近年、大気中の温室効果ガスの含有量が急激に増加している。

哪个行业更有发展前途?

Nǎge hángyè gèng yǒu fāzhǎn qiántú?

どの業種がさらに前途有望だろうか。

世界和平是我们每个人的心愿。

Shìjiè hépíng shì wǒmen měi ge rén de xīnyuàn.

世界平和は私たち一人一人の願いだ。

我不知道这个盒子里有什么。

Wǒ bù zhīdào zhèige hézi li yǒu shénme.

この箱に何が入っているか分からない。

现在的贺卡卖得越来越贵了。

Xiànzài de hèkǎ màide yuè lái yuè guì le.

今のグリーティングカードはますます高くなっている。

谁也没有料到会出现这样的后果。

Shéi yě méiyou liàodào huì chūxiàn zhèyàng de hòuguǒ.

このような結果になるとは誰も予想していなかった。

十九世纪后期，电话传入了中国。

Shíjiǔ shìjì hòuqī, diànhuà chuánrùle Zhōngguó.

19 世紀後期に電話は中国に伝わった。

老吴突然留起胡子来了。

Lǎo-Wú tūrán liúqi húzi lai le.

呉さんは突然ひげをたくわえ始めた。

☐ 領収書	☐ 概況	☐ 達人	☐ 労働組合
☐ 法規	☐ 意気込み	☐ 歌曲	☐ 公衆
☐ 企画	☐ 職場	☐ 隣	☐ 遺跡
☐ 婦人	☐ 高さ	☐ 個人	☐ 株

Check 1 🎧 006

□ 081

戸外
hùwài

名 **戸外**

□ 082

花生
huāshēng

名 **ピーナツ、落花生**

□ 083

花样
huāyàng

名 **種類、模様、図案、様式**

□ 084

患者
huànzhě

名 **患者**

□ 085

婚纱
hūnshā

名 **ウエディングドレス**
関 婚纱照 hūnshā zhào（結婚写真）

□ 086

浑身
húnshēn

名 **全身**

□ 087

火灾
huǒzāi

名 **火災**

□ 088

货
huò

名 **品物、商品**
関 订货 dìng huò（商品を注文する）、到货 dào huò（商品が入荷する）、有货 yǒu huò（在庫がある）

继续
▼

結婚式の前に真っ白な"婚纱"を着て"婚纱照"(結婚記念写真)を撮るのが定番ですね。

1週目
2週目
3週目
4週目
5週目
6週目
7週目
8週目
9週目
10〜12週目

Check 2　　🎧 090

孙方特别喜欢户外运动。

Sūn Fāng tèbié xǐhuan hùwài yùndòng.

孫方は特にアウトドアスポーツが好きだ。

我爱吃花生。

Wǒ ài chī huāshēng.

私はピーナツを食べるのが好きだ。

学校餐厅的饭菜花样越来越多。

Xuéxiào cāntīng de fàncài huāyàng yuè lái yuè duō.

学校のレストランの料理はバリエーションが増えている。

护士们像对待亲人一样对待患者。

Hùshimen xiàng duìdài qīnrén yíyàng duìdài huànzhě.

看護師たちは家族に接するのと同じように患者に接している。

好漂亮的婚纱啊!

Hǎo piàoliang de hūnshā a!

本当にきれいなウエディングドレスだね。

他浑身是土,摇摇晃晃地站了起来。

Tā húnshēn shì tǔ, yáoyáo huànghuàng de zhànle qǐlai.

彼は全身土だらけになりながら、ふらふらと立ち上がった。

春天气候干燥,容易发生火灾。

Chūntiān qìhòu gānzào, róngyì fāshēng huǒzāi.

春は乾燥しているので火災が起きやすい。

我们公司生产的热水器已经成了国内市场的畅销货。

Wǒmen gōngsī shēngchǎn de rèshuǐqì yǐjīng chéngle guónèi shìchǎng de chàngxiāohuò.　当社製の給湯器はすでに国内市場でベストセラーになった。

继续
▼

Check 1　　　　　　　　　　　　　　　　　　　　🎧006

□ 089
基层
jīcéng

名 **現場**、（組織や社会の）末端、下層部

□ 090
激光
jīguāng

名 **レーザー光線**

□ 091
激情
jīqíng

名 **激情**、強い思い

□ 092
机器人
jīqìrén

名 **ロボット**

□ 093
极端
jíduān

名 **極端**
副 極めて、非常に

□ 094
集会
jíhuì

名 **集会**
動 集会をする

□ 095
技能
jìnéng

名 **技能、スキル**

□ 096
记性
jìxing

名 **記憶力**

| 5日目 🎧005
Quick Review
答えは次頁 | □ 故障
□ 官僚
□ 冠军
□ 罐头 | □ 规划
□ 贵宾
□ 柜子
□ 过后 | □ 含量
□ 行业
□ 和平
□ 盒子 | □ 贺卡
□ 后果
□ 后期
□ 胡子 |

他在**基层**单位工作了很长时间。
Tā zài **jīcéng** dānwèi gōngzuòle hěn cháng shíjiān.
彼は現場で長い間働いた。

激光在很多领域都得到了应用。
Jīguāng zài hěn duō lǐngyù dōu dédàole yìngyòng.
レーザー光線は多くの分野で応用されるようになった。

他的演讲充满了**激情**。
Tā de yǎnjiǎng chōngmǎnle **jīqíng**.
彼のスピーチは情熱的だった。

于浩设计的**机器人**获得了青少年科技大赛的一等奖。
Yú Hào shèjì de **jīqìrén** huòdéle qīngshàonián kējì dàsài de yīděngjiǎng.
于浩が設計したロボットは、青少年科学技術コンテストで 1 等賞を受賞した。

你不要从一个**极端**走向另一个**极端**。Nǐ búyào cóng yí ge **jíduān** zǒuxiàng lìng yí ge **jíduān**. 極端から極端に走ってはいけない。
去年旅游时，我们遇到了**极端**恶劣的天气。Qùnián lǚyóu shí, wǒmen yùdàole **jíduān** èliè de tiānqì. 昨年の旅行中、私たちは極端な悪天候に遭遇した。

下周我们要去参加一个重要**集会**。Xiàzhōu wǒmen yào qù cānjiā yí ge zhòngyào **jíhuì**. 来週、我々は重要な集会に出席することになっている。我们在这里隆重**集会**，纪念建校一百周年。Wǒmen zài zhèli lóngzhòng **jíhuì**, jìniàn jiànxiào yìbǎi zhōunián. 我々はここで盛大な集会を行い、学校創立100周年を記念する。

为了公司的长远发展，人事处决定加强骨干人员的**技能**培训。
Wèile gōngsī de chángyuǎn fāzhǎn, rénshì chù juédìng jiāqiáng gǔgàn rényuán de **jìnéng** péixùn.
会社の長期的発展のために、人事課は中堅人員の技能訓練の強化を決めた。

说谎的人最怕**记性**好的人。
Shuōhuǎng de rén zuì pà **jìxing** hǎo de rén.
うそつきは記憶力のよい人を最も恐れる。

☐ 故障	☐ 計画	☐ 含有量	☐ グリーティングカード
☐ 官僚	☐ 貴賓	☐ 業種	☐ 結果
☐ 優勝	☐ 戸棚	☐ 平和	☐ 後期
☐ 缶詰や瓶詰	☐ あとで	☐ 箱	☐ ひげ

Check 1 ∩ 007

□ 097 **家属** jiāshǔ	名（世帯主または本人を除いた）家族

□ 098 **家务** jiāwù	名 家事

□ 099 **家乡** jiāxiāng	名 故郷、ふるさと ⇔ 故乡 gùxiāng

□ 100 **家长** jiāzhǎng	名（父母やその他の）保護者、世帯主

□ 101 **简称** jiǎnchēng	名 略称 動 略称する

□ 102 **见解** jiànjiě	名 見解

□ 103 **奖金** jiǎngjīn	❗名 ボーナス、賞金

□ 104 **奖学金** jiǎngxuéjīn	名 奖学金

継続
▼

1 週目

2 週目

3 週目

4 週目

5 週目

6 週目

7 週目

8 週目

9 週目

10～12 週目

"本科生"（4年制大学に通う大学生）、"硕士生"（修士の大学院生）、
"博士生"（博士の大学院生）などを対象とした奨学金があります。

Check 2 🎧 091

明天公司的晚会家属也可以参加。
Míngtiān gōngsī de wǎnhuì jiāshǔ yě kěyǐ cānjiā.
明日の会社のパーティーは家族も参加できる。

我们家都是爸爸做家务。
Wǒmen jiā dōu shì bàba zuò jiāwù.
私の家は父が家事をする。

家乡的山山水水都令人难忘。
Jiāxiāng de shānshān shuǐshuǐ dōu lìng rén nánwàng.
ふるさとの山も水も忘れられない。

作为家长，我们要注意自己的一言一行。
Zuòwéi jiāzhǎng, wǒmen yào zhùyì zìjǐ de yìyán-yìxíng.
保護者として私たちは、自分の言動の一つ一つに注意しなければならない。

"人大"是人民代表大会的简称。"Réndà"shì rénmín dàibiǎo dàhuì de
jiǎnchēng. 「人大」は全国人民代表大会の略称である。
奥林匹克运动会简称"奥运会"。Àolínpǐkè Yùndònghuì jiǎnchēng
"Àoyùnhuì". オリンピックスポーツ大会は「奥運会」と略称する。

李教授对这个问题有不同的见解。
Lǐ jiàoshòu duì zhège wèntí yǒu bùtóng de jiànjiě.
李教授はこの問題について違った見解を持っている。

今年的年终奖金比去年有所增加。
Jīnnián de niánzhōng jiǎngjīn bǐ qùnián yǒusuǒ zēngjiā.
今年の暮れのボーナスは去年に比べて多少増加した。

有三分之二的学生可以领到奖学金。
Yǒu sān fēn zhī èr de xuésheng kěyǐ lǐngdào jiǎngxuéjīn.
3分の2の学生が奨学金を受けることができる。

继续
▼

| Check 1 | 🎧 007 |

□ 105
郊区
jiāoqū

图 **市郊外（の行政区域）、近郊**

□ 106
教训
jiàoxun

图 **教訓**
動 教訓を与える、説教する、しかる

□ 107
节奏
jiézòu

图 **リズム**

□ 108
津贴
jīntiē

图 **手当**

□ 109
近代
jìndài

图 **近代、現代に近い時代**
関 当代 dāngdài（現代）、现代 xiàndài（現代）、古代 gǔdài（古代）

□ 110
近来
jìnlái

图 **近ごろ**

□ 111
近日
jìnrì

图 **近ごろ、近日**

□ 112
劲儿
jìnr

图 **力、気力**

| 6日目 🎧 006
Quick Review
答えは次頁 | □ 户外
□ 花生
□ 花样
□ 患者 | □ 婚纱
□ 浑身
□ 火灾
□ 货 | □ 基层
□ 激光
□ 激情
□ 机器人 | □ 极端
□ 集会
□ 技能
□ 记性 |

1週目
2週目
3週目
4週目
5週目
6週目
7週目
8週目
9週目
10〜12週目

我家在郊区，去市内不太方便。

Wǒ jiā zài jiāoqū, qù shìnèi bú tài fāngbiàn.

我が家は郊外にあるので、市内に行くにはあまり便利ではない。

这件事给我的教训太大了。 Zhè jiàn shì gěi wǒ de jiàoxun tài dà le.

このことは私にとってとても教訓になった。

我一定要好好儿教训他一下。 Wǒ yídìng yào hǎohāor jiàoxun tā yíxià.

私が必ず彼によく言い聞かせます。

现代都市生活节奏太快了。

Xiàndài dūshì shēnghuó jiézòu tài kuài le.

現代の都市は生活リズムがとても速すぎる。

他除了工资以外，还有不少津贴。

Tā chúle gōngzī yǐwài, hái yǒu bùshǎo jīntiē.

彼は給料以外にも多くの手当てがある。

鸦片战争是中国近代历史上的一件大事。

Yāpiàn Zhànzhēng shì Zhōngguó jìndài lìshǐ shang de yí jiàn dàshì.

アヘン戦争は中国近代史における重大な出来事だ。

近来我爸爸身体状况不太好。

Jìnlái wǒ bàba shēntǐ zhuàngkuàng bú tài hǎo.

近ごろ私の父は体の具合があまりよくない。

我看你近日情绪很低落，发生什么事了?

Wǒ kàn nǐ jìnrì qíngxù hěn dīluò, fāshēng shénme shì le?

あなたは最近落ち込んでいるようだが、何があったの。

他看上去很瘦，其实很有劲儿。

Tā kànshàngqu hěn shòu, qíshí hěn yǒu jìnr.

彼は見たところ痩せているが、実は大変力がある。

□ 戸外	□ ウエディングドレス	□ 現場	□ 極端
□ ピーナツ	□ 全身	□ レーザー光線	□ 集会
□ 種類	□ 火災	□ 激情	□ 技能
□ 患者	□ 品物	□ ロボット	□ 記憶力

量詞のまとめ①

酒
（酒）

罐／听 guàn/tīng
缶に入っているものを数える。

他每天晚上喝一罐啤酒。
Tā měi tiān wǎnshang hē yí guàn píjiǔ.
彼は毎晩 1 缶のビールを飲む。

壶 hú
ポットや急須などに入っているものを数える。

请给我来一壶酒。
Qǐng gěi wǒ lái yì hú jiǔ.
酒を 1 本ください。

瓶 píng
瓶に入っているものを数える。

他能喝五瓶啤酒。
Tā néng hē wǔ píng píjiǔ.
彼は 5 本のビールを飲める。

杯 bēi
コップ・杯などの容器を単位として液体を数える。

他连续喝了几杯水。
Tā liánxù hēle jǐ bēi shuǐ.
彼は立て続けに数杯の水を飲んだ。

扎 zhā
ビールジョッキに入っているものを数える。

一扎啤酒十元，你们要点几扎?
Yì zhā píjiǔ shí yuán, nǐmen yào diǎn jǐ zhā?
ビール 1 杯 10 元ですが、何杯注文されますか。

キクタン中国語

2 週目

✓ 学習したらチェック！

中国語で言ってみよう！

彼の業績は多くの人々を感動させた。

（答えは 195）

Check 1

□ 113 **景点** jǐngdiǎn	名 **観光スポット**、観光名所
□ 114 **居民** jūmín	名 **住民**
□ 115 **局势** júshì	名 **情勢**
□ 116 **决策** juécè	名 **策略、意思決定、方策**
□ 117 **决议** juéyì	名 **決議**
□ 118 **开关** kāiguān	名 **スイッチ、バルブ**
□ 119 **开支** kāizhī	名 **支出、費用** 動 支払う
□ 120 **刊物** kānwù	名 **刊行物、出版物**

継続
▼

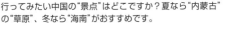

行ってみたい中国の"景点"はどこですか？夏なら"内蒙古"の"草原"、冬なら"海南"がおすすめです。

Check 2 🎧 092

我的家乡新近开发了很多**景点**，你要不要来玩儿玩儿？
Wǒ de jiāxiāng xīnjìn kāifāle hěn duō jǐngdiǎn, nǐ yào bu yào lái wánrwánr?
私の故郷には最近新しい観光スポットがたくさんできたので、遊びに来ませんか。

这个小镇有四万多**居民**。
Zhège xiǎozhèn yǒu sì wàn duō jūmín.
この町には４万余りの住民がいる。

他们国家的政治**局势**还很紧张。
Tāmen guójiā de zhèngzhì júshì hái hěn jǐnzhāng.
彼らの国の政治情勢はまだ緊迫している。

政府的经济**决策**受到了市场的欢迎。
Zhèngfǔ de jīngjì juécè shòudàole shìchǎng de huānyíng.
政府の経済政策は市場に歓迎された。

职员们对公司的**决议**很不满意。
Zhíyuánmen duì gōngsī de juéyì hěn bù mǎnyì.
職員らは会社の決議にとても不満だ。

客厅电灯的**开关**在哪里？
Kètīng diàndēng de kāiguān zài nǎli?
客間の電灯のスイッチはどこですか。

这个月收入比较少，要注意节省**开支**。Zhège yuè shōurù bǐjiào shǎo, yào zhùyì jiéshěng kāizhī. 今月は収入がやや少ないので、出費を抑えるよう注意しないといけない。 王室的日常费用由国库**开支**。Wángshì de rìcháng fèiyòng yóu guókù kāizhī. 王室の日常費用は国庫から支出される。

学校的图书馆里有很多外国**刊物**。
Xuéxiào de túshūguǎn li yǒu hěn duō wàiguó kānwù.
学校の図書館には多くの海外刊行物がある。

继续
▼

Check 1　🎧 008

□ 121
瞌睡
kēshuì
名 居眠り

□ 122
科长
kēzhǎng
名 課長

□ 123
课程
kèchéng
名 カリキュラム、課程

□ 124
课堂
kètáng
名 授業、教室
≒ 教室 jiàoshì

□ 125
客户
kèhù
名 顧客
🔗 客人 kèren（お客）、用户 yònghù（ユーザー）

□ 126
口号
kǒuhào
名 スローガン

□ 127
口音
kǒuyīn
名 なまり、発音

□ 128
苦难
kǔnàn
名 苦難

| 7日目 🎧 007
Quick Review
答えは次頁 | □ 家属
□ 家务
□ 家乡
□ 家长 | □ 简称
□ 见解
□ 奖金
□ 奖学金 | □ 郊区
□ 教训
□ 节奏
□ 津贴 | □ 近代
□ 近来
□ 近日
□ 劲儿 |

他下午上课常常精力不集中，有时还在课堂上打瞌睡。

Tā xiàwǔ shàngkè chángcháng jīnglì bù jízhōng, yǒushí hái zài kètáng shang dǎ kēshuì. 彼は午後の授業はよく集中できず、時には教室で居眠りもする。

他今年终于被提拔为科长了。

Tā jīnnián zhōngyú bèi tíbá wéi kēzhǎng le.
彼は今年ついに課長に昇進した。

我这个学期的课程很紧，没有时间打工

Wǒ zhège xuéqī de kèchéng hěn jǐn, méiyǒu shíjiān dǎgōng.
私は今学期の授業がとても詰まっていて、アルバイトをする時間がない。

他在课堂上一直表现得很积极。

Tā zài kètáng shang yìzhí biǎoxiànde hěn jījí.
彼は授業中ずっと積極的だ。

我们公司每年为国外客户生产十几万件 T 恤。

Wǒmen gōngsī měi nián wèi guówài kèhù shēngchǎn shíjǐ wàn jiàn Txù.
我が社は毎年海外の顧客のために 10 万枚の T シャツを生産している。

不能光喊口号，要实际行动起来才行。

Bù néng guāng hǎn kǒuhào, yào shíjì xíngdòngqilai cái xíng.
スローガンを掲げるだけでなく、実際に行動しなければならない。

听口音，她是南方人。

Tīng kǒuyīn, tā shì nánfāngrén.
なまりを聞いたところ、彼女は南方人だ。

经历过苦难的人才更懂得珍惜幸福。

Jīnglìguo kǔnàn de rén cái gèng dǒngde zhēnxī xìngfú.
苦難を経験した人こそ、幸せの大切さをより分かっている。

☐ 家族	☐ 略称	☐ 市郊外	☐ 近代
☐ 家事	☐ 見解	☐ 教訓	☐ 近ごろ
☐ 故郷	☐ ボーナス	☐ リズム	☐ 近ごろ
☐ 保護者	☐ 奨学金	☐ 手当	☐ 力

Check 1　　　　　　　　　　　　　　　　　　　　　　　🎧 009

□ 129
快递
kuàidì

図 **宅配便、速達**

□ 130
来源
láiyuán

図 **出所、由来**
動 〜に由来する

□ 131
老婆
lǎopo

図 **妻、女房**
囲 妻を表す言葉は多くあるが、"**老婆**"は口語で、"**妻子 qīzi**"は書き言葉で使われる。それ以外にも"**爱人 àiren**"(夫も指す)や"**太太 tàitai**"、"**夫人 fūrén**"など

□ 132
乐趣
lèqù

図 **楽しみ**

□ 133
礼拜
lǐbài

❗ 図 **週、曜日**
🔁 星期 xīngqī
囲 "**礼拜**"は口語で使われることが多い

□ 134
利润
lìrùn

図 **利潤**

□ 135
例子
lìzi

図 **例**

□ 136
良心
liángxīn

図 **良心**

继续
▼

Check 2 🎧 093

你回来的时候，能不能帮我拿一下快递?

Nǐ huílai de shíhou, néng bu néng bāng wǒ ná yíxià kuàidi?

帰ってくるときに、宅配便を取ってきてくれませんか。

这条消息的来源是政府的高级官员。

Zhè tiáo xiāoxi de láiyuán shì zhèngfǔ de gāojí guānyuán.

このニュースの出所は政府高官だ。

母亲说我怕老婆，娶了媳妇儿忘了娘。

Mǔqin shuō wǒ pà lǎopo, qǔle xífùr wàngle niáng.

母は私が妻を恐れていて、嫁をもらって母親のことを忘れたと言う。

爷爷从钓鱼中体会到了无穷的乐趣。

Yéye cóng diàoyú zhōng tǐhuìdàole wúqióng de lèqù.

祖父は釣りから無限の楽しみを体得した。

我每个礼拜游三次泳。

Wǒ měi ge lǐbài yóu sān cì yǒng.

私は週に3回泳ぐ。

企业创造的利润越多，对社会的贡献越大。

Qǐyè chuàngzào de lìrùn yuè duō, duì shèhuì de gòngxiàn yuè dà.

企業が作り出す利潤が多いほど、社会に対する貢献は大きくなる。

你能举个例子说明一下吗?

Nǐ néng jǔ ge lìzi shuōmíng yíxià ma?

例を挙げてちょっと説明してもらえますか。

做人要对得起自己的良心。

Zuòrén yào duìdeqǐ zìjǐ de liángxīn.

人として自分の良心に背かないようにしなければならない。

继续
▼

Check 1　　　　　　　　　　　　　　　　　　　🎧 009

□ 137
领袖
lǐngxiù

名 リーダー、指導者
💬 领导 lǐngdǎo　📝 "领袖" は大きな組織や国家レベルの指導者やリーダーを指し、"领导" は小さな組織から国まで幅広く使える

□ 138
旅途
lǚtú

名 道中、旅の途中

□ 139
录像
lùxiàng

名 ビデオ、映像、録画
動 録画する

□ 140
轮船
lúnchuán

名 汽船

□ 141
萝卜
luóbo

名 大根
📖 胡萝卜 húluóbo、红萝卜 hóngluóbo（ニンジン）

□ 142
码头
mǎtou

名 港、埠頭

□ 143
买卖
mǎimai

名 商売、商店

□ 144
蜜蜂
mìfēng

名 ミツバチ
量 只 zhī

| 8日目 🎧 008
Quick Review
答えは次頁 | □ 景点
□ 居民
□ 局势
□ 决策 | □ 决议
□ 开关
□ 开支
□ 刊物 | □ 瞌睡
□ 科长
□ 课程
□ 课堂 | □ 客户
□ 口号
□ 口音
□ 苦难 |

他曾经是学生运动的领袖。

Tā céngjīng shì xuéshēng yùndòng de lǐngxiù.

彼はかつて学生運動のリーダーだった。

祝您旅途愉快，再见。

Zhù nín lǚtú yúkuài, zàijiàn.

楽しい旅になりますように、さようなら。

使用录像可以帮助学生加深理解。Shǐyòng lùxiàng kěyǐ bāngzhù xuésheng jiāshēn lǐjiě.　ビデオを利用すると学生の理解を深めることができる。　我们马上就要开始录像了，请做好准备。Wǒmen mǎshàng jiù yào kāishǐ lùxiàng le, qǐng zuòhǎo zhǔnbèi.　すぐに録画を開始するので、ちゃんと準備をしてください。

从上海到神户可以坐轮船去。

Cóng Shànghǎi dào Shénhù kěyǐ zuò lúnchuán qù.

上海から神戸へは船で行ける。

萝卜、白菜都是很受欢迎的蔬菜。

Luóbo, báicài dōu shì hěn shòu huānyíng de shūcài.

大根、白菜はどちらも人気のある野菜だ。

由于地震，神户的码头遭到了破坏。

Yóuyú dìzhèn, Shénhù de mǎtou zāodàole pòhuài.

地震によって、神戸の港は破壊された。

这个城市和外国人做买卖的商人很多。

Zhège chéngshì hé wàiguórén zuò mǎimai de shāngrén hěn duō.

この都市は外国人と商売をする商人が多い。

一只蜜蜂停在了他的头上。

Yì zhī mìfēng tíngzàile tā de tóu shang.

1匹のミツバチが彼の頭に止まった。

Check 1 🎧 010

□ 145
蜜月
mìyuè

名 ハネムーン
関 蜜月旅行 mìyuè lǚxíng（新婚旅行）

□ 146
面子
miànzi

名 メンツ、表面、体面

□ 147
民众
mínzhòng

名 民衆

□ 148
名义
míngyì

名 名義、名目上

□ 149
名誉
míngyù

名 名誉

□ 150
模范
mófàn

名 模範、手本

□ 151
模样
múyàng

名 顔立ち、様子、状況

□ 152
脑袋
nǎodai

名 頭、頭脳

継続
▼

1 週目

2 週目

3 週目

Check 2 🎧 094

4 週目

他们没有时间度蜜月。

Tāmen méiyǒu shíjiān dù mìyuè.

彼らはハネムーンを過ごす時間がない。

5 週目

你们要互相给对方留点面子才好。

Nǐmen yào hùxiāng gěi duìfāng liú diǎn miànzi cái hǎo.

あなたたちは互いの顔を立てなければならない。

这项减税政策得到了民众的支持。

Zhè xiàng jiǎnshuì zhèngcè dédàole mínzhòng de zhīchí.

この減税政策は民衆の支持を得た。

6 週目

我们以学校的名义给灾区的孩子们捐了书。

Wǒmen yǐ xuéxiào de míngyì gěi zāiqū de háizimen juānle shū.

私たちは学校の名義で被災地の子供たちに本を寄付した。

7 週目

田中的父亲是大学的名誉教授。

Tiánzhōng de fùqin shì dàxué de míngyù jiàoshòu.

田中さんのお父さんは大学の名誉教授だ。

8 週目

大家一致推选他为今年的模范教师。

Dàjiā yízhì tuīxuǎn tā wéi jīnnián de mófàn jiàoshī.

みんなは彼を今年の模範教師に選出することで一致した。

9 週目

冬冬的模样非常可爱，大家都喜欢他。

Dōngdong de múyàng fēicháng kě'ài, dàjiā dōu xǐhuan tā.

トントンの顔立ちはとてもかわいくて、皆彼のことが好きだ。

10～12 週目

他脑袋上起了一个大包。

Tā nǎodai shang qǐle yí ge dà bāo.

彼は頭に大きなこぶができた。

继续
▼

Check 1　🎧 010

□ 153
脑筋
nǎojīn

图 頭脳、頭、思想
組 动脑筋 dòng nǎojīn（頭を働かせる）、伤脑筋 shāng nǎojīn（頭を悩ます）

□ 154
牌子
páizi

图 ブランド、商標、札

□ 155
胖子
pàngzi

图 太った人

□ 156
跑道
pǎodào

图 滑走路、トラック

□ 157
屏幕
píngmù

图 ディスプレー、スクリーン

□ 158
平日
píngrì

图 平素、平日

□ 159
奇迹
qíjì

图 奇跡

□ 160
启示
qǐshì

图 啓示、啓発
動 啓示する、諭す

9日目 🎧 009
Quick Review
答えは次頁

□ 快递	□ 礼拜	□ 领袖	□ 萝卜
□ 来源	□ 利润	□ 旅途	□ 码头
□ 老婆	□ 例子	□ 录像	□ 买卖
□ 乐趣	□ 良心	□ 轮船	□ 蜜蜂

我们要动**脑筋**好好儿想一想这件事。

Wǒmen yào dòng nǎojīn hǎohāor xiǎng yi xiǎng zhè jiàn shì.

私たちは頭を働かせてこのことをよく考えなければならない。

你那么喜欢这个**牌子**的手表啊。

Nǐ nàme xǐhuan zhège páizi de shǒubiǎo a.

あなたはそんなにもこのブランドの時計が好きなんですね。

在中国，很多年轻人都把哆啦 A 梦叫"**蓝胖子**"。

Zài Zhōngguó, hěn duō niánqīngrén dōu bǎ Duō lā A mèng jiào "lán pàngzi".　中国では多くの若者がドラえもんのことを「"蓝胖子"（青い太っちょ）」と呼ぶ。

北京机场又增加了一条新**跑道**。

Běijīng Jīchǎng yòu zēngjiāle yì tiáo xīn pǎodào.

北京空港はまた 1 本新しい滑走路を増やした。

电视**屏幕**太脏了，快擦一擦吧。

Diànshì píngmù tài zāng le, kuài cā yi cā ba.

テレビ画面が汚いので、早くさっと拭いてください。

她**平日**学习非常用功，所以成绩一向很好。

Tā píngrì xuéxí fēicháng yònggōng, suǒyǐ chéngjì yíxiàng hěn hǎo.

彼女は普段から勉学に励んでいるので、ずっと成績がよい。

他们创造了让人难以置信的**奇迹**。

Tāmen chuàngzàole ràng rén nányǐzhìxìn de qíjì.

彼らは信じ難い奇跡を起こした。

这件事给了我们很多**启示**。Zhè jiàn shì gěile wǒmen hěn duō qǐshì.

この事件は我々に多くの示唆を与えた。　他还**启示**人们，要尊重事实，相信科学。

Tā hái qǐshì rénmen, yào zūnzhòng shìshí, xiāngxìn kēxué.　彼は相変わらず事実を尊重し、科学を信じるよう人々を諭している。

1 週目
2 週目
3 週目
4 週目
5 週目
6 週目
7 週目
8 週目
9 週目
10〜12 週目

| Check 1 | 🎧 011 |

☐ 161
气氛
qìfen

名 雰囲気

☐ 162
前景
qiánjǐng

名 見通し、見込み、(絵画、映画などの) 前景

☐ 163
潜力
qiánlì

名 潜在能力

☐ 164
情报
qíngbào

名 情報
🔁 信息 xìnxī

☐ 165
情景
qíngjǐng

名 情景、光景

☐ 166
趋势
qūshì

名 趨勢、形勢、動向

☐ 167
权力
quánlì

名 権限、権力

☐ 168
权利
quánlì

名 権利

継続
▼

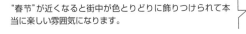

Check 2

春节是欢乐气氛最浓的节日。

Chūnjié shì huānlè qìfen zuì nóng de jiérì.

春節は楽しい雰囲気が最も色濃い祝日だ。

中国汽车市场的前景非常好。

Zhōngguó qìchē shìchǎng de qiánjǐng fēicháng hǎo.

中国の自動車市場の見通しはとても明るい。

中国人口多，市场的潜力也大。

Zhōngguó rénkǒu duō, shìchǎng de qiánlì yě dà.

中国は人口が多く、市場の潜在力も大きい。

他们通过互联网收集了很多商业情报。

Tāmen tōngguò hùliánwǎng shōujíle hěn duō shāngyè qíngbào.

彼らはインターネットで多くのビジネス情報を集めた。

再回到这里，我不由想起了几年前大家一起玩耍的情景。

Zài huídào zhèlǐ, wǒ bùyóu xiǎngqǐle jǐ nián qián dàjiā yìqǐ wánshuǎ de qíngjǐng.　ここに戻ってくると数年前にみんなで一緒に遊んだ情景を思い出す。

全球都有逐渐变暖的趋势。

Quánqiú dōu yǒu zhújiàn biànnuǎn de qūshì.

世界中が次第に温暖化の趨勢にある。

他只是名义上的经理，没有任何权力。

Tā zhǐshì míngyì shang de jīnglǐ, méiyǒu rènhé quánlì.

彼はただ名目上の社長にすぎず、何の権限もない。

你有为自己辩护的权利。

Nǐ yǒu wèi zìjǐ biànhù de quánlì.

あなたには自分を弁護する権利がある。

继续
▼

Check 1　　　　　　　　　　　　　　　　　　　🎧 011

□ 169
热潮
rècháo

图 ブーム

□ 170
热量
rèliàng

图 カロリー、熱量
量 千卡 qiānkǎ、大卡 dàkǎ（キロカロリー）

□ 171
热门
rèmén

图 人気のあるもの、流行しているもの

□ 172
人力
rénlì

图 人の力、労働力

□ 173
人情
rénqíng

图 人情、義理

□ 174
人士
rénshì

图 人士、名士

□ 175
人事
rénshì

图 人事、人間関係

□ 176
人性
rénxìng

图 人間性、理性

| 10日目 🎧 010
Quick Review
答えは次頁 | □ 蜜月
□ 面子
□ 民众
□ 名义 | □ 名誉
□ 模范
□ 模样
□ 脑袋 | □ 脑筋
□ 牌子
□ 胖子
□ 跑道 | □ 屏幕
□ 平日
□ 奇迹
□ 启示 |

1 週目

2 週目

3 週目

4 週目

5 週目

6 週目

7 週目

8 週目

9 週目

10〜12 週目

每年春节前后都会掀起一轮结婚热潮。

Měi nián Chūnjié qiánhòu dōu huì xiānqǐ yì lún jiéhūn rècháo.

毎年春節の前後には結婚ブームが巻き起こる。

一个成年人一天需要消耗多少大卡热量?

Yí ge chéngniánrén yì tiān xūyào xiāohào duōshao dàkǎ rèliàng?

成人は1日に何キロカロリーを消費する必要がありますか。

信息技术专业一直是学生报考的热门专业。

Xìnxī jìshù zhuānyè yìzhí shì xuésheng bàokǎo de rèmén zhuānyè.

情報技術専攻はずっと学生が受験する人気のある学科だ。

这不是人力所能办到的事情。

Zhè bú shì rénlì suǒ néng bàndào de shìqing.

これは人の力が及ぶ事柄ではない。

他给我们讲述了很多西方的风土人情。

Tā gěi wǒmen jiǎngshùle hěn duō xīfāng de fēngtǔ rénqíng.

彼は私たちに西洋の風土や人情についてたくさん語ってくれた。

各界人士都参加了这次盛会。

Gè jiè rénshì dōu cānjiāle zhè cì shènghuì.

各界の人士が今回の盛大な会に参加した。

他在公司里负责人事工作。

Tā zài gōngsī li fùzé rénshì gōngzuò.

彼は会社で人事関係の仕事をしている。

这种行为是对人性和道德的挑战。

Zhè zhǒng xíngwéi shì duì rénxìng hé dàodé de tiǎozhàn.

このような行為は人間性と道徳への挑戦だ。

☐ ハネムーン	☐ 名誉	☐ 頭脳	☐ ディスプレー
☐ メンツ	☐ 模範	☐ ブランド	☐ 平素
☐ 民衆	☐ 顔立ち	☐ 太った人	☐ 奇跡
☐ 名義	☐ 頭	☐ 滑走路	☐ 啓示

Check 1　　　　　　　　　　　　　　　　　　　　　　🎧 012

□ 177
容量
róngliàng

图 **容量**

□ 178
如今
rújīn

图 **今**

□ 179
软件
ruǎnjiàn

图 **ソフトウエア**
🔁 硬件 yìngjiàn（ハードウエア）

□ 180
弱点
ruòdiǎn

图 **弱点**
🔁 缺点 quēdiǎn、毛病 máobing

□ 181
色彩
sècǎi

图 **彩り、色彩**

□ 182
上层
shàngcéng

图 **上層部、上層**

□ 183
上帝
Shàngdì

图 **神**

□ 184
设计师
shèjìshī

图 **デザイナー**

继续
▼

世界で1番深い海溝は"马里亚纳海沟"、こういう固有名詞
もぜひ網羅的に覚えましょう。

Check 2

096

这个水壶的容量是多少?

Zhège shuǐhú de róngliàng shì duōshao?

このポットの容量はどのくらいですか。

如今中国人的生活水平已经有了大幅度提高。

Rújīn Zhōngguórén de shēnghuó shuǐpíng yǐjīng yǒule dàfúdù tígāo.

今中国人の生活レベルはすでに大幅に向上した。

我的电脑里没有装中文软件。

Wǒ de diànnǎo li méiyou zhuāng Zhōngwén ruǎnjiàn.

私のコンピュータには中国語のソフトはインストールしていない。

每个人都有自己的弱点和强项。

Měi ge rén dōu yǒu zìjǐ de ruòdiǎn hé qiángxiàng.

人にはそれぞれ自身の弱点と長所がある。

没有色彩也就没有生活。

Méiyǒu sècǎi yě jiù méiyǒu shēnghuó.

彩りのない生活は生活とは言えない。

这件事已经引起了公司上层的注意。

Zhè jiàn shì yǐjīng yǐnqǐle gōngsī shàngcéng de zhùyì.

この件はすでに会社の上層部の注意を引いている。

顾客就是我们的上帝。

Gùkè jiùshì wǒmen de Shàngdì.

お客様は私たちの神様だ。

他从小就立志成为一名服装设计师。

Tā cóngxiǎo jiù lìzhì chéngwéi yì míng fúzhuāng shèjìshī.

彼は小さい頃からファッションデザイナーを志していた。

继续
▼

Check 1　🎧 012

□ 185
设施
shèshī
名 施設、組織

□ 186
社区
shèqū
名 地域社会、コミュニティ

□ 187
摄影师
shèyǐngshī
名 カメラマン

□ 188
深处
shēnchù
名 深い所、深部

□ 189
身份
shēnfèn
名 身分

□ 190
神色
shénsè
名 様子、表情、顔つき

□ 191
师生
shīshēng
名 教師と学生

□ 192
时节
shíjié
名 時節、季節、時期

| 11日目 🎧 011
Quick Review
答えは次頁 | □ 气氛
□ 前景
□ 潜力
□ 情报 | □ 情景
□ 趋势
□ 权力
□ 权利 | □ 热潮
□ 热量
□ 热门
□ 人力 | □ 人情
□ 人士
□ 人事
□ 人性 |

1 週目

2 週目

3 週目

4 週目

5 週目

6 週目

7 週目

8 週目

9 週目

10 ~ 12 週目

这个城市新修建了很多体育设施。

Zhège chéngshì xīn xiūjiànle hěn duō tǐyù shèshī.

この街ではたくさんのスポーツ施設が新設された。

学生参与社区服务有助于他们了解社会。

Xuésheng cānyù shèqū fúwù yǒu zhù yú tāmen liǎojiě shèhuì.

学生が地域社会への奉仕活動に参加することは社会理解に役立つ。

他是世界闻名的摄影师。

Tā shì shìjiè wénmíng de shèyǐngshī.

彼は世界的に有名なカメラマンだ。

大海深处生活着各种各样的鱼类。

Dàhǎi shēnchù shēnghuózhe gèzhǒng-gèyàng de yúlèi.

海の深い所にはさまざまな魚が生息している。

我无意间发现了他的真实身份。

Wǒ wúyì jiān fāxiànle tā de zhēnshí shēnfèn.

私は何気なく彼の正体に気づいた。

他的神色有些不对。

Tā de shénsè yǒuxiē búduì.

彼の様子が少しおかしい。

全校师生都为他的演讲鼓掌喝彩。

Quánxiào shīshēng dōu wèi tā de yǎnjiǎng gǔzhǎng hècǎi.

全校の教師と生徒が彼の演説に拍手喝采した。

春天正是人们外出游玩的黄金时节。

Chūntiān zhèng shì rénmen wàichū yóuwán de huángjīn shíjié.

春は本格的に人々が外に遊びに出かけるゴールデンタイムである。

☐ 雰囲気 ☐ 情景 ☐ ブーム ☐ 人情
☐ 見通し ☐ 趨勢 ☐ カロリー ☐ 人士
☐ 潜在能力 ☐ 権限 ☐ 人気のあるもの ☐ 人事
☐ 情報 ☐ 権利 ☐ 人の力 ☐ 人間性

Check 1 🎧 013

□ 193

时尚
shíshàng

名 流行

形 流行にあっている

🔁 时髦 shímáo、流行 liúxíng（流行する）

□ 194

时装
shízhuāng

名 （流行の）ファッション、服装、現代の服装

🔄 古装 gǔzhuāng（昔の服装）

□ 195

事迹
shìjì

名 業績、事績

□ 196

试卷
shìjuàn

名 答案用紙

📏 张 zhāng、份 fèn

□ 197

市区
shìqū

名 市街地、市区

🔄 郊区 jiāoqū（郊外）

□ 198

式样
shìyàng

名 デザイン、様式

□ 199

收支
shōuzhī

名 収支

□ 200

手法
shǒufǎ

名 （芸術などの）手法、技法

继续
▼

"啤酒"を入れる"塑料袋"なんてのもありますが、見たこと
ありますか？

Check 2

🎧 097

很多年轻女性都热衷于追逐时尚。

Hěn duō niánqīng nǚxìng dōu rèzhōng yú zhuīzhú shíshàng.

多くの若い女性が流行を追いかけることに夢中である。

他并没有出席那次时装发布会。

Tā bìng méiyou chūxí nà cì shízhuāng fābùhuì.

彼はそのファッションショーに出席しなかった。

他的事迹感动了很多人。

Tā de shìjì gǎndòngle hěn duō rén.

彼の業績は多くの人々を感動させた。

试卷已经收齐了吗?

Shìjuàn yǐjīng shōuqí le ma?

答案用紙は全てそろいましたか。

为了孩子上学方便，他们从郊区搬到了市区。

Wèile háizi shàngxué fāngbiàn, tāmen cóng jiāoqū bāndàole shìqū.

子供たちが通学しやすいように、彼らは郊外から市街地に引っ越した。

这种式样的电脑很受欢迎。

Zhè zhǒng shìyàng de diànnǎo hěn shòu huānyíng.

このデザインのコンピュータはとても人気がある。

这是这个月的收支报告。

Zhè shì zhège yuè de shōuzhī bàogào.

これは今月の収支報告だ。

大多数童话都采用拟人的手法进行写作。

Dàduōshù tónghuà dōu cǎiyòng nǐrén de shǒufǎ jìnxíng xiězuò.

ほとんどの童話は擬人的な手法で書かれている。

继续
▼

1週目
2週目
3週目
4週目
5週目
6週目
7週目
8週目
9週目
10~12週目

□ 201
首饰
shǒushi

名 アクセサリー
量 件 jiàn、副 fú
関 耳饰 ěrshì、耳环 ěrhuán（イヤリング）、项链 xiàngliàn（ネックレス）

□ 202
售货员
shòuhuòyuán

名 販売員、店員

□ 203
数据
shùjù

名 データ

□ 204
顺序
shùnxù

名 手順、順序

□ 205
说法
shuōfa

名 見解、言い方、意見

□ 206
思维
sīwéi

名 思考、思惟

□ 207
塑料袋
sùliàodài

名 ビニール袋

□ 208
隧道
suìdào

名 トンネル

她平时不戴任何首饰。

Tā píngshí bú dài rènhé shǒushi.

彼女は普段どんなアクセサリーもつけない。

他在一家百货公司的化妆品专柜做售货员。

Tā zài yì jiā bǎihuò gōngsī de huàzhuāngpǐn zhuānguì zuò shòuhuòyuán.

彼はデパートの化粧品売り場で販売員をしている。

官方数据表明，来中国的留学生正逐年递增。

Guānfāng shùjù biǎomíng, lái Zhōngguó de liúxuéshēng zhèng zhúnián dìzēng. 公式データによると、中国に来る留学生は年々増加している。

听、说、读、写是学习语言的基本顺序。

Tīng、shuō、dú、xiě shì xuéxí yǔyán de jīběn shùnxù.

聞く、話す、読む、書くというのが、言語を学ぶ基本的な手順だ。

他们要向那家企业讨个说法。

Tāmen yào xiàng nà jiā qǐyè tǎo ge shuōfa.

彼らはその企業に納得のいく説明を求めている。

人类的思维是凭借语言来进行的。

Rénlèi de sīwéi shì píngjiè yǔyán lái jìnxíng de.

人間の思考は言語によって行われる。

现在大部分超市都不提供免费的塑料袋了。

Xiànzài dàbùfen chāoshì dōu bù tígōng miǎnfèi de sùliàodài le.

現在大部分のスーパーマーケットでは無料のビニール袋を提供していない。

请问，外滩观光隧道的门票多少钱?

Qǐngwèn, Wàitān guānguāng suìdào de ménpiào duōshao qián?

すみません、外灘観光トンネルのチケットはいくらですか。

□ 容量	□ 彩り	□ 施設	□ 身分
□ 今	□ 上層部	□ 地域社会	□ 様子
□ ソフトウエア	□ 神	□ カメラマン	□ 教師と学生
□ 弱点	□ デザイナー	□ 深い所	□ 時節

66 ▸ 67

□ 209
所在
suǒzài

名 場所、所

□ 210
套餐
tàocān

名 定食、セットメニュー

□ 211
特性
tèxìng

名 特性

□ 212
特征
tèzhēng

名 特徴

□ 213
体力
tǐlì

名 体力

□ 214
头脑
tóunǎo

名 頭脳、能力、頭、糸口、首領

□ 215
图案
tú'àn

名 模様、図案、デザイン

□ 216
外表
wàibiǎo

名 外見、うわべ、表面

継続
▼

"双层吉士汉堡套餐"（ダブルチーズバーガーセット）が食べたい！

1週目

2週目

3週目

4週目

5週目

6週目

7週目

8週目

9週目

10~12週目

Check 2 🎧 098

在股东大会上，他一针见血地指出了公司的问题所在。

Zài gǔdōng dàhuì shang, tā yì zhēn jiàn xiě de zhǐchūle gōngsī de wèntí suǒzài. 　株主総会で、彼は会社の問題の所在をずばりと指摘した。

高铁上提供的套餐又好吃又便宜，而且营养搭配很均衡。

Gāotiě shang tígōng de tàocān yòu hǎochī yòu piányi, érqiě yíngyǎng dāpèi hěn jūnhéng.

高速鉄道で提供されている定食はおいしくて安く、栄養バランスもよい。

我们还没有掌握这种物质的特性。

Wǒmen hái méiyou zhǎngwò zhè zhǒng wùzhì de tèxìng.

私たちはまだこの物質の特性を把握していない。

他把罪犯的面部特征告诉了警察。

Tā bǎ zuìfàn de miànbù tèzhēng gàosule jǐngchá.

彼は犯人の顔の特徴を警察に話した。

逛街又耗时间又耗体力，我还是不去了。

Guàng jiē yòu hào shíjiān yòu hào tǐlì, wǒ háishi bú qù le.

町をぶらつくのは時間と体力を消耗するので、やはり行くのをやめにする。

我爷爷虽然年纪大了，但是头脑很清楚。

Wǒ yéye suīrán niánjì dà le, dànshì tóunǎo hěn qīngchu.

私の祖父は年は取っているが、頭は明晰だ。

PPT 背景不要选择太花哨的图案，否则会影响内容的展示。

PPT bèijǐng búyào xuǎnzé tài huāshao de tú'àn, fǒuzé huì yǐngxiǎng nèiróng de zhǎnshì.

パワーポイントは背景に派手な模様を選ばない、さもないと内容の展示に影響する。

他这个人不太注重外表。

Tā zhège rén bú tài zhùzhòng wàibiǎo.

彼という人物は、あまり外見に気を使わない。

继续
▼

Check 1 🎧 014

□ 217
外界
wàijiè
图 **外部、外界**

□ 218
外形
wàixíng
图 **外観、外形**

□ 219
往年
wǎngnián
❗图 **例年、往年、以前**

□ 220
文物
wénwù
图 **出土品、文化財**

□ 221
问卷
wènjuàn
图 **アンケート**

□ 222
戏剧
xìjù
图 **劇、演劇**

□ 223
系列
xìliè
图 **シリーズ、系列**

□ 224
鲜花
xiānhuā
图 **生花、花**

我们要积极听取外界的意见。

Wǒmen yào jījí tīngqǔ wàijiè de yìjian.

私たちは積極的に外部の意見を取り入れなければならない。

这种汽车的外形动感时尚，符合年轻人的审美。

Zhè zhǒng qìchē de wàixíng dònggǎn shíshàng, fúhé niánqīngrén de shěnměi. この車の外観はダイナミックでスタイリッシュなので、若者の美意識に合っている。

相比往年，今年的苹果又便宜又好吃。

Xiāngbǐ wǎngnián, jīnnián de píngguǒ yòu piányi yòu hǎochī.

例年に比べて、今年のリンゴは安くておいしい。

这一带出土了很多珍贵的文物。

Zhè yídài chūtǔle hěn duō zhēnguì de wénwù.

この一帯からたくさんの貴重な出土品が出た。

他做了关于中日关系的问卷调查。

Tā zuòle guānyú Zhōng-Rì guānxi de wènjuàn diàochá.

彼は日中関係に関するアンケート調査を行った。

莎士比亚是英国著名的戏剧作家。

Shāshìbǐyà shì Yīngguó zhùmíng de xìjù zuòjiā.

シェイクスピアはイギリスの有名な劇作家だ。

这个系列的化妆品很受欢迎。

Zhège xìliè de huàzhuāngpǐn hěn shòu huānyíng.

このシリーズの化粧品はたいへん人気がある。

正因为有了绿叶的衬托，鲜花才显得格外美丽。

Zhèng yīnwei yǒule lǜyè de chèntuō, xiānhuā cái xiǎnde géwài měilì.

緑の葉が引き立てているからこそ、花は美しく見える。

☐ 流行	☐ 市街地	☐ アクセサリー	☐ 見解
☐ ファッション	☐ デザイン	☐ 販売員	☐ 思考
☐ 業績	☐ 収支	☐ データ	☐ ビニール袋
☐ 答案用紙	☐ 手法	☐ 手順	☐ トンネル

量詞のまとめ②

水
(水)

滴 dī
滴状のものを数える。

整个上午我连一滴水也没喝。
Zhěnggè shàngwǔ wǒ lián yì dī shuǐ yě méi hē.
午前中ずっと私は1滴の水も飲んでいない。

摊 tān
広がっている液状のものを数える。

他拿来拖把，把地上那摊水拖干净了。
Tā nálai tuōbǎ, bǎ dì shang nà tān shuǐ tuōgānjìng le.
彼はモップを持ってきて、床に広がった水を拭きとった。

菜
(料理)

道 dào
宴会などに出てくる料理を数える。

我们的厨师能做上百道菜。
Wǒmen de chúshī néng zuò shàngbǎi dào cài.
私たちのコックは100品以上の料理が作れる。

份 fèn
～人前、～人分。

他点了一份水煮鱼和一份麻婆豆腐。
Tā diǎnle yí fèn shuǐzhǔyú hé yí fèn mápó dòufu.
彼は水煮魚（四川風白身魚の煮込み）と麻婆豆腐を注文した。

盘 pán
お皿に盛ってある料理を数える。

餐桌上摆着几盘菜。
Cānzhuō shang bǎizhe jǐ pán cài.
食卓に数皿の料理が並べてある。

样 yàng
料理の種類を数える。

他做饭时几乎每样菜都放酱油。
Tā zuò fàn shí jīhū měi yàng cài dōu fàng jiàngyóu.
彼は食事を作るとき、ほとんどどの料理にも醤油をかける。

桌 zhuō
テーブルいっぱいの量を言う（たくさんの料理）。

他已经做了一桌好菜等着妻子回来。
Tā yǐjīng zuòle yì zhuō hǎo cài děngzhe qīzi huílai.
彼はすでに食卓いっぱいの美味しい料理を作り、妻の帰りを待っている。

キクタン中国語
3 週目

中国語で言ってみよう！

彼らは人工知能を備えたロボットを開発した。

（答えは 273）

Check 1　　　　　　　　　　　　　　　　🎧 015

□ 225

现场

xiànchǎng

名 **現場、現地**

□ 226

现状

xiànzhuàng

名 **現状**

□ 227

乡

xiāng

名 **故郷、農村部**

□ 228

乡下

xiāngxia

名 **田舎、農村**

□ 229

香水

xiāngshuǐ

名 **香水**

□ 230

想象

xiǎngxiàng

名 **想像、イメージ**
動 想像する

□ 231

相声

xiàngsheng

名 **漫才**
解 中国の伝統芸能の一つで、1人でやる落語のような "**单口相声**"、2人でやる漫才のような "**对口相声**" などがある

□ 232

小组

xiǎozǔ

名 **グループ、組、班**

継続
▼

1 週目
2 週目
3 週目
4 週目
5 週目
6 週目
7 週目
8 週目
9 週目
10~12 週目

中国の伝統芸能の一つである"相声"が聞き取れるようになれば、あなたのリスニング力は本物です！

Check 2 🎧 099

警察正在调查事故现场。

Jǐngchá zhèngzài diàochá shìgù xiànchǎng.

警察は事故現場を調査中だ。

年轻人不能安于现状，**要不断突破自我。**

Niánqīngrén bù néng ānyú xiànzhuàng, yào búduàn tūpò zìwǒ.

若者は現状に安住せず、絶えず自身の限界を突破しなければならない。

江南历来是中国的鱼米之乡。

Jiāngnán lìlái shì Zhōngguó de yú mǐ zhī xiāng.

江南は昔から中国の魚と米の故郷だ。

他刚从乡下**来到城市。**

Tā gāng cóng xiāngxia láidào chéngshì.

彼は田舎から都会へ出てきたばかりだ。

她每天都往身上喷香水。

Tā měi tiān dōu wǎng shēn shang pēn xiāngshuǐ.

彼女は毎日体に香水をかける。

我喜欢李白的诗，因为他的诗总是给人很大的想象**空间。**

Wǒ xǐhuan Lǐ Bái de shī, yīnwei tā de shī zǒngshì gěi rén hěn dà de xiǎngxiàng kōngjiān.

李白の詩が好きなのは、彼の詩はいつも大きな想像空間を与えてくれるからだ。

你喜欢听相声**吗？**

Nǐ xǐhuan tīng xiàngsheng ma?

あなたは漫才を聞くのが好きですか。

这次活动以小组**为单位进行。**

Zhè cì huódòng yǐ xiǎozǔ wéi dānwèi jìnxíng.

今回の活動はグループ単位で行う。

继续
▼

Check 1

□ 233
效率
xiàolǜ

名 能率、効率

□ 234
效益
xiàoyì

名 効果と利益

□ 235
笑容
xiàoróng

名 笑み、笑顔

□ 236
协会
xiéhuì

名 協会

□ 237
薪水
xīnshui

名 給料、賃金

□ 238
信贷
xìndài

名 金融、貸付

□ 239
形象
xíngxiàng

名 イメージ
形 如実である、リアルな

□ 240
幸运
xìngyùn

名 幸運
形 幸運な

14日目 🎧 014 Quick Review 答えは次頁	□ 所在	□ 体力	□ 外界	□ 问卷
	□ 套餐	□ 头脑	□ 外形	□ 戏剧
	□ 特性	□ 图案	□ 往年	□ 系列
	□ 特征	□ 外表	□ 文物	□ 鲜花

日本人的工作效率很高。

Rìběnrén de gōngzuò xiàolǜ hěn gāo.

日本人の仕事の能率は高い。

新发明给公司带来了巨大的经济效益。

Xīn fāmíng gěi gōngsī dàiláile jùdà de jīngjì xiàoyì.

新発明は会社に巨大な経済的効果と利益をもたらした。

他笑容满面地走了出来。

Tā xiàoróng mǎnmiàn de zǒule chulai.

彼は満面の笑みを浮かべて出てきた。

他是音乐家协会的会员。

Tā shì yīnyuèjiā xiéhuì de huìyuán.

彼は音楽家協会の会員だ。

他进公司才短短三年，薪水已经翻了好几番。

Tā jìn gōngsī cái duǎnduǎn sān nián, xīnshui yǐjīng fānle hǎojǐ fān.

彼は入社してわずか3年で、給料が何倍にもなった。

她在一家民间信贷公司工作。

Tā zài yì jiā mínjiān xìndài gōngsī gōngzuò.

彼女は民間の金融会社で働いている。

她是这个品牌的形象代言人。Tā shì zhège pǐnpái de xíngxiàng dàiyánrén.
彼女はこのブランドのイメージキャラクターだ。　他的小说形象生动地描绘了未来
世界的场景。Tā de xiǎoshuō xíngxiàng shēngdòng de miáohuìle wèilái
shìjiè de chǎngjǐng.　彼の小説のイメージは未来の世界の場面を生き生きと描いている。

遇见你们是我最大的幸运。Yùjiàn nǐmen shì wǒ zuìdà de xìngyùn.
あなた方に出会えたことが私の1番の幸運だ。
我实在是太幸运了。Wǒ shízài shì tài xìngyùn le.　僕は本当に幸運だ。

Check 1 　　　　　　　　　　　　　　🎧 016

□ 241
修养
xiūyǎng
名 素養、教養

□ 242
学分
xuéfēn
名 単位

□ 243
押金
yājīn
名 デポジット、保証金

□ 244
牙膏
yágāo
名 練り歯磨き

□ 245
眼光
yǎnguāng
名 視線、眼力、観点

□ 246
样品
yàngpǐn
名 サンプル、見本

□ 247
衣柜
yīguì
名 タンス、クローゼット

□ 248
医药
yīyào
名 薬

継続
▼

Check 2　🎧 100

从房间的布置可以看出主人具有很高的艺术修养。
Cóng fángjiān de bùzhì kěyǐ kànchū zhǔrén jùyǒu hěn gāo de yìshù xiūyǎng.
部屋の配置から主人が高い芸術的素養を持っていることが分かる。

我好不容易才拿到汉语学分。
Wǒ hǎobù róngyì cái nádào Hànyǔ xuéfēn.
私はようやく中国語の単位を取得した。

如需使用吹风机，要先交50元押金。
Rú xū shǐyòng chuīfēngjī, yào xiān jiāo wǔshí yuán yājīn.
ドライヤーを使うには、まず50元のデポジットを払わなければならない。

这种牙膏可以预防牙周炎。
Zhè zhǒng yágāo kěyǐ yùfáng yázhōuyán.
この練り歯磨きは歯周病を予防できる。

我们不能用老眼光看年轻人。
Wǒmen bù néng yòng lǎo yǎnguāng kàn niánqīngrén.
私たちは古い目で若者を見てはいけない。

你们能提供一些样品给我们吗?
Nǐmen néng tígōng yìxiē yàngpǐn gěi wǒmen ma?
私たちにいくつかサンプルを提供してもらえますか。

学生宿舍是四人一间，每人配备一个衣柜。
Xuéshēng sùshè shì sì rén yì jiān, měi rén pèibèi yí ge yīguì.
学生寮は学生4人で1部屋で、それぞれに1つタンスがある。

他为普及医药知识做了很多工作。
Tā wèi pǔjí yīyào zhīshi zuòle hěn duō gōngzuò.
彼は医薬知識普及のために多くの仕事をした。

继续
▼

Check 1

🎧 016

□ 249
一辈子
yíbèizi

名 一生

□ 250
一带
yídài

名 一帯

□ 251
一路
yílù

名 道中
副 一緒に

□ 252
一时
yìshí

❗ 名 ある時期、一時、当分の間
副 急に、ふと

□ 253
遗憾
yíhàn

❗ 名 残念、悔い
形 残念である

□ 254
以来
yǐlái

名 以来

□ 255
意识
yìshi

名 意識
動 意識する

□ 256
义务
yìwù

名 義務

15日目 🎧 015 Quick Review 答えは次頁	□ 现场	□ 香水	□ 效率	□ 薪水
	□ 现状	□ 想象	□ 效益	□ 信贷
	□ 乡	□ 相声	□ 笑容	□ 形象
	□ 乡下	□ 小组	□ 协会	□ 幸运

1 週目

2 週目

3 週目

4 週目

5 週目

6 週目

7 週目

8 週目

9 週目

10~12 週目

不听我的话，你会后悔一辈子的。

Bù tīng wǒ dehuà, nǐ huì hòuhuǐ yíbèizi de.

私の言うことを聞かないと、あなたは一生後悔するだろう。

北京猿人曾经生活在周口店一带。

Běijīng yuánrén céngjīng shēnghuózài Zhōukǒudiàn yídài.

北京原人はかつて周口店一帯で生活していた。

这一路上，我旁边的人都在唱歌，吵死了。 Zhè yílù shang, wǒ pángbiān de rén dōu zài chàng gē, chǎosǐ le. この道中、隣の人がみんな歌っていて、うるさくてたまらない。 **我们曾一路同行，也算是交心的朋友了。** Wǒmen céng yílù tóngxíng, yě suànshì jiāoxīn de péngyou le. 私たちは一緒に旅をしたことがあり、心の友でもある。

目前的通货膨胀只是一时现象而非长期问题。 Mùqián de tōnghuò péngzhàng zhǐshì yìshí xiànxiàng érfēi chángqī wèntí. 現在のインフレは一時の現象に過ぎず、長期の問題ではない。**他不过一时糊涂，做错了事，你不要责怪他了。** Tā búguò yìshí hútu, zuòcuòle shì, nǐ búyào zéguài tā le. 彼はただうっかり間違ったことをしただけだから、責めてはいけない。

这是李三终生的遗憾。 Zhè shì Lǐ Sān zhōngshēng de yíhàn.

これは李三一生の悔いである。

那真是太遗憾了。 Nà zhēnshi tài yíhàn le. それは本当に残念だ。

去年冬天以来，这里下了两场雪。

Qùnián dōngtiān yǐlái, zhèli xiàle liǎng cháng xuě.

去年の冬以来、ここでは2度雪が降った。

该如何提高孩子的自我保护意识才好呢?

Gāi rúhé tígāo háizi de zìwǒ bǎohù yìshi cái hǎo ne?

どのように子供の自己防衛意識を高めたらいいだろうか。

依法纳税是公民应尽的义务。

Yīfǎ nàshuì shì gōngmín yīng jìn de yìwù.

法に従って納税することは公民の果たすべき義務だ。

☐ 現場	☐ 香水	☐ 能率	☐ 給料
☐ 現状	☐ 想像	☐ 効果と利益	☐ 金融
☐ 故郷	☐ 漫才	☐ 笑み	☐ イメージ
☐ 田舎	☐ グループ	☐ 協会	☐ 幸運

Check 1　　　　　　　　　　　　　　　🎧 017

□ 257

饮食
yǐnshí

名 飲食

□ 258

用户
yònghù

名 ユーザー、利用者

□ 259

用心
yòngxīn

名 意図、思惑、下心

□ 260

优惠
yōuhuì

名 優待

□ 261

优势
yōushì

名 利点、優勢

□ 262

邮箱
yóuxiāng

名 メールボックス、郵便箱
≒ 信箱 xìnxiāng

□ 263

缘故
yuángù

名 原因

□ 264

月底
yuèdǐ

名 月末

継续
▼

Check 2　　　　　　　　　　　　　　　　　　　　🎧 101

合理的饮食结构可以让人长寿。
Hélǐ de yǐnshí jiégòu kěyǐ ràng rén chángshòu.
合理的な食事構成は人を長生きさせる。

他们公司的产品得到了用户的信任。
Tāmen gōngsī de chǎnpǐn dédàole yònghù de xìnrèn.
彼らの会社の製品はユーザーの信頼を得ている。

毕业几年后，同学们才逐渐明白老师的良苦用心。
Bìyè jǐ nián hòu, tóngxuémen cái zhújiàn míngbai lǎoshī de liángkǔ
yòngxīn.　卒業して数年後、学生たちは先生の老婆心がだんだん分かってきた。

我们愿意为游客提供优惠价格。
Wǒmen yuànyì wèi yóukè tígōng yōuhuì jiàgé.
我々は観光客のために優待価格で提供したい。

国有商业银行具备一些传统优势。
Guóyǒu shāngyè yínháng jùbèi yìxiē chuántǒng yōushì.
国有の商業銀行は伝統的な利点がある。

谷歌为用户提供容量为 1 个 G 的免费电子邮箱。
Gǔgē wèi yònghù tígōng róngliàng wéi yí ge G de miǎnfèi diànzǐ
yóuxiāng.　Google はユーザーに 1GB の無料のメールボックスを提供している。

他汉语说得这么好，是每天坚持学习的缘故吧。
Tā Hànyǔ shuōde zhème hǎo, shì měi tiān jiānchí xuéxí de yuángù ba.
彼が中国語をこのように上手に話すのは、毎日勉強を続けているためだろう。

我这个月底就要去法国留学了。
Wǒ zhège yuèdǐ jiùyào qù Fǎguó liúxué le.
私は今月末からフランスに留学する。

継続
▼

1 週目
2 週目
3 週目
4 週目
5 週目
6 週目
7 週目
8 週目
9 週目
10 ~ 12 週目

Check 1　　　　　　　　　　　　　　　🎧 017

□ 265
乐曲
yuèqǔ
名 楽曲

□ 266
运气
yùnqi
名 運、運気

□ 267
掌声
zhǎngshēng
名 拍手の音

□ 268
障碍
zhàng'ài
名 妨げ

□ 269
真相
zhēnxiàng
名 真相

□ 270
枕头
zhěntou
名 枕

□ 271
证件
zhèngjiàn
名 証明書
量 张 zhāng

□ 272
正义
zhèngyì
名 正義
形 正義の

16日目 🎧 016 Quick Review 答えは次頁	□ 修养	□ 眼光	□ 一辈子	□ 遗憾
	□ 学分	□ 样品	□ 一带	□ 以来
	□ 押金	□ 衣柜	□ 一路	□ 意识
	□ 牙膏	□ 医药	□ 一时	□ 义务

1 週目

2 週目

3 週目

4 週目

5 週目

6 週目

7 週目

8 週目

9 週目

10~12 週目

姑娘们伴着欢快的乐曲跳起舞来。

Gūniangmen bànzhe huānkuài de yuèqǔ tiàoqi wǔ lai.

娘たちは陽気な曲に合わせて踊り始めた。

找工作不能只靠运气，而要凭实力。

Zhǎo gōngzuò bù néng zhǐ kào yùnqi, ér yào píng shílì.

仕事を探すのは運だけでなく、実力に依らなければならない。

观众对她的表演报以热烈的掌声。

Guānzhòng duì tā de biǎoyǎn bào yǐ rèliè de zhǎngshēng.

観衆は彼女のパフォーマンスに対して熱烈な拍手を送った。

我们在阅读时，首先要扫除生词的障碍。

Wǒmen zài yuèdú shí, shǒuxiān yào sǎochú shēngcí de zhàng'ài.

読むときには、まず未知の単語の障害を取り除かなければならない。

这件事情的真相究竟是什么?

Zhè jiàn shìqing de zhēnxiàng jiūjìng shì shénme?

この事件の真相はいったい何なのか。

对不起，这个枕头太硬了。

Duìbuqǐ, zhège zhěntou tài yìng le.

すみません、この枕は硬すぎます。

乘坐飞机需要出示有效证件。

Chéngzuò fēijī xūyào chūshì yǒuxiào zhèngjiàn.

飛行機に乗るには、有効な証明書を提示しなければならない。

我们要以自身行动维护社会的公平与正义。

Wǒmen yào yǐ zìshēn xíngdòng wéihù shèhuì de gōngpíng yǔ zhèngyì.

私たちは自らの行動で社会の公平と正義を守らなければならない。

☐ 素養	☐ 視線	☐ 一生	☐ 残念
☐ 単位	☐ サンプル	☐ 一帯	☐ 以来
☐ デポジット	☐ ダンス	☐ 道中	☐ 意識
☐ 練り歯磨き	☐ 薬	☐ ある時期	☐ 義務

Check 1

018

□ 273

智能

zhìnéng

名 知能

□ 274

志愿

zhìyuàn

名 志願
動 志願する
関 志愿者 zhìyuànzhě（ボランティア）

□ 275

主题

zhǔtí

名 テーマ

□ 276

住房

zhùfáng

名 住まい
量 套 tào、间 jiān

□ 277

助理

zhùlǐ

名 アシスタント、助手、補佐
関 職名として用いることが多い。销售助理 xiāo-shòu zhùlǐ（セールスアシスタント）、事务助理 shìwù zhùlǐ（事務アシスタント）

□ 278

助手

zhùshǒu

名 アシスタント、手伝い

□ 279

专利

zhuānlì

名 専売特許

□ 280

专题

zhuāntí

名 特定のテーマ

継続
▼

1 週目

2 週目

3 週目

4 週目

5 週目

6 週目

7 週目

8 週目

9 週目

10 週目 12

"住房"に関連する不動産サイトを見て"三室一厅"や"一室一厅卧室"といった表現も覚えましょう。

Check 2　　🎧 102

他们开发出了具有人工智能的机器人。

Tāmen kāifāchūle jùyǒu réngōng zhìnéng de jīqìrén.

彼らは人工知能を備えたロボットを開発した。

北京冬奥会的志愿者中有很多在校大学生。

Běijīng Dōng'àohuì de zhìyuànzhě zhōng yǒu hěn duō zàixiào dàxuéshēng.　北京冬季五輪のボランティアには現役の大学生が多い。

2022 年北京冬奥会的主题口号是《一起向未来》。

Èr líng èr èr nián Běijīng Dōng'àohuì de zhǔtí kǒuhào shì《yìqǐ xiàng wèilái》.　2022 年の北京冬季五輪のテーマは「共に未来へ」だ。

你们打算怎样解决住房问题?

Nǐmen dǎsuan zěnyàng jiějué zhùfáng wèntí?

あなたたちは、どのように住宅問題を解決するつもりですか。

经理需要一个行政助理，我向他推荐了你。

Jīnglǐ xūyào yí ge xíngzhèng zhùlǐ, wǒ xiàng tā tuījiànle nǐ.

マネージャーには管理アシスタントが必要なので、私は彼にあなたを推薦した。

我相信他会成为你的得力助手。

Wǒ xiāngxìn tā huì chéngwéi nǐ de délì zhùshǒu.

彼はあなたの強力なアシスタントになると信じている。

他的发明获得了国家专利。

Tā de fāmíng huòdéle guójiā zhuānlì.

彼の発明は国の特許を得た。

我们学校举行了世界遗产的专题系列讲座。

Wǒmen xuéxiào jǔxíngle shìjiè yíchǎn de zhuāntí xìliè jiǎngzuò.

私たちの学校では世界遺産に関する一連の特別講座を開催した。

继续
▼

Check 1　　　　　　　　　　　　　　　　　　　🎧 018

□ 281
阻力
zǔlì
名 抵抗、障害

□ 282
嘴巴
zuǐba
名 口、頬

□ 283
罪恶
zuì'è
名 罪悪

□ 284
作风
zuòfēng
名 態度、作風、風格

□ 285
本身
běnshēn
代 それ自体、それ自身

□ 286
各自
gèzì
代 各自、各々

□ 287
另
lìng
代 別の、ほかの
副 別に、ほかに

□ 288
其
qí
代 その

任何改革都会遇到阻力的。

Rènhé gǎigé dōu huì yùdào zǔlì de.

どんな改革も抵抗に遭うものだ。

做好事不能只停留在嘴巴上，更要体现在行动上。

Zuò hǎoshì bù néng zhǐ tíngliúzài zuǐba shang, gèng yào tǐxiàn zài xíngdòng shang.　よいことをするには口だけでなく、行動にも表さなければならない。

这本小说揭露了封建制度的罪恶。

Zhè běn xiǎoshuō jiēlùle fēngjiàn zhìdù de zuì'è.

この小説は封建制度の罪悪を暴き出した。

我们需要的是踏实的工作作风。

Wǒmen xūyào de shì tāshi de gōngzuò zuòfēng.

私たちが求めているのは、まじめな勤務態度だ。

这件事本身并不复杂。

Zhè jiàn shì běnshēn bìng bu fùzá.

このこと自体は複雑ではない。

看完电影后，我们就各自回家了。

Kànwán diànyǐng hòu, wǒmen jiù gèzì huí jiā le.

映画を見た後、私たちはそれぞれ家に帰った。

你去这边，我去另一边。Nǐ qù zhèbian, wǒ qù lìng yìbiān.

あなたがこっちに行くなら、私は別のほうに行く。

请仿照例句，另写一个句子。Qǐng fǎngzhào lìjù, lìng xiě yí ge jùzi.

例文にならって、別に一文を書きなさい。

鲁迅是中国的著名作家，其代表作有《呐喊》《彷徨》等。

Lǔ Xùn shì Zhōngguó de zhùmíng zuòjiā, qí dàibiǎozuò yǒu《Nàhǎn》《Pánghuáng》děng.　鲁迅は中国の著名な作家で、代表作に『呐喊』『彷徨』などがある。

☐ 飲食　　　　　☐ 利点　　　　　☐ 楽曲　　　　　☐ 真相
☐ ユーザー　　　☐ メールボックス　☐ 運　　　　　　☐ 枕
☐ 意図　　　　　☐ 原因　　　　　☐ 拍手の音　　　☐ 証明書
☐ 優待　　　　　☐ 月末　　　　　☐ 妨げ　　　　　☐ 正義

Check 1 🎧 019

□ 289
如此
rúcǐ

代 このようである、こんなに

□ 290
他人
tārén

代 他人

□ 291
爱惜
àixī

動 大切にする、惜しむ
🔗 爱护 àihù

□ 292
安慰
ānwèi

動 慰める
形 安心する

□ 293
安置
ānzhì

動 配属する、配置する

□ 294
安装
ānzhuāng

動 すえつける、とりつける、インストールする
⇔ 卸载 xièzài（アンインストールする）

□ 295
熬夜
áo▼yè

動 徹夜する
🔁 开夜车 kāi yèchē（徹夜する）

□ 296
拔
bá

動 抜く、抜きんでる

继续
▼

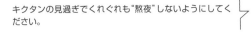
キクタンの見過ぎでくれぐれも"熬夜"しないようにしてください。

Check 2　　🎧 103

在如此短的时间内取得如此大的进步，你一定付出了很多努力。
Zài rúcǐ duǎn de shíjiān nèi qǔdé rúcǐ dà de jìnbù, nǐ yídìng fùchūle hěn duō nǔlì. こんな短期間でこのような大きな進歩をするには、あなたはきっと多くの努力を払ったに違いない。

我们做事要多为他人着想。
Wǒmen zuòshì yào duō wèi tārén zhuóxiǎng.
私たちは物事をするのに他人のことをもっと考えなければならない。

我们要爱惜每一粒粮食。
Wǒmen yào àixī měi yí lì liángshi.
私たちは一粒一粒の食糧を大切にしないといけない。

这几天他心情不好，你多安慰他一下。
Zhè jǐ tiān tā xīnqíng bù hǎo, nǐ duō ānwèi tā yíxià.
ここ数日彼はメンタルが弱っているから、もっと慰めてあげなさい。

今年的毕业生都安置好了吗?
Jīnnián de bìyèshēng dōu ānzhìhǎo le ma?
今年の卒業生は皆ちゃんと配属されましたか。

我家门上安装了指纹锁。
Wǒ jiā mén shang ānzhuāngle zhǐwénsuǒ.
我が家のドアに指紋認証ロックを設置した。

他很注意养生，从不熬夜。
Tā hěn zhùyì yǎngshēng, cóng bù áoyè.
彼は養生に気をつけているので、徹夜をしたことがない。

你帮我把电源线拔下来好吗?
Nǐ bāng wǒ bǎ diànyuánxiàn báxialai hǎo ma?
電気コードを抜いてくれませんか。

继续
▼

Check 1

019

□ 297
办公
bàngōng

動 公務をとる、事務をとる

□ 298
办理
bànlǐ

動 処理する、手続きする

□ 299
办事
bànshì

動 事を処理する、事務をとる

□ 300
包含
bāohán

動 包含する、含む

□ 301
包围
bāowéi

動 取り囲む、包囲する

□ 302
包装
bāozhuāng

動 包装する
名 包装

□ 303
保
bǎo

動 保つ、守る

□ 304
保持
bǎochí

動 保つ

18日目 🎧 018 Quick Review 答えは次頁	□ 智能	□ 助理	□ 阻力	□ 本身
	□ 志愿	□ 助手	□ 嘴巴	□ 各自
	□ 主题	□ 专利	□ 罪恶	□ 另
	□ 住房	□ 专题	□ 作风	□ 其

市政府星期天不办公。
Shìzhèngfǔ xīngqītiān bú bàngōng.
市役所は日曜日は公務を行わない。

婚姻登记手续在三楼办理。
Hūnyīn dēngjì shǒuxù zài sān lóu bànlǐ.
婚姻登録手続きは3階で行っている。

他的办事能力很强。
Tā de bànshì nénglì hěn qiáng.
彼の事務処理能力は優れている。

这篇寓言故事包含着深刻的哲理。
Zhè piān yùyán gùshi bāohánzhe shēnkè de zhélǐ.
この寓話には深い哲理が含まれている。

抢劫银行的匪徒已经被警察包围了。
Qiǎngjié yínháng de fěitú yǐjīng bèi jǐngchá bāowéi le.
銀行強盗の犯人はすでに警察に取り囲まれた。

你能帮忙包装一下这些商品吗? Nǐ néng bāngmáng bāozhuāng yíxià zhèxiē shāngpǐn ma? これらの商品をちょっと包装してもらえませんか。**过度包装会造成资源的浪费。** Guòdù bāozhuāng huì zàochéng zīyuán de làngfèi.
過度の包装は資源の浪費である。

看来,这次他保不住自己的地位了。
Kànlái, zhè cì tā bǎobuzhù zìjǐ de dìwèi le.
どうやら、今回彼は自分の地位を守れなくなったようだ。

我通过邮件和朋友保持联系。
Wǒ tōngguò yóujiàn hé péngyou bǎochí liánxì.
私はメールで友達と連絡を保っている。

☐ 知能	☐ アシスタント	☐ 抵抗	☐ それ自体
☐ 志願	☐ アシスタント	☐ □	☐ 各自
☐ テーマ	☐ 専売特許	☐ 罪悪	☐ 別の
☐ 住まい	☐ 特定のテーマ	☐ 態度	☐ その

Check 1　　　　　　　　　　　　　　　　　　　　　　　🎧 020

☐ 305
保管
bǎoguǎn

動 **保管する、保証する、請け合う**
名 (倉庫の) 保管係
≒ 保管員 bǎoguǎnyuán

☐ 306
保密
bǎo˅mì

動 **秘密にする、機密や秘密を保つ**

☐ 307
保守
bǎoshǒu

動 **(秘密などを) 守る**
形 保守的である、控えめである

☐ 308
保养
bǎoyǎng

動 **養生する、メンテナンスする**

☐ 309
保障
bǎozhàng

動 **保障する**
名 保障

☐ 310
报
bào

動 **知らせる**
名 新聞
量 张 zhāng、份 fèn

☐ 311
报销
bàoxiāo

動 **(立て替え費用などを) 精算する**

☐ 312
被迫
bèipò

動 **やむなく～する、～を迫られる**

継続
▼

1 週目

2 週目

3 週目

4 週目

5 週目

6 週目

7 週目

8 週目

9 週目

10 ～ 週目 12

まとめて覚えよう緊急通報の番号、"报警110、火警119、急救120、交通事故122"。

Check 2 🎧 104

你能替我保管一下行李吗？ Nǐ néng tì wǒ bǎoguǎn yíxià xíngli ma?
ちょっと荷物を預かってもらえますか。　**我先后做过仓库保管员、推销员和店员。**
Wǒ xiānhòu zuòguo cāngkù bǎoguǎnyuán, tuīxiāoyuán hé diànyuán.
私は前後して倉庫保管係、セールスマン、店員を経験した。

请你一定替我保密。
Qǐng nǐ yídìng tì wǒ bǎomì.
私のために必ず秘密にしてください。

公务员有保守秘密的义务。 Gōngwùyuán yǒu bǎoshǒu mìmì de yìwù. 公
务员には守秘義務がある。　**这种保守的思想已经过时了。** Zhè zhǒng bǎoshǒu
de sīxiǎng yǐjīng guòshí le. この保守的な考え方はすでに時代遅れになった。

她一直很注意保养，又经常锻炼，所以身材很好。
Tā yìzhí hěn zhùyì bǎoyǎng, yòu jīngcháng duànliàn, suǒyǐ shēncái
hěn hǎo. 彼女はいつも養生に気をつけ、よく鍛えているので、スタイルがいい。

国家要保障公民的言论自由。 Guójiā yào bǎozhàng gōngmín de yánlùn
zìyóu. 国家は公民の言論の自由を保障しなければならない。　**芬兰的社会保障制度
非常完善。** Fēnlán de shèhuì bǎozhàng zhìdù fēicháng wánshàn. フィン
ランドの社会保障制度は非常に整っている。

请拨打 110 报警。 Qǐng bōdǎ yāo yāo líng bàojǐng. 110 番通報してください。
日本人喜欢在电车上看报。 Rìběnrén xǐhuan zài diànchē shang kàn bào.
日本人は電車で新聞を読むのが好きだ。

参加会议的旅费由公司报销。
Cānjiā huìyì de lǚfèi yóu gōngsī bàoxiāo.
会議に参加した旅費は会社が精算してくれる。

受疫情影响，演唱会被迫取消了。
Shòu yìqíng yǐngxiǎng, yǎnchànghuì bèipò qǔxiāo le.
疫病の影響で、コンサートはやむを得ず中止となった。

继续
▼

Check 1　🎧 020

□ 313
必需
bìxū

🔲 必要である、欠くことができない

□ 314
编辑
biānjí

🔲 編集する
🔲 編集者

□ 315
辩护
biànhù

🔲 弁護する、言い訳する

□ 316
辩论
biànlùn

🔲 弁論する、議論する

□ 317
便于
biànyú

🔲 （〜するのに）便利である、〜しやすい

□ 318
不顾
búgù

🔲 気にしない、顧みない

□ 319
不惜
bùxī

🔲 惜しまない、嫌がらない、いとわない

□ 320
不由得
bùyóude

🔲 〜せざるを得ない、許さない
🔲 思わず、ふと

19日目 🎧 019 Quick Review 答えは次頁			
□ 如此	□ 安置	□ 办公	□ 包围
□ 他人	□ 安装	□ 办理	□ 包装
□ 爱惜	□ 熬夜	□ 办事	□ 保
□ 安慰	□ 拔	□ 包含	□ 保持

1 週目

2 週目

3 週目

4 週目

5 週目

6 週目

7 週目

8 週目

9 週目

10 ～ 12 週目

石油是现代社会所必需的资源。

Shíyóu shì xiàndài shèhuì suǒ bìxū de zīyuán.

石油は、現代社会に必須の資源である。

她编辑出版了很多名著。Tā biānjí chūbǎnle hěn duō míngzhù.

彼女は多くの名著を編集し、出版した。

她现在在杂志社当编辑。Tā xiànzài zài zázhìshè dāng biānjí.

彼女は今、雑誌社で編集者をしている。

没有律师愿意为这个案件辩护。

Méiyǒu lǜshī yuànyì wèi zhège ànjiàn biànhù.

この事件のために弁護をしたい弁護士はいない。

双方针对这个问题展开了激烈辩论。

Shuāngfāng zhēnduì zhège wèntí zhǎnkāile jīliè biànlùn.

双方はこの問題について激しい議論を展開した。

老师把语法规则编成了歌谣，便于学生记忆。

Lǎoshī bǎ yǔfǎ guīzé biānchéngle gēyáo, biànyú xuésheng jìyì.

先生は文法規則を歌にして、生徒が覚えやすいようにした。

赵强不顾家人的反对，偷偷报考了美术专业。

Zhào Qiáng búgù jiārén de fǎnduì, tōutōu bàokǎole měishù zhuānyè.

趙強は家族の反対を押し切って、密かに美術科を受験した。

为了完成任务，我们不惜一切代价。

Wèile wánchéng rènwu, wǒmen bùxī yíqiè dàijià.

任務を完成するために、私たちはあらゆる代価を惜しまない。

好多次事实已经摆在眼前了，不由得你不信。Hǎo duōcì shìshí yǐjīng bǎizài yǎnqián le, bùyóude nǐ bú xìn. 多くの事実が目の前に並べられたので、あなたは信じないわけにはいかない。

看到这么感人的画面，她不由得流下了眼泪。Kàndào zhème gǎn rén de huàmiàn, tā bùyóude liúxiale yǎnlèi. このような感動的な場面を見て、彼女は思わず涙した。

☐ このようである	☐ 配属する	☐ 公務をとる	☐ 取り囲む
☐ 他人	☐ すえつける	☐ 処理する	☐ 包装する
☐ 大切にする	☐ 徹夜する	☐ 事を処理する	☐ 保つ
☐ 慰める	☐ 抜く	☐ 包含する	☐ 保つ

□ 321 **不再** búzài	動 もう～でない、二度と～しない
□ 322 **补偿** bǔcháng	動 補償する、埋め合わせる、償う
□ 323 **猜** cāi	動 推測する
□ 324 **猜测** cāicè	動 推測する
□ 325 **踩** cǎi	動 踏みつける 🔁 踏 tà
□ 326 **采访** cǎifǎng	動 インタビューする、取材する 名 取材
□ 327 **采购** cǎigòu	動 買い入れる、仕入れる 名 仕入れ係
□ 328 **参考** cānkǎo	動 参考にする

継続
▼

1 週目

2 週目

3 週目

4 週目

5 週目

6 週目

7 週目

8 週目

9 週目

10 ~ 12 週目

有土能种庄稼，有水能养鱼虾，有人不是你我，有马能跑天下。猜猜这是什么字?

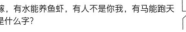

Check 2
🎧 105

我不再是小孩子了，可以自己做决定了。
Wǒ búzài shì xiǎoháizi le, kěyǐ zìjǐ zuò juédìng le.
私はもう子供ではないので、自分で決めることができる。

银行决定补偿顾客的损失。
Yínháng juédìng bǔcháng gùkè de sǔnshī.
銀行は顧客の損失を補償することを決定した。

我说个谜语你来猜吧。
Wǒ shuō ge míyǔ nǐ lái cāi ba.
私がなぞなぞを言うから、あててみて。

大家纷纷猜测起这件事情的起因。
Dàjiā fēnfēn cāicèqǐ zhè jiàn shìqing de qǐyīn.
皆は次々とこの事件の原因を推測した。

我今天在电车上被人踩了一脚。
Wǒ jīntiān zài diànchē shang bèi rén cǎile yì jiǎo.
今日電車で足を踏みつけられた。

记者采访了多位病毒专家。 Jìzhě cǎifǎngle duō wèi bìngdú zhuānjiā.
記者は多くのウイルス専門家にインタビューした。

他终于接受了我们的采访。 Tā zhōngyú jiēshòule wǒmen de cǎifǎng.
彼はついに我々のインタビューに応じてくれた。

公司从国外采购了一大批设备。 Gōngsī cóng guówài cǎigòule yí dàpī shèbèi.
会社は外国から一大設備を購入した。

我在公司主管设备的采购。 Wǒ zài gōngsī zhǔguǎn shèbèi de cǎigòu.
私は会社で設備の仕入れを担当している。

新的计划参考了他的意见。
Xīn de jìhuà cānkǎole tā de yìjian.
新しい計画は彼の意見を参考にした。

継続
▼

Check 1　　　　　　　　　　　　　　　　　　　　🎧 021

□ 329
参与
cānyù
　　　　　　　　　動 参与する、かかわる

□ 330
操心
cāo▾xīn
　　　　　　　　　動 心配する、気を配る

□ 331
操作
cāozuò
　　　　　　　　　動 操作する

□ 332
测
cè
　　　　　　　　　動 測る、測量する

□ 333
测验
cèyàn
　　　　　　　　　動 テストする

□ 334
查看
chákàn
　　　　　　　　　動 チェックする、点検する

□ 335
拆
chāi
　　　　　　　　　動 壊す

□ 336
产生
chǎnshēng
　　　　　　　　　動 生じる、生み出す、生まれる

20日目 🎧 020 Quick Review 答えは次頁	□ 保管	□ 保障	□ 必需	□ 便于
	□ 保密	□ 报	□ 编辑	□ 不顾
	□ 保守	□ 报销	□ 辩护	□ 不惜
	□ 保养	□ 被迫	□ 辩论	□ 不由得

他没参与足球赌博。

Tā méi cānyù zúqiú dǔbó.

彼はサッカー賭博にかかわっていない。

我会注意的，您就别操心了。

Wǒ huì zhùyì de, nín jiù bié cāoxīn le.

私は注意しますから、どうぞ心配しないでください。

他已经能独立操作这台机器了。

Tā yǐjīng néng dúlì cāozuò zhè tái jīqi le.

彼はすでに1人でこの機械を操作できるようになった。

你是不是发烧了？测一下体温吧。

Nǐ shì bu shì fāshāo le? Cè yíxià tǐwēn ba.

熱はありますか。体温を測ってみましょう。

老师说下节课上测验听力。

Lǎoshī shuō xià jié kè shang cèyàn tīnglì.

先生は次の授業でリスニング力を測るテストをすると言った。

我仔细查看了参会人员名单，上面并没有他。

Wǒ zǐxì chákànle cān huì rényuán míngdān, shàngmian bìng méiyǒu tā.

私は参加者のリストをよく見たが、そこに彼はいなかった。

村里的老房子都拆了。

Cūn li de lǎo fángzi dōu chāi le.

村の古い家はみな壊された。

这么做会产生不好的影响。

Zhème zuò huì chǎnshēng bù hǎo de yǐngxiǎng.

こうするとよくない影響が出るだろう。

☐ 保管する	☐ 保障する	☐ 必要である	☐ 便利である
☐ 秘密にする	☐ 知らせる	☐ 編集する	☐ 気にしない
☐ 守る	☐ 精算する	☐ 弁護する	☐ 惜しまない
☐ 養生する	☐ やむなく～する	☐ 弁論する	☐ ～せざるを得ない

量詞のまとめ③

药
(薬)

包 bāo
袋に入った薬を数える。

他从衣袋里掏出一包药吃了。
Tā cóng yīdài li tāochū yì bāo yào chī le.
彼はポケットから1袋の薬を取り出して飲んだ。

管 guǎn
チューブに入っているものを数える。

她在药店买了两管护手霜。
Tā zài yàodiàn mǎile liǎng guǎn hùshǒushuāng.
彼女は薬局で2本のハンドクリームを買った。

颗 kē
粒状のものを数える。

爸爸吃了几颗药，睡了一觉之后，感冒就好了。
Bàba chīle jǐ kē yào, shuìle yí jiào zhīhòu, gǎnmào jiù hǎo le.
父は何粒かの薬を飲み、ひと眠りしたら、風邪がよくなった。

粒 lì
粒状のものを数える。

瓶子里有 30 粒感冒药。
Píngzi li yǒu sānshí lì gǎnmàoyào.
瓶の中には30粒の風邪薬が入っている。

片 piàn
薄っぺらいものやかけらを数える。

他饭后每次吃三片药。
Tā fàn hòu měi cì chī sān piàn yào.
彼は食後に毎回3錠の薬を飲む。

工作
(仕事)

份 fèn
職業を抽象的に数える。

现在找一份好工作不容易。
Xiànzài zhǎo yí fèn hǎo gōngzuò bù róngyì.
今はよい仕事を見つけるのは容易ではない。

摊 tān
液状のものが広がっているイメージから、なかなか片付かない仕事を抱えている状態を指す。

我现在很忙，手头还有一摊工作。
Wǒ xiànzài hěn máng, shǒutóu hái yǒu yì tān gōngzuò.
私は今忙しくて、手元にはまだ山のような仕事がある。

项 xiàng
具体的な仕事（項目）を指すときに使う。

今年的各项工作几乎都已准备就绪。
Jīnnián de gè xiàng gōngzuò jīhū dōu yǐ zhǔnbèi jiùxù.
今年の各業務はほとんど皆すでに準備が整った。

キクタン中国語

4 週目

中国語で言ってみよう！

辛抱強く待てば、幸運は必ず訪れる。

（答えは 402）

Check 1	🎧 022

□ 337
抄
chāo
動 写す、書き写す

□ 338
超出
chāochū
動 超過する

□ 339
超重
chāo▾zhòng
動 超過する

□ 340
炒
chǎo
動 油で炒める、煎る

□ 341
陈列
chénliè
動 陳列する

□ 342
称赞
chēngzàn
動 褒めたたえる
名 賞賛

□ 343
乘
chéng
動 乗る

□ 344
承担
chéngdān
動 担う、引き受ける、受け持つ

継続
▼

有名な家庭料理の"西红柿炒鸡蛋"は地域によっては"番茄炒蛋"と名前が変わります。

1 週目
2 週目
3 週目
4 週目
5 週目
6 週目
7 週目
8 週目
9 週目
10~12 週目

Check 2　🎧 106

那里不许复印，我只好花时间手抄了。
Nàli bùxǔ fùyìn, wǒ zhǐhǎo huā shíjiān shǒu chāo le.
そこはコピーしてはいけないので、時間をかけて手書きするしかなかった。

你的问题已经超出了我们的讨论范围。
Nǐ de wèntí yǐjīng chāochūle wǒmen de tǎolùn fànwéi.
あなたの質問は私たちの議論の範囲を超えている。

你的行李超重了。
Nǐ de xíngli chāozhòng le.
あなたの荷物は重量オーバーです。

他的拿手菜是西红柿炒鸡蛋。
Tā de náshǒucài shì xīhóngshì chǎo jīdàn.
彼の得意料理はトマトと卵の炒め物だ。

货架上陈列着很多新商品。
Huòjià shang chénlièzhe hěn duō xīn shāngpǐn.
商品棚にたくさんの新製品が陳列してある。

大家称赞他是难得一见的天才。 Dàjiā chēngzàn tā shì nándé yíjiàn de tiāncái.　みな彼はなかなかお目にかかれない天才だと賞賛する。
谁不想获得别人的称赞呢？ Shéi bù xiǎng huòdé biéren de chēngzàn ne?　誰が人から称賛されたくないだろうか。

我们乘船顺流而下，很快就到了渡口。
Wǒmen chéng chuán shùnliú ér xià, hěn kuài jiù dàole dùkǒu.
船に乗って川を下ると、すぐに渡し場に着いた。

他承担了这次事故的全部责任。
Tā chéngdānle zhè cì shìgù de quánbù zérèn.
彼は今回の事故の全責任を引き受けた。

继续
▼

Check 1 🎧 022

□ 345
吃苦
chīˇkǔ

🔲 苦労する、苦しみをなめる

□ 346
吃亏
chīˇkuī

🔲 ひどい目に遭う、損をする、不利になる

□ 347
持续
chíxù

🔲 持続する、継続する

□ 348
冲
chōng

🔲 突進する

□ 349
冲突
chōngtū

🔲 衝突する、ぶつかる、矛盾する

□ 350
充当
chōngdāng

🔲 ～になる、（～の役を）担う、担当する

□ 351
重
chóng

🔲 重複する、重なる
🔲 重 zhòng 重い

□ 352
重叠
chóngdié

🔲 重なり合う

21日目 🎧 021
Quick Review
答えは次頁

□ 不再	□ 踩	□ 参与	□ 测验
□ 补偿	□ 采访	□ 操心	□ 查看
□ 猜	□ 采购	□ 操作	□ 拆
□ 猜测	□ 参考	□ 测	□ 产生

妈妈年轻时吃了很多苦。

Māma niánqīng shí chīle hěn duō kǔ.

母は若い頃大変苦労をした。

不听老人言，吃亏在眼前。

Bù tīng lǎorén yán, chīkuī zài yǎnqián.

年長者の忠告に耳を傾けなければ、ひどい目に遭う。

物价上涨已经持续好几个月了。

Wùjià shàngzhǎng yǐjīng chíxù hǎojǐ ge yuè le.

物価の上昇はもう数カ月続いている。

那条狗径直向我冲过来，真可怕。

Nà tiáo gǒu jìngzhí xiàng wǒ chōngguolai, zhēn kěpà.

そのイヌはまっすぐに私に向かって走ってきて、本当に怖かった。

如果家庭和工作冲突了，我会选择家庭。

Rúguǒ jiātíng hé gōngzuò chōngtū le, wǒ huì xuǎnzé jiātíng.

もし家庭と仕事が衝突したら、私は家庭を選ぶだろう。

他在这部电影中充当反面人物。

Tā zài zhè bù diànyǐng zhōng chōngdāng fǎnmiàn rénwù.

彼はこの映画で悪役を演じた。

这本书我买重了，送给你吧。

Zhè běn shū wǒ mǎichóng le, sòng gěi nǐ ba.

この本はだぶって買ったので、あなたにあげよう。

日食的时候，太阳和月亮会完全重叠在一起。

Rìshí de shíhou, tàiyáng hé yuèliang huì wánquán chóngdié zài yìqǐ.

日食のときは、太陽と月が完全に重なる。

☐ もう～でない	☐ 踏みつける	☐ 参与する	☐ テストする
☐ 補償する	☐ インタビューする	☐ 心配する	☐ チェックする
☐ 推測する	☐ 買い入れる	☐ 操作する	☐ 壊す
☐ 推測する	☐ 参考にする	☐ 測る	☐ 生じる

Check 1

□ 353

愁

chóu

動 憂える、悲しむ、心配する

□ 354

出口

chūˇkǒu

❗ 動 輸出する

⇄ 进口 jìnkǒu（輸入する）

□ 355

出身

chūshēn

動 ～の出身である

名 出身

□ 356

出售

chūshòu

動 売る、販売する

□ 357

出台

chūˇtái

動 登場する、（政策などが）打ち出される

□ 358

出行

chūxíng

動 出かける、旅に出る、よそに行く

□ 359

出租

chūzū

動 貸し出す、賃貸する、レンタルする

🔤 出租汽车 chūzū qìchē（タクシー）

□ 360

处分

chǔfèn

動 処分する、処罰する

名 処分、処罰

継続
▼

Check 2　　　　　　　　　　　　　　　　　　　🎧 107

光**愁**也不行，要想想办法。
Guāng chóu yě bùxíng, yào xiǎngxiang bànfǎ.
ただ嘆くだけではだめです、方法を考えないと。

公司向非洲**出口**了一批日用品。
Gōngsī xiàng Fēizhōu chūkǒule yì pī rìyòngpǐn.
会社はアフリカに大量の日用品を輸出した。

他**出身**于农民家庭。Tā chūshēn yú nóngmín jiātíng.　彼は農民家庭の出身だ。
一个人选择不了**出身**，但可以选择自己要走的道路。Yí ge rén xuǎnzébuliǎo chūshēn, dàn kěyǐ xuǎnzé zìjǐ yào zǒu de dàolù.　人は出身を選択できないが、自分の歩むべき道は選択できる。

苹果公司将从六月底开始**出售**数字图书。
Píngguǒ Gōngsī jiāng cóng liùyuè dǐ kāishǐ chūshòu shùzì túshū.
Apple は 6 月末にデジタル書籍の販売を始める。

市政府最近**出台**了一系列政策来发展旅游经济。
Shìzhèngfǔ zuìjìn chūtáile yíxìliè zhèngcè lái fāzhǎn lǚyóu jīngjì.
市政府は最近、観光経済を発展させるための一連の政策を打ち出した。

随着地铁线路的增加，人们**出行**越来越便利了。
Suízhe dìtiě xiànlù de zēngjiā, rénmen chūxíng yuè lái yuè biànlì le.
地下鉄の路線が増えるにつれて、人々は出かけるのがますます便利になった。

他准备以每月两千五百元的价格**出租**这套房子。
Tā zhǔnbèi yǐ měi yuè liǎngqiān wǔbǎi yuán de jiàgé chūzū zhè tào fángzi.　彼は毎月 2,500 元でこの家を貸し出すつもりだ。

市政府**处分**了三名违法的公务员。Shìzhèngfǔ chǔfènle sān míng wéifǎ de gōngwùyuán.　市政府は違法行為をした 3 人の公務員を処分した。
开除学籍的**处分**太重了。Kāichú xuéjí de chǔfèn tài zhòng le.　除籍処分は重すぎる。

继续
▼

Check 1　　　　　　　　　　　　　　　　　　　🎧 023

□ 361
处理
chǔlǐ

動 処理する、処置する、片付ける

□ 362
传
chuán

動 伝わる、伝える、広める

□ 363
传出
chuánchū

動 伝わる、漏れる

□ 364
传达
chuándá

動 伝達する、伝える、取り次ぐ

□ 365
传染
chuánrǎn

動 伝染する、移る

□ 366
传说
chuánshuō

❗ 動 言い伝える
名 伝説、言い伝え

□ 367
创办
chuàngbàn

動 始める、創立する、創設する

□ 368
创建
chuàngjiàn

動 創立する、初めて打ち立てる

22日目 🎧 022 Quick Review 答えは次頁	□ 抄	□ 陈列	□ 吃苦	□ 冲突
	□ 超出	□ 称赞	□ 吃亏	□ 充当
	□ 超重	□ 乘	□ 持续	□ 重
	□ 炒	□ 承担	□ 冲	□ 重叠

交通警察在处理一起交通事故。

Jiāotōng jǐngchá zài chǔlǐ yì qǐ jiāotōng shìgù.

交通警察は 1 件の交通事故を処理している。

这本家谱是他的祖先传下来的。

Zhè běn jiāpǔ shì tā de zǔxiān chuánxialai de.

この家系図は彼の先祖から伝わってきたものだ。

大厅里传出一阵优美的歌声，是晚会开始了吗？

Dàtīng li chuánchū yí zhèn yōuměi de gēshēng, shì wǎnhuì kāishǐ le ma?

ロビーから美しい歌声が聞こえてくるが、パーティーは始まったのですか？

网络是传达信息最便利的工具。

Wǎngluò shì chuándá xìnxī zuì biànlì de gōngjù.

インターネットは情報を伝達する最も便利な道具だ。

他去外地出差时被传染上感冒了。

Tā qù wàidì chūchāi shí bèi chuánrǎnshàng gǎnmào le.

彼は地方出張中に風邪をうつされた。

在事情水落石出之前，不要胡乱传说。 Zài shìqing shuǐluò-shíchū zhīqián,
búyào húluàn chuánshuō. 　 事が明らかになるまで、でたらめな話をしてはいけない。

这是一个人人都知道的传说。 Zhè shì yí ge rénrén dōu zhīdao de chuánshuō.

これは誰もが知っている伝説だ。

他们计划创办一个文学杂志。

Tāmen jìhuà chuàngbàn yí ge wénxué zázhì.

彼らは文学雑誌を創刊する計画である。

这所大学是两百年以前创建的。

Zhè suǒ dàxué shì liǎngbǎi nián yǐqián chuàngjiàn de.

この大学は 200 年前に創設された。

□ 写す	□ 陳列する	□ 苦労する	□ 衝突する
□ 超過する	□ 褒めたたえる	□ ひどい目に遭う	□ ～になる
□ 超過する	□ 乗る	□ 持続する	□ 重複する
□ 油で炒める	□ 担う	□ 突進する	□ 重なり合う

Check 1 🎧 024

□ 369
创作
chuàngzuò

動 **創作する**
名 創作、作品

□ 370
刺激
cìjī

動 **刺激する、興奮させる、意欲を持たせる**

□ 371
促销
cùxiāo

動 **プロモーションする、販売を促進する**
名 プロモーション、販売促進

□ 372
催
cuī

動 **催促する、促す**

□ 373
存款
cúnkuǎn

動 **貯金する**
名 貯金
量 笔 bǐ
⇄ 取款 qǔkuǎn（引き出す）

□ 374
错过
cuòguò

動 **（機会などを）逃す、逸する、すれ違う**

□ 375
搭
dā

動 **乗る、掛ける**
説 "坐车" は座席のある車全般に乗る、"乘车" はバスや電車に乗るときの書き言葉としてよく使う、"搭车" は両方の意味を持つほか、同乗するの意味で使う

□ 376
答复
dáfù

動 **回答する、返答する**

継続
▼

最近では"抖音"や"小红书"のようなSNSを利用した"促销"
や"广告"も増えてきましたね。

Check 2 {#check-2} 🎧 108

他去年创作的歌曲得了大奖。Tā qùnián chuàngzuò de gēqǔ déle dàjiǎng.
彼が昨年作った曲が大賞を取った。　他的创作以诗歌为主，也有一些短篇小说。
Tā de chuàngzuò yǐ shīgē wéi zhǔ, yě yǒu yì xiē duǎnpiān xiǎoshuō.
彼の創作は詩が中心だが、いくつか短編小説もある。

这件事深深地刺激了爸爸。
Zhè jiàn shì shēnshēn de cìjīle bàba.
このことは父に強いショックを与えた。

很多企业都在利用广告促销自己的产品。Hěn duō qǐyè dōu zài lìyòng guǎnggào
cùxiāo zìjǐ de chǎnpǐn.　多くの企業は広告を利用して自身の製品をプロモーションしている。
每到元旦，商场都会搞各种促销活动。Měi dào Yuándàn, shāngchǎng dōu huì gǎo gè
zhǒng cùxiāo huódòng.　元旦になると、ショッピングセンターではさまざまなセールをやっている。

图书馆来电话催我还书呢。
Túshūguǎn lái diànhuà cuī wǒ huán shū ne.
図書館から本を返すように催促の電話がかかってきた。

跨行存款要手续费吗？Kuà háng cúnkuǎn yào shǒuxùfèi ma?
銀行間の預金処理は手続き費用が必要ですか。
我想把银行的存款取出来。Wǒ xiǎng bǎ yínháng de cúnkuǎn qǔchulai.
銀行預金を引き出したいのですが。

他因为迟到，错过了期末考试。
Tā yīnwei chídào, cuòguòle qīmò kǎoshì.
彼は遅刻して期末試験を逃した。

我们一起搭公交车去吧。
Wǒmen yìqǐ dā gōngjiāochē qù ba.
私たち一緒にバスで行きましょう。

希望你能尽快答复我们。
Xīwàng nǐ néng jǐnkuài dáfù wǒmen.
できるだけ早く我々に回答をしてください。

継続
▼

Check 1　🎧 024

□ 377
打败
dǎ▾bài

🔟打ち負かす、負ける、敗れる

□ 378
打断
dǎduàn

🔟（話などを）中断させる、遮る、（物を）断つ

□ 379
打发
dǎfa

🔟追い払う、使いにやる

□ 380
打击
dǎjī

🔟攻撃する、打撃を与える

□ 381
打架
dǎ▾jià

🔟けんかをする、殴り合う
🔲吵架 chǎojià （口げんかをする）

□ 382
打搅
dǎjiǎo

🔟邪魔する、（他人の家などに）お邪魔する
🔳打扰 dǎrǎo

□ 383
打听
dǎting

🔟尋ねる、聞く、問い合わせる

□ 384
打造
dǎzào

🔟（金属製の器具などを）製造する、育成する、育てる、創り出す

狮子队终于打败了老虎队。

Shīziduì zhōngyú dǎbàile Lǎohǔduì.

ライオンズはついにタイガースを打ち負かした。

不要随便打断别人的话，这是不礼貌的。

Búyào suíbiàn dǎduàn biéren de huà, zhè shì bù lǐmào de.

むやみに人の話に割り込まないように、それは失礼だから。

你真厉害，三言两语就把他打发走了。

Nǐ zhēn lìhai, sānyán-liǎngyǔ jiù bǎ tā dǎfazǒu le.

あなたはほんとすごい、二言三言で彼を追い出してしまった。

政府加强了打击腐败的力度。

Zhèngfǔ jiāqiángle dǎjī fǔbài de lìdù.

政府は腐敗撲滅を強化している。

他们兄弟俩以前经常打架。

Tāmen xiōngdì liǎ yǐqián jīngcháng dǎjià.

彼ら兄弟 2 人は以前よくけんかをした。

嘘，爸爸在工作，你不要去打搅他。

Xū, bàba zài gōngzuò, nǐ búyào qù dǎjiǎo tā.

シー、お父さんは仕事をしているから、邪魔をしに行かないで。

对不起，我想跟您打听一下路。

Duìbuqǐ, wǒ xiǎng gēn nín dǎting yíxià lù.

すみません、道をお尋ねしたいのですが。

这个品牌是他一手打造出来的。

Zhège pǐnpái shì tā yìshǒu dǎzàochulai de.

このブランドは彼が一手に作り上げたものだ。

☐ 憂える	☐ 登場する	☐ 処理する	☐ 伝染する
☐ 輸出する	☐ 出かける	☐ 伝わる	☐ 言い伝える
☐ ～の出身である	☐ 貸し出す	☐ 伝わる	☐ 始める
☐ 売る	☐ 処分する	☐ 伝達する	☐ 創立する

Check 1	🎧 025

☐ 385
待
dāi

動 滞在する

☐ 386
贷款
dàikuǎn

動 金を貸す、金を借りる
名 貸付金
筆 **笔 bǐ** 国 "贷款"は"借"と同じように「貸す、借りる」という双方向性を持つ動詞

☐ 387
代理
dàilǐ

動 代行する、代わって処理する

☐ 388
带领
dàilǐng

動 案内する、率いる、指揮する

☐ 389
带有
dàiyǒu

動 帯びている、持っている、含んでいる

☐ 390
担负
dānfù

動 (仕事、責任などを) 担う、引き受ける

☐ 391
诞生
dànshēng

動 誕生する

☐ 392
当选
dāngxuǎn

動 選ばれる、当選する

継続
▼

1 週目

2 週目

3 週目

4 週目

5 週目

6 週目

7 週目

8 週目

9 週目

10 〜 12 週目

"贷款"で不動産を買う場合は、一般的に1/3を"首付"(頭金)で払い、残りは"公积金"や"商贷"を利用します。

Check 2 　　　　　　　　　　　　　　　　　　　　🎧 109

我一共在那个地方待了十年。
Wǒ yígòng zài nàge dìfang dāile shí nián.
私はそこに合計 10 年いた。

他们愿意向银行贷款。Tāmen yuànyì xiàng yínháng dàikuǎn. 彼らは銀行から金を借りることを望んでいる。 银行为我们企业提供中长期贷款。Yínháng wèi wǒmen qǐyè tígōng zhōngchángqī dàikuǎn. 銀行は我々企業に中長期ローンを提供している。

他现在是代理总经理。
Tā xiànzài shì dàilǐ zǒngjīnglǐ.
彼は現在社長代理である。

校长亲自带领我们参观了学校。
Xiàozhǎng qīnzì dàilǐng wǒmen cānguānle xuéxiào.
校長が自ら私たちに学校を案内してくれた。

这个建筑带有浓厚的巴洛克色彩。
Zhège jiànzhù dàiyǒu nónghòu de Bāluòkè sècǎi.
この建物はバロック色が強い。

教师担负着育人的重任。
Jiàoshī dānfùzhe yù rén de zhòngrèn.
教師は人を育てるという重責を担っている。

每一个孩子都是伴着父母的爱诞生的。
Měi yí ge háizi dōu shì bànzhe fùmǔ de ài dànshēng de.
どの子供も両親の愛とともに生まれた。

他对自己当选班长感到十分自豪。
Tā duì zìjǐ dāngxuǎn bānzhǎng gǎndào shífēn zìháo.
彼は自分が班長に選ばれたことをとても誇りに思っている。

继续
▼

Check 1

🎧 025

□ 393

挡
dǎng

動 邪魔する、妨げる

□ 394

当成
dàngchéng

動 ～と見なす

□ 395

当作
dàngzuò

動 ～と見なす、思う

□ 396

导致
dǎozhì

動 (悪い結果を) 引き起こす、もたらす

□ 397

到来
dàolái

動 到来する

□ 398

道歉
dào˘qiàn

動 わびる、謝る

□ 399

得了
déle

動 もういい

□ 400

登
dēng

動 登る、上がる、掲載する、載せる

24日目 🎧 024 Quick Review 答えは次頁	□ 创作	□ 存款	□ 打败	□ 打架
	□ 刺激	□ 错过	□ 打断	□ 打搅
	□ 促销	□ 搭	□ 打发	□ 打听
	□ 催	□ 答复	□ 打击	□ 打造

对不起，我挡你的路了吗?

Duìbuqǐ, wǒ dǎng nǐ de lù le ma?

すみません、あなたの通行の邪魔をしましたか。

适当吃水果可以，但不能顿顿把水果当成主食吃。

Shìdàng chī shuǐguǒ kěyǐ, dàn bù néng dùndùn bǎ shuǐguǒ dàngchéng zhǔshí chī.　果物は適切に食べればよいが、毎食果物を主食として食べてはいけない。

你就把这当作你的家，安心住下来吧。

Nǐ jiù bǎ zhè dàngzuò nǐ de jiā, ānxīn zhùxialai ba.

ここをあなたの家として、安心して住んでください。

市场需求的增加导致了价格的上涨。

Shìchǎng xūqiú de zēngjiā dǎozhìle jiàgé de shàngzhǎng.

市場の需要の増加が価格の上昇を引き起こした。

国家主席的到来引起了人们的阵阵欢呼。

Guójiā zhǔxí de dàolái yǐnqǐle rénmen de zhènzhèn huānhū.

国家主席の到着は人々の歓呼を引き起こした。

他再一次就这件事向网民道歉。

Tā zài yí cì jiù zhè jiàn shì xiàng wǎngmín dàoqiàn.

彼はこの件について再度ネットユーザーに謝罪した。

得了，别说了，我答应你还不行吗?

Déle, bié shuō le, wǒ dāying nǐ hái bùxíng ma?

もういい、言わないで、私が約束してもだめなのか。

那个演员好久没有登上舞台演戏了。Nàge yǎnyuán hǎojiǔ méiyou dēng shang wǔtái yǎnxì le.　その俳優は久しく舞台に上がって演技をしていない。　我画的漫画曾经被登在日本的某个杂志上。Wǒ huà de mànhuà céngjīng bèi dēng zài Rìběn de mǒuge zázhì shang.　私が描いた漫画はかつて日本の某雑誌に掲載されたことがある。

☐ 創作する	☐ 貯金する	☐ 打ち負かす	☐ けんかをする
☐ 刺激する	☐ 逃す	☐ 中断させる	☐ 邪魔する
☐ プロモーションする	☐ 乗る	☐ 追い払う	☐ 尋ねる
☐ 催促する	☐ 回答する	☐ 攻撃する	☐ 製造する

Check 1　　　　　　　　　　　　　　　　　　　　🎧 026

□ 401
登山
dēng▾shān

動 山に登る、登山する
⊜ 爬山 páshān

□ 402
等候
děnghòu

動 待つ

□ 403
低头
dī▾tóu

動 うつむく、うなだれる、頭を下げる

□ 404
抵抗
dǐkàng

動 抵抗する、反抗する
名 抵抗

□ 405
抵制
dǐzhì

動 拒否する、阻止する、ボイコットする

□ 406
递
dì

動 渡す、手渡す

□ 407
动手
dòng▾shǒu

動 着手する、触れる、手を動かす

□ 408
动摇
dòngyáo

動 動揺する、動揺させる

継続
▼

「持つ」という意味の単語には"带"、"拿"、"执"、"把"、"捧"などがありますが、動作の違いを確認してみましょう。

Check 2

🎧 110

登山的时候，大家互相照顾一下，别掉队了。
Dēngshān de shíhou, dàjiā hùxiāng zhàogù yíxià, bié diàoduì le.
登山のときは、みんなで助け合って、落後しないように。

耐心等候，好运总会出现的。
Nàixīn děnghòu, hǎoyùn zǒng huì chūxiàn de.
辛抱強く待てば、幸運は必ず訪れる。

他一直低头玩手机，谁也不理。
Tā yìzhí dītóu wán shǒujī, shéi yě bù lǐ.
彼はずっとうつむいて携帯電話をいじっていて、誰も相手にしない。

疫苗对抵抗新冠肺炎有作用吗？ Yìmiáo duì dǐkàng xīnguān fèiyán yǒu zuòyòng ma? ワクチンはコロナに抗する効果はありますか。 **外国军队的侵略遭到了全体人民的顽强抵抗。** Wàiguó jūnduì de qīnlüè zāodàole quántǐ rénmín de wánqiáng dǐkàng. 外国の軍隊の侵略は全人民の粘り強い抵抗にあった。

我们要抵制社会上的低俗文化。
Wǒmen yào dǐzhì shèhuì shang de dīsú wénhuà.
私たちは社会の低俗な文化を拒否しなければいけない。

对不起，请把那本书递给我。
Duìbuqǐ, qǐng bǎ nà běn shū dìgěi wǒ.
すみません、その本を私に渡してもらえませんか。

大家都准备好了吗？我们动手收拾吧。
Dàjiā dōu zhǔnbèihǎo le ma? Wǒmen dòngshǒu shōushi ba.
皆さん準備はいいですか、片づけを始めましょう。

他的信念从来没有动摇过。
Tā de xìnniàn cónglái méiyou dòngyáoguo.
彼の信念は今まで動揺したことがない。

继续
▼

Check 1　🎧 026

□ 409
动员
dòngyuán
動（〜するように）働きかける、**動員する**

□ 410
堵
dǔ
動（穴を）ふさぐ
形 気がめいる、気がふさぐ

□ 411
堵车
dǔ▾chē
動 渋滞する

□ 412
度过
dùguò
動（時間を）過ごす、**送る**

□ 413
端
duān
動（物を水平に）持つ

□ 414
对比
duìbǐ
動 対比する、比べる
名 対比、比率

□ 415
对付
duìfu
動 対処する、**対応する**

□ 416
对立
duìlì
動 対立する

25日目 🎧 025 Quick Review 答えは次頁	□ 待	□ 带有	□ 挡	□ 到来
	□ 贷款	□ 担负	□ 当成	□ 道歉
	□ 代理	□ 诞生	□ 当作	□ 得了
	□ 带领	□ 当选	□ 导致	□ 登

1 週目

2 週目

3 週目

4 週目

5 週目

6 週目

7 週目

8 週目

9 週目

10 ～ 12 週目

他动员大家来参加环保工作。

Tā dòngyuán dàjiā lái cānjiā huánbǎo gōngzuò.

彼はみんなが環境保護の仕事に参加するように働きかけた。

前面塌方了，路被堵住了。

Qiánmiàn tāfāng le, lù bèi dǔzhù le.

前方が土砂崩れで、道がふさがった。

他还没来? 可能是路上又堵车了吧。

Tā hái méi lái? Kěnéng shì lù shang yòu dǔchē le ba.

彼はまだ来ないの。だぶんまた道が混んでいるのだろうね。

我常常回想起在意大利度过的快乐时光。

Wǒ chángcháng huíxiǎngqǐ zài Yìdàlì dùguò de kuàilè shíguāng.

私はイタリアで過ごした楽しい時間をよく思い出す。

服务员终于把菜端上来了。

Fúwùyuán zhōngyú bǎ cài duānshanglai le.

ウェイターはやっと料理を持ってきた。

我已经对比过了，这个计划更好。Wǒ yǐjīng duìbǐguo le, zhège jìhuà gèng hǎo.

私はもう比べたが、この計画のほうがずっとよい。　通过语言的对比，你会发现很多以前未曾注意的东西。Tōngguò yǔyán de duìbǐ, nǐ huì fāxiàn hěn duō yǐqián wèicéng zhùyì de dōngxi.　言葉の対比を通して、多くの今まで気づかなかったことを発見するだろう。

别着急，我有办法对付他。

Bié zháojí, wǒ yǒu bànfǎ duìfu tā.

焦らないで、私には彼に対処する方法があるから。

我们不应该把两种观点对立起来。

Wǒmen bù yīnggāi bǎ liǎng zhǒng guāndiǎn duìlìqilai.

私たちは 2 つの観点を対立させるべきではない。

☐ 滞在する	☐ 帯びている	☐ 邪魔する	☐ 到来する
☐ 金を貸す	☐ 担う	☐ ～と見なす	☐ わびる
☐ 代行する	☐ 誕生する	☐ ～と見なす	☐ もういい
☐ 案内する	☐ 選ばれる	☐ 引き起こす	☐ 登る

□ 417 **对应** duìyìng	動 対応する

□ 418 **兑换** duìhuàn	動 両替する

□ 419 **夺** duó	動 奪う、勝ち取る

□ 420 **夺取** duóqǔ	動 （勝利などを）奪い取る、勝ち取る

□ 421 **躲** duǒ	動 隠れる、避ける、身をかわす

□ 422 **恶化** èhuà	動 （状況が）悪い方へ変化する、変化させる

□ 423 **发明** fāmíng	動 発明する 名 発明

□ 424 **发行** fāxíng	動 発行する

継続
▼

中国の四大発明とは"指南针"、"火药"、"纸"、"印刷"ですね。

Check 2

🎧 111

不同的分数对应着不同的奖励，分数越高，奖励越丰厚。

Bùtóng de fēnshù duìyìngzhe bùtóng de jiǎnglì, fēnshù yuè gāo, jiǎnglì yuè fēnghòu.　スコアによって報酬が異なり、スコアが高いほど報酬が高くなる。

兑换外币时需要护照或身份证。

Duìhuàn wàibì shí xūyào hùzhào huò shēnfènzhèng.

外貨を両替するときにはパスポートか身分証明証が必要である。

快把他手上的刀夺下来。

Kuài bǎ tā shǒu shang de dāo duóxialai.

早く彼の手の中の刃物を奪え。

我们有信心夺取这次篮球比赛的冠军。

Wǒmen yǒu xìnxīn duóqǔ zhè cì lánqiú bǐsài de guànjūn.

私たちは今回のバスケットボール大会で優勝を勝ち取る自信がある。

他这几天不知躲到哪里去了。

Tā zhè jǐ tiān bù zhī duǒdào nǎli qù le.

彼がこの数日間どこに隠れていたのか分からない。

这几天她的病情恶化了。

Zhè jǐ tiān tā de bìngqíng èhuà le.

ここ数日、彼女の病状は悪化している。

十一世纪，中国发明了活字印刷术。 Shíyī shìjì, Zhōngguó fāmíngle huózì yìnshuāshù.　11世紀、中国で活字印刷術が発明された。
老王的发明已获得了专利。 Lǎo-Wáng de fāmíng yǐ huòdéle zhuānlì.

王さんの発明はすでに特許を取得した。

他们的杂志每期发行一万册。

Tāmen de zázhì měi qī fāxíng yí wàn cè.

彼らの雑誌は每期1万冊発行される。

継续
▼

Check 1　🎧 027

□ 425
发言
fā‸yán

🔲動 発言する
🔲名 発言

□ 426
发扬
fāyáng

🔲動 発揚する、優れた点を伸ばし広める

□ 427
罚
fá

🔲動 罰する

□ 428
反抗
fǎnkàng

🔲動 抵抗する、反抗する、逆らう

□ 429
犯
fàn

🔲動 犯す、違反する

□ 430
防护
fánghù

🔲動 防護する、保護する

□ 431
放弃
fàngqì

🔲動 放棄する、捨て去る

□ 432
放松
fàngsōng

🔲動 リラックスする
🔲関 轻松 qīngsōng（気楽な）

| 26日目 🎧 026 Quick Review 答えは次頁 | □ 登山 □ 等候 □ 低头 □ 抵抗 | □ 抵制 □ 递 □ 动手 □ 动摇 | □ 动员 □ 堵 □ 堵车 □ 度过 | □ 端 □ 对比 □ 对付 □ 对立 |

Check 2 🎧 111

1 週目
2 週目
3 週目
4 週目
5 週目
6 週目
7 週目
8 週目
9 週目
10～12 週目

他打算用汉语在大会上发言。 Tā dǎsuan yòng Hànyǔ zài dàhuì shang fāyán. 彼は総会では中国語で発言するつもりだ。 **她的发言太精彩了。** Tā de fāyán tài jīngcǎi le. 彼女の発言はたいへんすばらしかった。

将传统文化发扬光大是我们年轻人的责任。
Jiāng chuántǒng wénhuà fāyáng guāngdà shì wǒmen niánqīngrén de zérèn. 伝統文化を輝かせることは我々若者の責任である。

小李违反交通规则，被罚了一百块钱。
Xiǎo-Lǐ wéifǎn jiāotōng guīzé, bèi fále yìbǎi kuài qián.
李さんは交通違反をして、100元罰金を取られた。

他是反抗帝国主义侵略的民族英雄。
Tā shì fǎnkàng dìguó zhǔyì qīnlüè de mínzú yīngxióng.
彼は帝国主義の侵略に抵抗した民族の英雄だ。

你怎么又犯错了？
Nǐ zěnme yòu fàncuò le?
あなたはどうしてまた過ちを犯したのか。

这种化学药品具有腐蚀性，做实验时要注意防护。
Zhèzhǒng huàxué yàopǐn jùyǒu fǔshíxìng, zuò shíyàn shí yào zhùyì fánghù.
この種の化学薬品は腐食性があるので、実験をするときは防護に注意しなければならない。

他后悔放弃了那个好机会。
Tā hòuhuǐ fàngqìle nàge hǎo jīhuì.
彼はそのよい機会を放棄したことを後悔した。

我决定去看场电影，放松一下。
Wǒ juédìng qù kàn chǎng diànyǐng, fàngsōng yíxià.
映画を見に行って、リラックスすることにした。

□ 山に登る	□ 拒否する	□ 働きかける	□ 持つ
□ 待つ	□ 渡す	□ ふさぐ	□ 対比する
□ うつむく	□ 着手する	□ 渋滞する	□ 対処する
□ 抵抗する	□ 動揺する	□ 過ごす	□ 対立する

□ 433
费
fèi
動 費やす、消費する
名 費用、料金

□ 434
分布
fēnbù
動 分布する

□ 435
分享
fēnxiǎng
動 分かち合う、シェアする

□ 436
奋斗
fèndòu
動 奮闘する、力を尽くす、努力する

□ 437
否认
fǒurèn
動 否定する、否認する

□ 438
服气
fúqì
動 納得する、心から認め従う

□ 439
付出
fùchū
動 支払う、払う

□ 440
负担
fùdān
動 負担する、引き受ける
名 負担、重荷

継続
▼

中国語にはたくさんの方言がありますが、"普通话"をマスターしたら、次は"粤语"がお薦めです。

1 週目
2 週目
3 週目
4 週目
5 週目
6 週目
7 週目
8 週目
9 週目
10〜12 週目

Check 2 🎧 112

这种事既**费**钱又**费**时间。Zhè zhǒng shì jì fèi qián yòu fèi shíjiān.
このことはお金もかかるし、時間もかかる。

我们平时出差连补助**费**都没有。Wǒmen píngshí chūchāi lián bǔzhùfèi dōu méiyǒu. 私たちは普段出張しても補助金もない。

粤语主要**分布**在两广地区。
Yuèyǔ zhǔyào fēnbù zài Liǎng Guǎng dìqū.
広東語は主に広東と広西地域に分布している。

好朋友之间就应该互相**分享**彼此的快乐。
Hǎo péngyou zhījiān jiù yīnggāi hùxiāng fēnxiǎng bǐcǐ de kuàilè.
親友同士は互いに喜びを分かち合うべきだ。

李经理为了今天的成功**奋斗**了二十年。
Lǐ jīnglǐ wèile jīntiān de chénggōng fèndòule èrshí nián.
李社長は今日の成功のために 20 年努力した。

谁也不能**否认**这一点!
Shéi yě bù néng fǒurèn zhè yì diǎn!
だれもこのことを否定できない!

他心里对今天比赛的结果很不**服气**。
Tā xīnli duì jīntiān bǐsài de jiéguǒ hěn bù fúqì.
彼は今日の試合の結果に対して心の中では納得していない。

她为这个计划**付出**了巨大的努力。
Tā wèi zhège jìhuà fùchūle jùdà de nǔlì.
彼女はこの計画のために大変な努力をした。

她**负担**着全家人的生活支出。Tā fùdānzhe quánjiārén de shēnghuó zhīchū.
彼女は家族全員の生活費を負担している。

长期饮酒过量，会加重肝脏**负担**。Chángqī yǐnjiǔ guòliàng, huì jiāzhòng gānzàng fùdān. 長期に渡る過度の飲酒は肝臓に大きな負担をかける。

继续
▼

Check 1　🎧 028

□ 441
覆盖
fùgài

動 覆う

□ 442
改进
gǎijìn

動 **改善する、改良する**

□ 443
改良
gǎiliáng

動 **改良する、改善する**

□ 444
改善
gǎishàn

動 **改善する、よりよくする**
名 改善

□ 445
盖
gài

動 **家を建てる、ふたをする**

□ 446
干扰
gānrǎo

動 **妨げる、(人を)邪魔する**

□ 447
甘心
gānxīn

動 **甘んじる、自分から進んで～する**

□ 448
感染
gǎnrǎn

動 **伝染する、感染する、うつる**

27日目 🎧 027
Quick Review
答えは次頁

□ 対応	□ 躲	□ 发言	□ 犯
□ 兑换	□ 恶化	□ 发扬	□ 防护
□ 夺	□ 发明	□ 罚	□ 放弃
□ 夺取	□ 发行	□ 反抗	□ 放松

1週目

2週目

3週目

4週目

5週目

6週目

7週目

8週目

9週目

10～12週目

每到冬天，北海道地上总覆盖着厚厚的积雪。

Měi dào dōngtiān, Běihǎidào dì shang zǒng fùgàizhe hòuhòu de jīxuě.

冬になると北海道の地面はいつも厚い積雪で覆われる。

他改进了学习方法，最近进步很快。

Tā gǎijìnle xuéxí fāngfǎ, zuìjìn jìnbù hěn kuài.

彼は勉強法を改善して、最近進歩が速い。

要想丰收，必须改良土壤。

Yào xiǎng fēngshōu, bìxū gǎiliáng tǔrǎng.

豊作を望むなら土壌の改良をしなければならない。

肌肉训练是改善体质的最好的方法，肌肉不会背叛你的。Jīròu xùnliàn shì gǎishàn tǐzhì de zuìhǎo de fāngfǎ, jīròu bú huì bèipàn nǐ de. 筋肉の訓練は体質改善の最良の方法で、筋肉はあなたを裏切らない。**重新装修之后，学校的住宿环境有了很大改善。**Chóngxīn zhuāngxiū zhīhòu, xuéxiào de zhùsù huánjìng yǒule hěn dà gǎishàn. 改装後、学校の宿泊環境は大きく改善した。

村民们家里都有钱了，盖了新房子。

Cūnmínmen jiā li dōu yǒu qián le, gàile xīn fángzi.

村人たちはみな金持ちになり、家を新築した。

机场的噪音干扰了居民的睡眠。

Jīchǎng de zàoyīn gānrǎole jūmín de shuìmián.

飛行場の騒音は住民の睡眠を妨げた。

他从不甘心落在别人后边。

Tā cóng bù gānxīn làzài biéren hòubian.

彼は決して他人に遅れを取ることに甘んじない。

他的激情感染了所有在场的人。

Tā de jīqíng gǎnrǎnle suǒyǒu zàichǎng de rén.

彼の情熱はその場にいた人たちに伝染した。

□ 対応する	□ 隠れる	□ 発言する	□ 犯す
□ 両替する	□ 悪い方へ変化する	□ 発揚する	□ 防護する
□ 奪う	□ 発明する	□ 罰する	□ 放棄する
□ 奪い取る	□ 発行する	□ 抵抗する	□ リラックスする

人
(人)

帮　bāng　　　　　　　　　　　人の群れを数える。

她带着一帮孩子在公园里玩儿。
Tā dàizhe yì bāng háizi zài gōngyuán li wánr.
彼女は大勢の子供を連れて公園で遊んでいる。

堆　duī　　　　　　　　　　　　人の群れを数える。

医院门口站着一堆人，好像在吵架。
Yīyuàn ménkǒu zhànzhe yì duī rén, hǎoxiàng zài chǎojià.
病院の入口に大勢の人が立っているが、口げんかをしているようだ。

队　duì　　　　　　　　　　　　整列した人を数える。

在上山路上，我们遇见了另一队人在下山。
Zài shàngshān lù shang, wǒmen yùjiànle lìng yí duì rén zài xiàshān.
登山の途中で、私たちは別の1隊が下山するのを見かけた。

个　ge　　　　　　　　　　　　人を数える。

那边站着一个人。
Nàbian zhànzhe yí ge rén.
あそこに人が立っている。

口　kǒu　　　　　　　　　　　　家族の人数を数える。

我家有四口人，父亲、母亲、姐姐和我。
Wǒ jiā yǒu sì kǒu rén, fùqin, mǔqin, jiějie hé wǒ.
わが家は4人家族で、父、母、姉と私だ。

批　pī　　　　　　　共通性を持つ集団（団塊の世代、ベビーブーマーなど）を数える。

90后是指九十年代以后出生的那批人。
Jiǔlínghòu shì zhǐ jiǔshí niándài yǐhòu chūshēng de nà pī rén.
90後とは90年代以降に生まれた一群の人を指す。

群　qún　　　　　　　　　　　　人の群れを数える。10～20人程度。

一群人围着观看街头艺人的表演。
Yì qún rén wéizhe guānkàn jiētóu yìrén de biǎoyǎn.
たくさんの人が取り囲んで大道芸人のパフォーマンスを見ている。

位　wèi　　　　　　　　　　　　人を敬意をもって数える。

参加会议的有几位?
Cānjiā huìyì de yǒu jǐ wèi?
会議に参加するのは何名ですか。

キクタン中国語

5 週目

中国語で言ってみよう！

先生は彼女の作文を褒めた。

（答えは 540）

Check 1　　　　　　　　　　　　　　　　　　🎧 029

□ 449
更换
gēnghuàn

動 **入れ替える、交替する**

□ 450
攻击
gōngjī

動 **攻撃する、非難する、責めとがめる**

□ 451
公认
gōngrèn

動 **公認する**

□ 452
供应
gōngyìng

動 **供給する、提供する**

□ 453
巩固
gǒnggù

動 **強固にする、しっかりと固める**
形 強固である、揺るぎない

□ 454
贡献
gòngxiàn

動 **貢献する、寄与する**
名 貢献、寄与

□ 455
共享
gòngxiǎng

動 **共有する、シェアする**

□ 456
购买
gòumǎi

動 **購入する**

继续
▼

1 週目
2 週目
3 週目
4 週目
5 週目
6 週目
7 週目
8 週目
9 週目
10 週目/12

例文に"方"という名字が出てきましたが、中級編ではいろいろな名字が登場していることに気が付きましたか？

Check 2　　　　　　　　　　　　🎧 113

我们大学现在没有钱更换电教设备。

Wǒmen dàxué xiànzài méiyǒu qián gēnghuàn diànjiào shèbèi.

我々の大学ではいま視聴覚教育の設備を入れ替える資金がない。

讨论问题时不要攻击个人。

Tǎolùn wèntí shí búyào gōngjī gèrén.

問題を討議するときは個人攻撃をしてはいけない。

这一理论被公认为 20 世纪最杰出的化学成就之一。

Zhè yī lǐlùn bèi gōngrènwéi èrshí shìjì zuì jiéchū de huàxué chéngjiù zhī yī.　この理論は 20 世紀の最も優れた化学的成果の 1 つとして公認されている。

现在蔬菜水果可以常年供应市场了。

Xiànzài shūcài shuǐguǒ kěyǐ chángnián gōngyìng shìchǎng le.

今は野菜や果物は 1 年中市場に供給できるようになった。

复习可以巩固学过的知识。Fùxí kěyǐ gǒnggù xuéguo de zhīshi.

復習は学んだ知識を確かなものにできる。

两国建立了巩固的联盟关系。Liǎng guó jiànlìle gǒnggù de liánméng guānxi.　　両国は揺るぎない同盟を築いた。

我愿意为社会的发展贡献自己的力量。Wǒ yuànyì wèi shèhuì de fāzhǎn gòngxiàn zìjǐ de lìliang.　社会発展のために自分の力を捧げたいと思う。

我们不会忘记他的贡献的。Wǒmen bú huì wàngjì tā de gòngxiàn de.

私たちは彼の貢献を忘れないだろう。

近年来，共享单车越来越受人们欢迎了。

Jìnniánlái, gòngxiǎng dānchē yuè lái yuè shòu rénmen huānyíng le.

近年、シェア自転車はますます人気を集めている。

旅客在一年内可凭此券购买火车票。

Lǚkè zài yì nián nèi kě píng cǐ quàn gòumǎi huǒchēpiào.

旅行客は 1 年以内であればこの券で列車のチケットを購入できる。

继续
▼

Check 1　　　　　　　　　　　　　　　　　　　　🎧 029

□ 457 **鼓吹** gǔchuī	動 鼓吹する、宣伝する

| □ 458 **鼓劲** gǔ▼jìn | 動 元気づける、元気を出す |

| □ 459 **鼓励** gǔlì | 動 励ます、激励する |

| □ 460 **鼓舞** gǔwǔ | 動 奮い立たせる、励ます、はっぱをかける、鼓舞する |

| □ 461 **鼓掌** gǔ▼zhǎng | 動 拍手する
🔁 拍手 pāishǒu、拍掌 pāizhǎng |

| □ 462 **怪** guài | 動 責める、とがめる、〜のせいにする |

| □ 463 **关闭** guānbì | 動 閉める、閉じる、廃業する |

| □ 464 **关怀** guānhuái | 動 配慮する、気にかける、感心を寄せる
名 配慮、思いやり |

1 週目

2 週目

3 週目

4 週目

5 週目

6 週目

7 週目

8 週目

9 週目

10 ～ 12 週目

那是一个鼓吹恐怖主义的组织。

Nà shì yí ge gǔchuī kǒngbù zhǔyì de zǔzhī.

それはテロリズムを鼓吹する組織である。

拉拉队敲着鼓为运动员们鼓劲。

Lālāduì qiāozhe gǔ wèi yùndòngyuánmen gǔjìn.

応援団は太鼓を叩いて選手たちを元気づけている。

家长要鼓励孩子独立思考。

Jiāzhǎng yào gǔlì háizi dúlì sīkǎo.

親は子供が自分で考えることを奨励しなければならない。

他的讲演极大地鼓舞了群众。

Tā de jiǎngyǎn jí dà de gǔwǔle qúnzhòng.

彼の講演は聴衆を大いに奮い立たせた。

听众不断地为他的精彩演讲鼓掌。

Tīngzhòng búduàn de wèi tā de jīngcǎi yǎnjiǎng gǔzhǎng.

聴衆は彼の素晴らしいスピーチに拍手を送り続けた。

你别怪他了，他也不是故意的。

Nǐ bié guài tā le, tā yě bú shì gùyì de.

彼を責めないで、彼もわざとではない。

总公司决定关闭这家分公司。

Zǒnggōngsī juédìng guānbì zhè jiā fēngōngsī.

本社はこの支社を閉鎖することに決めた。

老师像妈妈一样，关怀着我们的成长。Lǎoshī xiàng māma yíyàng, guānhuáizhe wǒmen de chéngzhǎng. 先生は母親と同じで、私たちの成長を気にかけている。方老师给了我们无微不至的关怀，我们很感激他。Fāng lǎoshī gěile wǒmen wúwēi-búzhì de guānhuái, wǒmen hěn gǎnjī tā. 方先生は私たちに細やかな配慮をしてくださり、彼にとても感謝している。

☐ 費やす	☐ 否定する	☐ 覆う	☐ 家を建てる
☐ 分布する	☐ 納得する	☐ 改善する	☐ 妨げる
☐ 分かち合う	☐ 支払う	☐ 改良する	☐ 甘んじる
☐ 奮闘する	☐ 負担する	☐ 改善する	☐ 伝染する

Check 1　　　　　　　　　　　　　　　　　　　　　　　🎧 030

□ 465

观看

guānkàn

動 見物する、眺める、見る、観察する

□ 466

贯彻

guànchè

動 徹底的に行う、貫徹する、貫く

□ 467

国有

guóyǒu

動 国有である
反 私有 sīyǒu（私有である）

□ 468

过渡

guòdù

動 移行する

□ 469

过奖

guòjiǎng

動 褒めすぎる

□ 470

过敏

guòmǐn

動 敏感である
形 過敏である、アレルギーがある

□ 471

号召

hàozhào

動 呼びかける

□ 472

花费

huāfèi

動 費やす、使う

继续
▼

1週目
2週目
3週目
4週目
5週目
6週目
7週目
8週目
9週目
10~12週目

病気や"过敏"（アレルギー）、宗教上の理由で食べられない物
があるか尋ねるときには"你有什么忌口的吗？"と言います。

Check 2

🎧 114

据说有几十亿人在电视上观看了世界杯比赛。

Jùshuō yǒu jǐ shí yì rén zài diànshì shang guānkànle Shìjièbēi bǐsài.

何十億もの人がテレビでワールドカップの試合を見たという。

一定要把新的环保政策贯彻下去。

Yídìng yào bǎ xīn de huánbǎo zhèngcè guànchèxiaqu.

新しい環境保護政策を必ず徹底的に行わなければならない。

国有企业的改革是一项系统工程，不能太着急。

Guóyǒu qǐyè de gǎigé shì yí xiàng xìtǒng gōngchéng, bù néng tài zháojí.　国有企業の改革は系統的なプロジェクトで、あまり急ぎすぎてはいけない。

青春期是我们成长必经的过渡时期。

Qīngchūnqī shì wǒmen chéngzhǎng bì jīng de guòdù shíqī.

思春期は我々が成長していくうえで必ず通る過渡期である。

不敢当，您过奖了。

Bù gǎndāng, nín guòjiǎng le.

恐れ入ります、褒めすぎです。

我对花生过敏。

Wǒ duì huāshēng guòmǐn.

私はピーナツアレルギーだ。

政府号召国民节约资源。

Zhèngfǔ hàozhào guómín jiéyuē zīyuán.

政府は国民にエネルギー資源の節約を呼びかけた。

别在这件事上花费太多的时间。

Bié zài zhè jiàn shì shang huāfèi tài duō de shíjiān.

この件にあまり多くの時間を費やしてはいけない。

继续
▼

Check 1 🎧 030

| □ 473
还价
huán˅jià | 動 値切る
国 讨价还价 tǎojià-huánjià（値引きの交渉をする） |

| □ 474
幻想
huànxiǎng | 動 夢見る、空想する
名 幻想、空想、ファンタジー |

| □ 475
挥
huī | 動 振るう、振り回す、指揮する |

| □ 476
回避
huíbì | 動（遠慮して）席を外す、避ける、回避する |

| □ 477
回顾
huígù | 動 振り返る、回顧する、思い返す |

| □ 478
回收
huíshōu | 動 回収し再利用する、リサイクルする |

| □ 479
回头
huí˅tóu | 動 振り返る
副 後で、しばらくして |

| □ 480
会见
huìjiàn | 動 会見する |

| 29日目 🎧 029
Quick Review
答えは次頁 | □ 更换
□ 攻击
□ 公认
□ 供应 | □ 巩固
□ 贡献
□ 共享
□ 购买 | □ 鼓吹
□ 鼓劲
□ 鼓励
□ 鼓舞 | □ 鼓掌
□ 怪
□ 关闭
□ 关怀 |

1週目
2週目
3週目
4週目
5週目
6週目
7週目
8週目
9週目
10～12週目

不管买多贵的东西，她从来不还价。
Bùguǎn mǎi duō guì de dōngxi, tā cónglái bù huánjià.
どんなに高価な買い物をしても、彼女は値切ったことがない。

他幻想着有一天能登上月球。Tā huànxiǎngzhe yǒu yì tiān néng dēngshàng yuèqiú. 彼はいつか月に行くことを夢見ている。
你的计划不过是幻想而已。Nǐ de jìhuà búguò shì huànxiǎng éryǐ.
あなたの計画は幻想に過ぎない。

送行的人挥手和亲友告别。
Sòngxíng de rén huī shǒu hé qīnyǒu gàobié.
見送りの人は手を振って、友人に別れを告げた。

我和她有私事要谈，请你回避一下。
Wǒ hé tā yǒu sīshì yào tán, qǐng nǐ huíbì yíxià.
彼女と個人的な話があるので、ちょっと席を外してください。

总经理在大会上回顾了公司的发展历程。
Zǒngjīnglǐ zài dàhuì shang huígùle gōngsī de fāzhǎn lìchéng.
社長は総会で会社の歩みを振り返った。

这家公司的业务是回收废旧钢铁。
Zhè jiā gōngsī de yèwù shì huíshōu fèijiù gāngtiě.
この会社の業務は、使用済み鉄鋼を回収し再利用することである。

你回头看看是谁来了？ Nǐ huítóu kànkan shì shéi lái le?
誰が来たか振り返ってみてごらん。
这件事比较麻烦，回头再说吧。Zhè jiàn shì bǐjiào máfan, huítóu zài shuō ba. この件はちょっと面倒だから、また後にしよう。

代表团会见了友好团体的成员。
Dàibiǎotuán huìjiànle yǒuhǎo tuántǐ de chéngyuán.
代表団は友好団体のメンバーと会見した。

☐ 入れ替える	☐ 強固にする	☐ 鼓吹する	☐ 拍手する
☐ 攻撃する	☐ 貢献する	☐ 元気づける	☐ 責める
☐ 公認する	☐ 共有する	☐ 励ます	☐ 閉める
☐ 供給する	☐ 購入する	☐ 奮い立たせる	☐ 配慮する

Check 1　　　　　　　　　　　　　　　　　　　　🎧 031

□ 481
会客
huì▾kè

動 来客と会う、接客する

□ 482
会谈
huìtán

動 会談する、話し合う

□ 483
会晤
huìwù

動 (政府首脳が) 会う、会見する

□ 484
混
hùn

動 混ぜる、混じる
副 いいかげんに、でたらめに

□ 485
及格
jí▾gé

動 合格する

□ 486
急需
jíxū

動 急ぎ必要である

□ 487
给予
jǐyǔ

動 与える

□ 488
夹
jiā

動 挟む

継続
▼

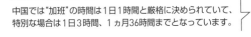
中国では"加班"の時間は1日1時間と厳格に決められていて、特別な場合は1日3時間、1ヵ月36時間までとなっています。

1 週目

2 週目

3 週目

4 週目

5 週目

6 週目

7 週目

8 週目

9 週目

10 ~ 12 週目

Check 2
🎧 115

她的病情还没有稳定，不能会客。

Tā de bìngqíng hái méiyou wěndìng, bù néng huìkè.

彼女の病状はまだ安定しないので、面会はできない。

两国领导人会谈了一小时十分钟。

Liǎng guó lǐngdǎorén huìtánle yì xiǎoshí shí fēnzhōng.

両国の首脳は1時間10分会談した。

两国领导人决定定期会晤。

Liǎng guó lǐngdǎorén juédìng dìngqī huìwù.

両国の首脳は定期的に会見することを決めた。

我们两个班是混在一起上体育课的。Wǒmen liǎng ge bān shì hùnzài yìqǐ shàng tǐyùkè de. 私たち2つのクラスは混ざって体育の授業を受ける。 不知道真相就别混说，这是要负法律责任的。Bù zhīdào zhēnxiàng jiù bié hùn shuō, zhè shì yào fù fǎlǜ zérèn de. 真実を知らなければでたらめを言うな、これは法的責任を負うべきものだ。

如果这次考试再不及格，就没有补考的机会了。

Rúguǒ zhè cì kǎoshì zài bù jígé, jiù méiyǒu bǔkǎo de jīhuì le.

今度の試験に落第したら、追試のチャンスはない。

这里新建了一座工厂，急需大量工人。

Zhèlǐ xīn jiànle yí zuò gōngchǎng, jíxū dàliàng gōngrén.

ここは工場が新設されたので、至急大量の労働者が必要である。

政府部门给予了他们严重警告处分。

Zhèngfǔ bùmén jǐyǔle tāmen yánzhòng jǐnggào chǔfèn.

政府は彼らに厳しい警告を与えた。

汉堡包就是面包夹肉饼。

Hànbǎobāo jiùshì miànbāo jiā ròubǐng.

ハンバーガーはパンで肉を挟んだものだ。

継続
▼

Check 1　　　　　　　　　　　　　　　　　　　　🎧 031

□ 489
加班
jiā▾bān
動 残業する

□ 490
加入
jiārù
動（メンバーに）加わる、加入する、加える

□ 491
加深
jiāshēn
動 深まる、深める

□ 492
监督
jiāndū
動 監督する

□ 493
监视
jiānshì
動 監視する

□ 494
剪
jiǎn
動 切る、取り除く

□ 495
减肥
jiǎn▾féi
動 ダイエットする

□ 496
减弱
jiǎnruò
動 弱まる、弱める、弱くなる

30日目 🎧 030
Quick Review
答えは次頁

□ 观看	□ 过奖	□ 还价	□ 回顾
□ 贯彻	□ 过敏	□ 幻想	□ 回收
□ 国有	□ 号召	□ 挥	□ 回头
□ 过渡	□ 花费	□ 回避	□ 会见

1 週目

2 週目

3 週目

4 週目

5 週目

6 週目

7 週目

8 週目

9 週目

10 ～ 12 週目

为了赶任务，他们每天加班到半夜。

Wèile gǎn rènwu, tāmen měi tiān jiābāndào bànyè.

急いで任務を完成させるために、彼らは毎日夜中まで残業している。

我也加入了网球俱乐部。

Wǒ yě jiārùle wǎngqiú jùlèbù.

私もテニスクラブに入った。

希望我们双方能进一步加深了解与信任。

Xīwàng wǒmen shuāngfāng néng jìn yí bù jiāshēn liǎojiě yǔ xìnrèn.

我々双方の理解と信頼がさらに深まることを願っている。

他的工作是监督学生完成作业。

Tā de gōngzuò shì jiāndū xuésheng wánchéng zuòyè.

彼の仕事は学生が宿題を完成するのを監督することだ。

警方已经监视那个犯罪团伙好几天了。

Jǐngfāng yǐjīng jiānshì nàge fànzuì tuánhuǒ hǎojǐ tiān le.

警察はすでに数日間その犯罪グループを監視していた。

她在帮孩子剪指甲。

Tā zài bāng háizi jiǎn zhǐjia.

彼女は子供の爪切りを手伝っている。

我成功减肥二十公斤。

Wǒ chénggōng jiǎnféi èrshí gōngjīn.

私は20キロのダイエットに成功した。

台风已经刮了一天，现在开始减弱了。

Táifēng yǐjīng guāle yì tiān, xiànzài kāishǐ jiǎnruò le.

台風が1日中吹いていたが、今はもう弱まり始めた。

☐ 見物する	☐ 褒めすぎる	☐ 値切る	☐ 振り返る
☐ 徹底的に行う	☐ 敏感である	☐ 夢見る	☐ 回収し再利用する
☐ 国有である	☐ 呼びかける	☐ 振るう	☐ 振り返る
☐ 移行する	☐ 費やす	☐ 席を外す	☐ 会見する

□ 497 **检讨** jiǎntǎo	動 （自分の思想や言動を）反省する

□ 498 **检验** jiǎnyàn	動 検証する、検査する

□ 499 **奖** jiǎng	動 賞賛する 名 賞

□ 500 **奖励** jiǎnglì	動 褒賞を与える、奨励する

□ 501 **讲究** jiǎngjiu	動 重んじる 形 精巧である

□ 502 **讲课** jiǎng▾kè	動 授業をする、講義する ▦ "上课" は主語により「授業にでる、授業をする」という2つの意味を持つが、"讲课" は「授業をする、講義をする」のように教員側からの目線になる

□ 503 **交谈** jiāotán	動 語り合う

□ 504 **交易** jiāoyì	動 取引する、かけ引きする 名 交易、取引

継続
▼

Check 2　　　　　　　　　　　　　　　🎧 116

他在会上检讨了自己的错误。

Tā zài huì shang jiǎntǎole zìjǐ de cuòwù.

彼は会議で自分の過ちを反省した。

实践是检验真理的唯一标准。

Shíjiàn shì jiǎnyàn zhēnlǐ de wéiyī biāozhǔn.

実践は真理を検証する唯一の基準である。

您太过奖了。 Nín tài guòjiǎng le.

褒めすぎですよ。

这张彩票中奖了。 Zhè zhāng cǎipiào zhòngjiǎng le.

この宝くじは当たりだ。

公司奖励了他一万元钱。

Gōngsī jiǎnglìle tā yí wàn yuán qián.

会社は彼に 1 万元の褒賞を与えた。

学习首先要努力，其次要讲究方法。 Xuéxí shǒuxiān yào nǔlì, qícì yào jiǎngjiu fāngfǎ.　勉強はまず努力しなければならず、次に方法を重んじなければならない。

他的家布置得非常讲究。 Tā de jiā bùzhìde fēicháng jiǎngjiu.

彼の家は非常に凝った配置をしている。

同学们在聚精会神地听老师讲课。

Tóngxuémen zài jùjīng-huìshén de tīng lǎoshī jiǎngkè.

学生たちは先生の授業を熱心に聞いている。

读一本好书，就像与一位智者交谈一样。

Dú yì běn hǎo shū, jiù xiàng yǔ yí wèi zhìzhě jiāotán yíyàng.

良書を読むのは、賢者と語り合うようなものである。

我们公司专门从事二手商品交易。 Wǒmen gōngsī zhuānmén cóngshì èrshǒu shāngpǐn jiāoyì.　我が社は中古品取引を専門としている。

他最近做成了一笔大交易。 Tā zuìjìn zuòchéngle yì bǐ dà jiāoyì.

彼は最近大きな取引をした。

继续
▼

Check 1　　　　　　　　　　　　　　　　　　　　🎧 032

□ 505
叫醒
jiào▾xǐng
🔲動 起こす、呼び覚ます

□ 506
节省
jiéshěng
🔲動 切り詰める、節約する

□ 507
解答
jiědá
🔲動 (疑問に) 答える、解答する

□ 508
解放
jiěfàng
🔲動 解放する、解き放つ

□ 509
戒
jiè
🔲動 (酒やタバコなどを) やめる、断つ
🔲用 "戒" で断てる物は多く、"酒" や "烟" だけではなく、"肉 ròu"(肉)、"夜宵 yèxiāo"(夜食)、"甜品 tiánpǐn"(スイーツ) など色々ある

□ 510
借鉴
jièjiàn
🔲動 手本にする、参考にする

□ 511
尽
jìn
🔲動 力を尽くす、尽きる
🔲副 ことごとく

□ 512
进化
jìnhuà
🔲動 進化する
🔲名 進化

31日目 🎧 031 Quick Review 答えは次頁	□ 会客 □ 会谈 □ 会晤 □ 混	□ 及格 □ 急需 □ 给予 □ 夹	□ 加班 □ 加入 □ 加深 □ 监督	□ 监视 □ 剪 □ 减肥 □ 减弱

四点钟之前叫醒我。

Sì diǎn zhōng zhīqián jiàoxǐng wǒ.

4 時前に私を起こしてください。

他过日子节省得不得了。

Tā guò rìzi jiéshěngde bùdéliǎo.

彼はたいへん切り詰めた生活をしている。

老师认真地解答了同学们的问题。

Lǎoshī rènzhēn de jiědále tóngxuémen de wèntí.

先生は学生の質問に真剣に答えてくださった。

他希望能从现实生活中解放出来。

Tā xīwàng néng cóng xiànshí shēnghuó zhōng jiěfàngchulai.

彼は現実の生活から解放されたいと願っている。

爸爸好几年前就戒烟了。

Bàba hǎo jǐ nián qián jiù jiè yān le.

父は何年も前にタバコをやめた。

他们公司的经验值得我们借鉴。

Tāmen gōngsī de jīngyàn zhíde wǒmen jièjiàn.

彼らの会社の経験は我々が手本にする価値がある。

放心吧，我会尽全力帮你。 Fàngxīn ba, wǒ huì jìn quánlì bāng nǐ.

安心して、私は全力で手伝うから。

你怎么尽给我惹麻烦？ Nǐ zěnme jìn gěi wǒ rě máfan?

どうして私に迷惑ばかりかけるのか。

鸟类是恐龙进化来的吗？ Niǎolèi shì kǒnglóng jìnhuàlai de ma?

鳥類は恐竜から進化してきたのですか。

人类的进化经历了漫长的过程。 Rénlèi de jìnhuà jīnglìle màncháng de guòchéng. 人類の進化は長い過程を経てきた。

☐ 来客と会う ☐ 合格する ☐ 残業する ☐ 監視する
☐ 会談する ☐ 急ぎ必要である ☐ 加わる ☐ 切る
☐ 会う ☐ 与える ☐ 深まる ☐ ダイエットする
☐ 混ぜる ☐ 挟む ☐ 監督する ☐ 弱まる

1 週目
2 週目
3 週目
4 週目
5 週目
6 週目
7 週目
8 週目
9 週目
10～12 週目

Check 1

□ 513

进口

jìn▾kǒu

動 輸入する
⇄ 出口 chūkǒu（輸出する）

□ 514

进入

jìnrù

動 （時間や範囲に）入る

□ 515

进修

jìnxiū

動 研修する

□ 516

进展

jìnzhǎn

動 進展する

□ 517

敬爱

jìng'ài

動 敬愛する

□ 518

敬礼

jìng▾lǐ

動 （頭を下げたり手を上げたりして）
お辞儀する、敬礼する
参 中国の小学生が "敬礼" するときは、日本の「敬礼」
とは異なり、手を頭の上のほうまで上げる

□ 519

竞赛

jìngsài

動 競争する
名 競争
≒ 比赛 bǐsài

□ 520

竞争

jìngzhēng

動 競争する

継続
▼

"知识竞赛"はテレビ番組などで、様々な知識を問うクイズ形式のゲームです。

1 週目
2 週目
3 週目
4 週目
5 週目
6 週目
7 週目
8 週目
9 週目
10~12 週目

Check 2　　　　　　　　　　　　　　　　　　　　🎧 117

我们每天吃的蔬菜很多都是进口的。

Wǒmen měi tiān chī de shūcài hěn duō dōu shì jìnkǒu de.

我々が毎日食べている野菜の多くは輸入品である。

人类已进入了宇宙时代。

Rénlèi yǐ jìnrùle yǔzhòu shídài.

人類はすでに宇宙時代に入った。

她去年去国外进修了一年。

Tā qùnián qù guówài jìnxiūle yì nián.

彼女は去年外国で1年研修を受けた。

两国之间的谈判一直进展得不顺利。

Liǎng guó zhījiān de tánpàn yìzhí jìnzhǎnde bú shùnlì.

両国間の交渉は一向にうまく進展しない。

我们要敬爱父母，敬爱老师。

Wǒmen yào jìng'ài fùmǔ, jìng'ài lǎoshī.

我々は父母を敬愛し、先生を敬愛しなければならない。

学生早上入校先向老师鞠躬敬礼。

Xuésheng zǎoshang rùxiào xiān xiàng lǎoshī jūgōng jìnglǐ.

学生は朝登校すると、まず先生にお辞儀をする。

今天让我们竞赛一下谁跑得最快? Jīntiān ràng wǒmen jìngsài yíxià shéi pǎode zuì kuài?　今日は誰が1番走るのが速いか競争しませんか。

她在这次知识竞赛中取得了第一。 Tā zài zhè cì zhīshi jìngsài zhōng qǔdéle dì-yī.　彼女は今回のクイズ大会で優勝した。

两个公司在新产品开发上竞争得很激烈。

Liǎng ge gōngsī zài xīn chǎnpǐn kāifā shang jìngzhēng de hěn jīliè.

両社は新製品開発でしのぎを削っている。

継续
▼

Check 1　　　　　　　　　　　　　　　　　　🎧 033

□ 521
纠正
jiūzhèng
　　　　　　　　　動 **是正する**

□ 522
就业
jiù▾yè
　　　　　　　　　動 **就職する**

□ 523
居住
jūzhù
　　　　　　　　　動 **居住する**

□ 524
局限
júxiàn
　　　　　　❗ 動 **限定する、制約する**

□ 525
聚
jù
　　　　　　　　　動 **集まる**

□ 526
聚会
jùhuì
　　　　　　　　　動 **集まる**
　　　　　　　　　名 集まり

□ 527
具备
jùbèi
　　　　　　　　　動 **備わる、備える**

□ 528
据悉
jùxī
　　　　　動 **(聞くところによると) 〜だそうだ**
　　　　　🈁 **"据说"** が話し言葉で使われるのに対して、**"据悉"**
　　　　　は書き言葉として使われる

老师经常纠正我们的错误发音。

Lǎoshī jīngcháng jiūzhèng wǒmen de cuòwù fāyīn.

先生はいつも私たちの発音の間違いを正してくださる。

现在是疫情时期，毕业生就业十分困难。

Xiànzài shì yìqíng shíqī, bìyèshēng jiùyè shífēn kùnnan.

現在は疫病の流行期で、卒業生の就職は非常に難しい。

他们一家人居住在上海郊区。

Tāmen yìjiārén jūzhùzài Shànghǎi jiāoqū.

彼ら一家は上海郊外に住んでいる。

这类问题基本局限于服务行业。

Zhè lèi wèntí jīběn júxiànyú fúwù hángyè.

この類の問題は基本的にサービス業に限られている。

每到周末我都会和朋友小聚，交流一下彼此的近况。

Měi dào zhōumò wǒ dōu huì hé péngyou xiǎo jù, jiāoliú yíxià bǐcǐ de jìnkuàng.　週末になると友達とちょっと集まって、お互いの近況を話す。

老师答应我们考完试后带我们去郊外聚会。

Lǎoshī dāying wǒmen kǎowán shì hòu dài wǒmen qù jiāowài jùhuì.

先生は私たちに試験が終わったら郊外のパーティーに連れて行くと約束した。

他还不具备一个人在国外生活的能力。

Tā hái bú jùbèi yí ge rén zài guówài shēnghuó de nénglì.

彼はまだ外国で1人で生活するだけの力が備わっていない。

据悉，这是人类首次在火星表面发现水。

Jùxī, zhè shì rénlèi shǒu cì zài huǒxīng biǎomiàn fāxiàn shuǐ.

人類が火星の表面に水を発見したのは今回が初めてだそうだ。

□ 反省する	□ 重んじる	□ 起こす	□ やめる
□ 検証する	□ 授業をする	□ 切り詰める	□ 手本にする
□ 賞賛する	□ 語り合う	□ 答える	□ 力を尽くす
□ 褒賞を与える	□ 取引する	□ 解放する	□ 進化する

Check 1　　　　　　　　　　　　　　　　　　　　🎧 034

□ 529 **觉悟** juéwù	動 自覚する、目覚める 名 自覚、意識
□ 530 **开办** kāibàn	動 創設する、開業する
□ 531 **开除** kāichú	動 解雇する、除名する
□ 532 **开动** kāidòng	動 作動する、（部隊が）出発する
□ 533 **开发** kāifā	動 開発する
□ 534 **开设** kāishè	動 設ける、設立する
□ 535 **开展** kāizhǎn	動 展開する、推し進める
□ 536 **看来** kànlái	動 見たところ〜のようだ

継続
▼

Check 2 🎧 118

在老师的批评教育下，他终于觉悟了。Zài lǎoshī de pīpíng jiàoyù xià, tā zhōngyú juéwù le. 先生の教育的な叱咤を受けて、彼はついに自覚した。
这个地区的农民政治觉悟都很高。Zhège dìqū de nóngmín zhèngzhì juéwù dōu hěn gāo. この地区の農民は政治意識が高い。

市政府新开办了一所市民大学。

Shìzhèngfǔ xīn kāibànle yì suǒ shìmín dàxué.

市政府は新しく市民大学を創設した。

他违反了公司规定，被公司开除了。

Tā wéifǎnle gōngsī guīdìng, bèi gōngsī kāichú le.

彼は社内規定を犯し、解雇された。

只要开动脑筋，就一定能想出好办法。

Zhǐyào kāidòng nǎojīn, jiù yídìng néng xiǎngchū hǎo bànfǎ.

頭を働かしさえすれば、きっとよい方法が見つかる。

我们公司去年开发了一系列新产品。

Wǒmen gōngsī qùnián kāifāle yíxìliè xīn chǎnpǐn.

我々の会社は去年新シリーズ商品を開発した。

公司为职工开设了免费英语讲座。

Gōngsī wèi zhígōng kāishèle miǎnfèi Yīngyǔ jiǎngzuò.

会社は従業員のために無料英語講座を設けた。

我们学校正在开展"学雷锋"活动。

Wǒmen xuéxiào zhèngzài kāizhǎn "Xué Léi Fēng" huódòng.

私たちの学校では「雷鋒に学べ」活動を展開している。

爷爷一直在咳嗽，看来病得不轻。

Yéye yìzhí zài késou, kànlái bìngde bù qīng.

おじいさんはずっと咳をしていて、病気は軽くないようだ。

继续 ▼

動詞16

Check 1　　　　　　　　　　　　　　　　　　　　　🎧 034

□ 537
看作
kànzuò
🎬 見なす

□ 538
科研
kēyán
🎬 科学研究をする
名 科学研究

□ 539
渴望
kěwàng
🎬 切望する

□ 540
夸奖
kuājiǎng
🎬 褒める

□ 541
跨
kuà
🎬 踏み出す、またぐ、またがる

□ 542
扩展
kuòzhǎn
🎬 拡張する

□ 543
扩张
kuòzhāng
🎬 拡張する

□ 544
来自
láizì
🎬 〜から来る

狗一直被看作是人类最忠诚的朋友。

Gǒu yìzhí bèi kànzuò shì rénlèi zuì zhōngchéng de péngyou.

イヌは人間の最も忠実な友達だと見なされている。

她男朋友是研究院的科研人员。

Tā nánpéngyou shì yánjiūyuàn de kēyán rényuán.

彼女のボーイフレンドは研究院の科学研究員だ。

大学生们都渴望找到一个好工作。

Dàxuéshēngmen dōu kěwàng zhǎodào yí ge hǎo gōngzuò.

大学生はみなよい仕事を見つけることを望んでいる。

老师夸奖了她的作文。

Lǎoshī kuājiǎngle tā de zuòwén.

先生は彼女の作文を褒めた。

愿意去的人请向前跨一步。

Yuànyì qù de rén qǐng xiàng qián kuà yí bù.

行きたい人は1歩前に出てください。

公司决定进一步扩展服务领域。

Gōngsī juédìng jìn yí bù kuòzhǎn fúwù lǐngyù.

会社はサービス領域の更なる拡張を決定した。

这种新开发的药可以扩张血管。

Zhè zhǒng xīn kāifā de yào kěyǐ kuòzhāng xuèguǎn.

この新しく開発された薬は血管を広げることができる。

在因特网上可以获得来自世界各地的消息。

Zài yīntèwǎng shang kěyǐ huòdé láizì shìjiè gè dì de xiāoxi.

インターネットで世界中からのニュースを受け取ることができる。

☐ 輸入する	☐ 敬愛する	☐ 是正する	☐ 集まる
☐ 入る	☐ お辞儀する	☐ 就職する	☐ 集まる
☐ 研修する	☐ 競争する	☐ 居住する	☐ 備わる
☐ 進展する	☐ 競争する	☐ 限定する	☐ 〜だそうだ

□ 545

拦
lán

動 **止める、遮る**

□ 546

愣
lèng

動 **ぼんやりする**

□ 547

理
lǐ

動 **整える、相手にする**
名 道理、筋道

□ 548

力求
lìqiú

動 **できるだけ努める**

□ 549

联欢
liánhuān

動 **交流する、交歓する**

□ 550

联络
liánluò

動 **連絡する**
🟰 **联系 liánxì**

□ 551

连续
liánxù

動 **連続する**

□ 552

量
liáng

動 **測る**
名 量　🔁 量 liàng 数量　📖 長さや面積、重さ、
温度などを測る。"**量体温 liáng tǐwēn**"（体温を測
る）、"**量大小 liáng dàxiǎo**"（サイズを測る）

継続
▼

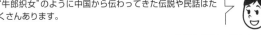

"牛郎织女"のように中国から伝わってきた伝説や民話はたくさんあります。

Check 2 🎧 119

她要去外地工作，谁也拦不住。
Tā yào qù wàidì gōngzuò, shéi yě lánbuzhù.
彼女がよその土地に行って働きたいなら、誰にも止めることはできない。

妈妈一愣，然后哈哈大笑起来。
Māma yí lèng, ránhòu hāhā dàxiàoqilai.
母はぽかんとしてから、大笑いしだした。

他理了理头发，走上台去。 Tā lǐle lǐ tóufa, zǒushàng tái qu.
彼はさっと髪を整えて舞台に上がった。
你不要无理取闹好不好？ Nǐ búyào wúlǐ-qǔnào hǎo bu hǎo?
言いがかりをつけないでくれるかい。

老师讲课要力求通俗易懂。
Lǎoshī jiǎngkè yào lìqiú tōngsú yì dǒng.
教師はできるだけ分かりやすい授業をしなければならない。

今晚我们和留学生联欢，你来吗？
Jīnwǎn wǒmen hé liúxuéshēng liánhuān, nǐ lái ma?
今晩私たちは留学生と交流しますが、あなたは来ますか。

不管以后去哪里，都要跟我保持联络啊。
Bùguǎn yǐhòu qù nǎlǐ, dōu yào gēn wǒ bǎochí liánluò a.
今後どこに行っても、私と連絡を取ってね。

老吴已经连续工作十二个小时了。
Lǎo-Wú yǐjīng liánxù gōngzuò shí'èr ge xiǎoshí le.
呉さんは、すでに 12 時間働き続けている。

先量一下血压，再到这边来抽血。
Xiān liáng yíxià xuèyā, zài dào zhèbian lái chōu xuè.
まず血圧を測って、こちらに採血に来てください。

継续
▼

Check 1　　　　　　　　　　　　　　　　　　　　🎧 035

□ 553
谅解
liàngjiě

動 **許す、理解する、察する、了承する**

□ 554
聊
liáo

動 **おしゃべりをする**

□ 555
领会
lǐnghuì

動 **理解する、納得する、体得する**

□ 556
流传
liúchuán

動 **広く世に伝わる、伝播する**
📖 "**流传**" は伝説や作品や事跡などが伝わる。"**传布 chuánbù**" は思想やニュース、"**传播 chuánbō**" は経験やニュースが広く伝わる

□ 557
流动
liúdòng

動 **流れる、移動する**

□ 558
流通
liútōng

動 **流れる、移動する**

□ 559
留念
liúniàn

動 **記念として残す**

□ 560
留神
liúˇshén

動 **気をつける**
📖 "**留神**" は危険に対して注意を促す。
🔁 注意 zhùyì、小心 xiǎoxīn、当心 dāngxīn

34日目 🎧 034 Quick Review 答えは次頁	□ 觉悟 □ 开办 □ 开除 □ 开动	□ 开发 □ 开设 □ 开展 □ 看来	□ 看作 □ 科研 □ 渴望 □ 夸奖	□ 跨 □ 扩展 □ 扩张 □ 来自

1週目 2週目 3週目 4週目 5週目 6週目 7週目 8週目 9週目 10～12週目

我向她说明了情况，她也谅解了我。
Wǒ xiàng tā shuōmíngle qíngkuàng, tā yě liàngjiěle wǒ.
私は彼女に事情を説明し、彼女も私を許してくれた。

找时间咱们好好儿聊一聊。
Zhǎo shíjiān zánmen hǎohāor liáo yi liáo.
時間を見つけておしゃべりをしましょう。

我们要深刻领会环保的意义，积极行动起来。
Wǒmen yào shēnkè lǐnghuì huánbǎo de yìyì, jījí xíngdòngqilai.
私たちは環境保護の意義を深く理解し、積極的に行動しなければならない。

牛郎织女的神话故事流传得很广。
Niúláng Zhīnǚ de shénhuà gùshi liúchuánde hěn guǎng.
彦星と織姫の神話は広く知れ渡っている。

河水缓缓地流动着。
Héshuǐ huǎnhuǎn de liúdòngzhe.
小川の水はゆっくりと流れている。

打开窗户，让空气流通一下。
Dǎkāi chuānghu, ràng kōngqì liútōng yíxià.
窓を開けて、ちょっと空気を入れましょう。

会议结束后，代表们一起照相留念。
Huìyì jiéshù hòu, dàibiǎomen yìqǐ zhàoxiàng liúniàn.
会議終了後、代表たちは一緒に記念撮影をした。

下雨路滑，留神别摔着。
Xià yǔ lù huá, liúshén bié shuāizhe.
雨が降って道が濡れているので、転ばないように気をつけて。

- ☐ 自覚する
- ☐ 創設する
- ☐ 解雇する
- ☐ 作動する
- ☐ 開発する
- ☐ 設ける
- ☐ 展開する
- ☐ 見たところ～のようだ
- ☐ 見なす
- ☐ 科学研究をする
- ☐ 切望する
- ☐ 褒める
- ☐ 踏み出す
- ☐ 拡張する
- ☐ 拡張する
- ☐ ～から来る

量詞のまとめ⑤

花
（花）

把 bǎ
片手でつかめるくらいの束になっているものを数える。

女孩儿手里拿着一把花。
Nǚháir shǒu li názhe yì bǎ huā.
女の子は手に1本の花を持っている。

朵 duǒ
花を数える。

她头上戴着一朵茉莉花。
Tā tóu shang dàizhe yì duǒ mòlihuā.
彼女は頭に1輪のジャスミンの花を挿している。

盆 pén
鉢植えを数える。

阳台上摆着十多盆花。
Yángtái shang bǎizhe shí duō pén huā.
ベランダに十数鉢の花が並べてある。

束 shù
束になっているものを数える。

情人节时他送了女朋友一束玫瑰花。
Qíngrénjié shí tā sòngle nǚpéngyou yí shù méiguihuā.
バレンタインデーに彼はガールフレンドに1束のバラを贈った。

枝 zhī
枝の付いた花を数える。

花瓶里插着一枝桃花。
Huāpíng li chāzhe yì zhī táohuā.
花瓶に1枝の桃の花が生けてある。

话
（話）

串 chuàn
連続して発せられた言葉を数える。

他叽里咕噜说了一串话，可我一个字也没听清。
Tā jīligūlū shuōle yí chuàn huà, kě wǒ yí ge zì yě méi tīngqīng.
彼はぺちゃくちゃと話したが、私は1字もはっきりと聞こえなかった。

段 duàn
段落の言葉を数える。

他的那段话感动了很多人。
Tā de nà duàn huà gǎndòngle hěn duō rén.
彼のその話は多くの人を感動させた。

句 jù
言葉を数える。

请沈教授给我们讲几句话。
Qǐng Shén jiàoshòu gěi wǒmen jiǎng jǐ jù huà.
沈教授に少しお話ししていただきます。

キクタン中国語

6 週目

✓ 学習したらチェック！

中国語で言ってみよう！

私は俳優になることを夢見ている。

（答えは 566）

Check 1　　　　　　　　　　　　　　　　　　　　🎧 036

□ 561
留意
liú▾yì

動 **注意する**

□ 562
录
lù

動 **録音する、記録する**

□ 563
落后
luò▾hòu

動 **後れをとる、遅れる**

□ 564
骂
mà

動 **ののしる**

□ 565
门诊
ménzhěn

動 **外来診察する**

□ 566
梦想
mèngxiǎng

動 **夢想する**
名 夢、妄想

□ 567
迷信
míxìn

❗ 動 **盲信する、迷信を信じる**

□ 568
免费
miǎn▾fèi

動 **無料になる、無料にする**

継続
▼

中国では子供料金は日本と違って年齢ではなく、身長で決まります。合理的だと思いませんか？

老年人更要留意**日常的饮食。**

Lǎoniánrén gèng yào liúyì rìcháng de yǐnshí.

お年寄りは普段の食事にもっと気をつけなければならない。

我用录音机把他的演讲都录**下来了。**

Wǒ yòng lùyīnjī bǎ tā de yǎnjiǎng dōu lùxialai le.

私は録音機で彼の講演をすべて録音した。

中国内陆地区的经济发展还很落后**。**

Zhōngguó nèilù dìqū de jīngjì fāzhǎn hái hěn luòhòu.

中国内陸地区の経済発展はまだ立ち遅れている。

就算你是对的，你也不应该骂**人。**

Jiùsuàn nǐ shì duì de, nǐ yě bù yīnggāi mà rén.

例えあなたが正しくても人をののしるべきではない。

新的门诊**大楼已经建成，将于年底投入使用。**

Xīn de ménzhěn dàlóu yǐjīng jiànchéng, jiāng yú niándǐ tóurù shǐyòng.

新しい外来診療棟はすでに完成し、年末から使用する予定だ。

我梦想**成为一名演员。** Wǒ mèngxiǎng chéngwéi yì míng yǎnyuán.

私は俳優になることを夢見ている。

她放弃了这个梦想**。** Tā fàngqìle zhège mèngxiǎng.

彼女はこの夢を捨てた。

不管什么事情，都不能迷信**所谓的权威。**

Bùguǎn shénme shìqing, dōu bù néng míxìn suǒwèi de quánwēi.

何事もいわゆる権威を盲信してはいけない。

一米二以下的儿童免费**乘车。**

Yì mǐ èr yǐxià de értóng miǎnfèi chéng chē.

1 メートル 20 センチ以下の児童は無料で乗車できる。

继续
▼

1週目
2週目
3週目
4週目
5週目
6週目
7週目
8週目
9週目
10~12週目

Check 1　　　🎧 036

□ 569
描述
miáoshù
🔲 描写する

□ 570
难以
nányǐ
🔲 ～しにくい、～するのが難しい

□ 571
拍摄
pāishè
🔲 撮影する

□ 572
拍照
pāi▾zhào
🔲 写真を撮る
🔁 照相 zhàoxiàng

□ 573
排列
páiliè
🔲 順番に並べる

□ 574
派遣
pàiqiǎn
🔲 派遣する

□ 575
泡
pào
🔲 漬ける、浸す、時間をつぶす
🔳 泡、泡状のもの

□ 576
赔偿
péicháng
🔲 弁償する

Check 2　　　　　　🎧 120

1 週目

2 週目

3 週目

4 週目

5 週目

6 週目

7 週目

8 週目

9 週目

10〜12 週目

这本小说描述了鲁滨逊的冒险经历。

Zhè běn xiǎoshuō miáoshùle Lǔbīnxùn de màoxiǎn jīnglì.

この小説はロビンソンの冒険を描いている。

这个实验的难度是难以想象的。

Zhège shíyàn de nándù shì nányǐ xiǎngxiàng de.

この実験の難しさは想像を絶する。

这部电影是根据真实的事件拍摄的。

Zhè bù diànyǐng shì gēnjù zhēnshí de shìjiàn pāishè de.

この映画は実際の事件に基づいて撮影された。

对不起，这里不可以拍照。

Duìbuqǐ, zhèli bù kěyǐ pāizhào.

すみません、ここは撮影禁止です。

请把这些单词按照拼音顺序排列起来。

Qǐng bǎ zhèxiē dāncí ànzhào pīnyīn shùnxù páilièqilai.

これらの単語をピンイン順に並べてください。

公司派遣了一个代表团出国考察。

Gōngsī pàiqiǎnle yí ge dàibiǎotuán chūguó kǎochá.

会社は海外視察団を派遣した。

把衣服泡一会儿再洗吧！ Bǎ yīfu pào yíhuìr zài xǐ ba!

服をしばらく浸けてから洗いなさい。

水开的时候就会冒泡。Shuǐ kāi de shíhou jiù huì mào pào.

お湯が沸くと泡が立つ。

损坏公物要照价赔偿。

Sǔnhuài gōngwù yào zhào jià péicháng.

公共物を壊した場合は実費で弁償しなければならない。

□ 止める　　　　□ 交流する　　　　□ 許す　　　　　□ 流れる
□ ぼんやりする　□ 連絡する　　　　□ おしゃべりをする　□ 流れる
□ 整える　　　　□ 連続する　　　　□ 理解する　　　□ 記念として残す
□ できるだけ努める　□ 測る　　　　□ 広く世に伝わる　□ 気をつける

Check 1　　　　　　　　　　　　　　　　　　　　🎧 037

□ 577 **陪同** péitóng	動 付き添う
□ 578 **培训** péixùn	動 訓練養成する
□ 579 **培养** péiyǎng	❗ 動 養成する、培養する
□ 580 **喷** pēn	動 噴き出す、噴出する
□ 581 **捧** pěng	動 おだて上げる、(両手でささげるように)持つ
□ 582 **譬如** pìrú	動 たとえば、例を挙げる 🟰 比方 bǐfang、比如 bǐrú、例如 lìrú 📘 "比方" と "比如" は話し言葉で多用、"例如" は書き言葉で多用、"譬如" は両方で用いられる
□ 583 **凭** píng	動 寄りかかる、頼る 介 ～によって、～に基づいて
□ 584 **评论** pínglùn	動 評論する 名 評論

継続
▼

"长城"には有名な"八达岭"だけでなく、"慕田峪"、"司马台"、
"老龙头"などの"景点"があります。

1 週目
2 週目
3 週目
4 週目
5 週目
6 週目
7 週目
8 週目
9 週目
10～12 週目

Check 2

我们在中国朋友的陪同下游览了长城。

Wǒmen zài Zhōngguó péngyou de péitóng xia yóulǎnle Chángchéng.

私たちは中国人の友達の案内で、長城を遊覧した。

师范大学去年培训了一百名幼儿教师。

Shīfàn dàxué qùnián péixùnle yìbǎi míng yòu'ér jiàoshī.

師範大学は去年 100 名の幼稚園教師を養成した。

要想公司发展，就得培养人才。

Yào xiǎng gōngsī fāzhǎn, jiù děi péiyǎng réncái.

会社を発展させるには人材を養成しなければならない。

熨衣服的时候最好先喷点儿水。

Yùn yīfu de shíhou zuìhǎo xiān pēn diǎnr shuǐ.

服にアイロンをかけるときは、先に水を吹きかけたほうがよい。

媒体把他捧上了天。

Méitǐ bǎ tā pěngshàngle tiān.

メディアは彼を神様のようにおだて上げた。

譬如她，就不喜欢吃牛肉。

Pìrú tā, jiù bù xǐhuan chī niúròu.

たとえば彼女は牛肉が嫌いだ。

我能有今天的成就，全凭你的帮助，谢谢你。Wǒ néng yǒu jīntiān de chéngjiù, quán píng nǐ de bāngzhù, xièxie nǐ. 私が今日の成功を得られたのは、全てあなたの助けによってです、ありがとう。 **你凭什么认为花瓶是他打碎的？Nǐ píng shénme rènwéi huāpíng shì tā dǎsuì de?** あなたは何を根拠に彼が花瓶を割ったと思うのですか。

报纸上经常刊登评论重大事件的文章。Bàozhǐ shang jīngcháng kāndēng pínglùn zhòngdà shìjiàn de wénzhāng. 新聞にはいつも重大事件を論評する文章が載っている。 **他每个月在杂志上发表一篇评论。Tā měi ge yuè zài zázhì shang fābiǎo yì piān pínglùn.** 彼は毎月雑誌に1編の評論を発表する。

继续
▼

Check 1　　　　　　　　　　　　　　　　　　　　　　🎧 037

□ 585
评选
píngxuǎn
動 選出する

□ 586
破产
pò˘chǎn
動 倒産する、破産する、失敗する

□ 587
普及
pǔjí
動 普及する、普及させる

□ 588
沏
qī
動 (茶を) 入れる、(熱湯を) かける

□ 589
期望
qīwàng
動 期待する

□ 590
起草
qǐ˘cǎo
動 起草する、下書きする

□ 591
启发
qǐfā
動 啓発する、悟らせる
名 啓発

□ 592
牵
qiān
動 (家畜などを) 引っ張る、牽引する、
結びつける

| 36日目 🎧 036
Quick Review
答えは次頁 | □ 留意
□ 录
□ 落后
□ 骂 | □ 门诊
□ 梦想
□ 迷信
□ 免费 | □ 描述
□ 难以
□ 拍摄
□ 拍照 | □ 排列
□ 派遣
□ 泡
□ 赔偿 |

诺贝尔奖每年评选一次。

Nuòbèi'ěrjiǎng měi nián píngxuǎn yí cì.

ノーベル賞は毎年1回選出される。

那家公司破产了，很多人失去了工作。

Nà jiā gōngsī pòchǎn le, hěn duō rén shīqùle gōngzuò.

あの会社が倒産して、多くの人が職を失った。

因特网在中国迅速普及起来。

Yīntèwǎng zài Zhōngguó xùnsù pǔjíqilai.

インターネットは中国で急速に普及している。

你坐着，我去给你沏茶。

Nǐ zuòzhe, wǒ qù gěi nǐ qī chá.

座っていて、私がお茶を入れに行きますから。

父母们都期望自己的孩子能成材。

Fùmǔmen dōu qīwàng zìjǐ de háizi néng chéngcái.

親はみな自分の子供が有用な人材になることを期待するものだ。

吴经理起草了一个新的管理规定。

Wú jīnglǐ qǐcǎole yí ge xīn de guǎnlǐ guīdìng.

呉社長は新しい管理規定を起草した。

他的话深深地启发了我。 Tā de huà shēnshēn de qǐfāle wǒ.

彼の話は私を深く啓発した。

同学们的意见给了我很大启发。 Tóngxuémen de yìjian gěile wǒ hěn dà qǐfā. クラスメートたちの意見は私に大きな啓発を与えた。

他牵来了一匹白马。

Tā qiānlaile yì pǐ báimǎ.

彼は1頭の白馬を引っ張ってきた。

□ 注意する	□ 外来診察する	□ 描写する	□ 順番に並べる
□ 録音する	□ 夢想する	□ ～しにくい	□ 派遣する
□ 後れをとる	□ 盲信する	□ 撮影する	□ 漬ける
□ ののしる	□ 無料になる	□ 写真を撮る	□ 弁償する

Check 1 ◯ 038

□ 593
签订
qiāndìng

動 締結する

□ 594
签字
qiānˇzì

動 サインする、署名する

□ 595
谴责
qiǎnzé

動 非難する、譴責する

□ 596
欠
qiàn

動 借りがある、借金している、不足する、
足りない

□ 597
强制
qiángzhì

動 強制する

□ 598
敲
qiāo

動（ドアや太鼓などをコツコツと）た
たく、打つ

□ 599
钦佩
qīnpèi

動 敬服する、感服する

□ 600
清理
qīnglǐ

動 清算する、片付ける

继续
▼

1 週目

2 週目

3 週目

4 週目

5 週目

6 週目

7 週目

8 週目

9 週目

10 週目 ~ 12

中国の電車やバスの優先座席は"老弱病残孕专座"、"爱心专座"と言います。

Check 2 🎧 122

两家公司签订了一项贸易合同。

Liǎng jiā gōngsī qiāndìngle yí xiàng màoyì hétong.

両社は貿易契約を結んだ。

请你在这份协议书上签字。

Qǐng nǐ zài zhè fèn xiéyìshū shang qiānzì.

この合意書にサインしてください。

国际社会强烈谴责了恐怖分子的行为。

Guójì shèhuì qiángliè qiǎnzéle kǒngbù fènzǐ de xíngwéi.

国際社会はテロリストの行為を強く非難した。

你欠我的钱什么时候还？

Nǐ qiàn wǒ de qián shénme shíhou huán?

あなたが私に借りたお金はいつ返してくれますか。

家长也不能强制孩子干他们不喜欢的事。

Jiāzhǎng yě bù néng qiángzhì háizi gàn tāmen bù xǐhuan de shì.

保護者も子供に嫌なことを強制することはできない。

好像有人敲门，你去看看。

Hǎoxiàng yǒu rén qiāo mén, nǐ qù kànkan.

誰かがドアをノックしてるようなので、行ってみてください。

我十分钦佩他的为人。

Wǒ shífēn qīnpèi tā de wéirén.

私は彼の人となりに心から敬服する。

他们公司破产了，正在进行财务清理。

Tāmen gōngsī pòchǎn le, zhèngzài jìnxíng cáiwù qīnglǐ.

彼らの会社は倒産し、財務整理中である。

继续
▼

Check 1　　　　　　　　　　　　　　　🎧 038

□ 601
轻视
qīngshì
動 軽視する、軽んずる

□ 602
倾听
qīngtīng
動 耳を傾ける、傾聴する

□ 603
倾向
qīngxiàng
動 賛成する、味方する
名 傾向、趨勢

□ 604
取代
qǔdài
動 取って代わる

□ 605
确立
quèlì
動 確立する

□ 606
确认
quèrèn
動 確認する

□ 607
嚷
rǎng
動 大声で叫ぶ、わめく、(大声で) けんかする

□ 608
让座
ràng▾zuò
動 席を譲る

37日目 🎧 037
Quick Review
答えは次頁

□ 陪同	□ 捧	□ 评选	□ 期望
□ 培训	□ 譬如	□ 破产	□ 起草
□ 培养	□ 凭	□ 普及	□ 启发
□ 喷	□ 评论	□ 沏	□ 牵

谁都不应该轻视体力劳动者。

Shéi dōu bù yīnggāi qīngshì tǐlì láodòngzhě.

誰も肉体労働者を軽視すべきではない。

能倾听群众声音的政府才是好政府。

Néng qīngtīng qúnzhòng shēngyīn de zhèngfǔ cái shì hǎo zhèngfǔ.

大衆の声に耳を傾けることのできる政府こそが、よい政府である。

他们渐渐倾向于我的观点了。 Tāmen jiànjiàn qīngxiàng yú wǒ de
guāndiǎn le.　彼らはしだいに私の考えに賛同した。

他有很强烈的暴力倾向。 Tā yǒu hěn qiángliè de bàolì qīngxiàng.

彼には非常に強い暴力的傾向がある。

公元前十一世纪，周朝取代了商朝。

Gōngyuán qián shíyī shìjì, Zhōucháo qǔdàile Shāngcháo.

紀元前 11 世紀、周王朝が商王朝に取って代わった。

他已经确立了自己在专业领域的地位。

Tā yǐjīng quèlìle zìjǐ zài zhuānyè lǐngyù de dìwèi.

彼はすでに専門領域における自己の地位を確立した。

再去确认一下客人的到店时间。

Zài qù quèrèn yíxià kèren de dào diàn shíjiān.

お客様の到着時間をもう 1 度確認してみましょう。

请不要在教室里大吵大嚷。

Qǐng búyào zài jiàoshì li dà chǎo dà rǎng.

教室内で大騒ぎをしないでください。

在公交车上，我们应该主动给老人让座。

Zài gōngjiāochē shang, wǒmen yīnggāi zhǔdòng gěi lǎorén ràngzuò.

バスの中では、私たちは自分から老人に席を譲るべきだ。

☐ 付き添う	☐ おだて上げる	☐ 選出する	☐ 期待する
☐ 訓練養成する	☐ たとえば	☐ 倒産する	☐ 起草する
☐ 養成する	☐ 寄りかかる	☐ 普及する	☐ 啓発する
☐ 噴き出す	☐ 評論する	☐ 入れる	☐ 引っ張る

Check 1　　　　　　　　　　　　　　　　　🎧 039

□ 609
绕
rào

動 回り道する、ぐるぐる巻く

□ 610
忍
rěn

動 我慢する、こらえる、耐える

□ 611
认得
rènde

動 知っている、見分けがつく

□ 612
认定
rèndìng

動 思い込む、認定する

□ 613
如
rú

動 ～のごとくである、かなう、たとえば
接 もし～ならば

□ 614
如一
rúyī

動 変わりがない、同じである

□ 615
撒谎
sā̌huǎng

動 嘘をつく

□ 616
赛
sài

動 競争する

继续
▼

"扫"は〇〇ペイが登場した後、街中でよく見かけるように
なった単語ですね。

1 週目
2 週目
3 週目
4 週目
5 週目
6 週目
7 週目
8 週目
9 週目
10~12 週目

Check 2　　　🎧 123

你别绕圈子了，有话直说。

Nǐ bié rào quānzi le, yǒu huà zhí shuō.

回りくどく言わないで、話があれば率直に言ってよ。

你再忍一忍，马上就到医院了。

Nǐ zài rěn yi rěn, mǎshàng jiù dào yīyuàn le.

もう少し我慢して、すぐ病院に着くから。

好久不见了，你还认得我吗?

Hǎojiǔ bú jiàn le, nǐ hái rènde wǒ ma?

お久しぶりです、まだ私のことが分かりますか。

他认定是王伟偷了他的钱。

Tā rèndìng shì Wáng Wěi tōule tā de qián.

彼は王偉が彼のお金を盗んだと思い込んだ。

如你所说，那件事就是他做的。 Rú nǐ suǒ shuō, nà jiàn shì jiùshì tā zuò
de. あなたが言ったように、それは彼がやったことだ。

如你不去，我也不去了。 Rú nǐ bú qù, wǒ yě bú qù le. あなたが行かなければ、
私も行くのをやめる。

我们应该做表里如一的人，不能当面一套，背后一套。

Wǒmen yīnggāi zuò biǎolǐ-rúyī de rén, bù néng dāngmiàn yí tào,
bèihòu yí tào. 私たちは裏表のない人になるべきで、言行不一致はいけない。

别信他，他又撒谎了。

Bié xìn tā, tā yòu sāhuǎng le.

彼を信用しないで、また嘘をついた。

今晚我们班和他们班赛歌，你来吗?

Jīn wǎn wǒmenbān hé tāmenbān sài gē, nǐ lái ma?

今晩私たちのクラスと彼らのクラスは歌合戦をするので、あなたは来ますか。

继续
▼

Check 1　　　　　　　　　　　　　　　　　　　🎧 039

□ 617
丧失
sàngshī

🔲 喪失する、失う

□ 618
扫
sǎo

🔲 掃く、除去する、スキャンする
🔲 扫 sào ほうき

□ 619
杀
shā

🔲 殺す

□ 620
刹车
shā▾chē

🔲 ブレーキをかける

□ 621
删除
shānchú

🔲 削除する

□ 622
伤害
shānghài

🔲 傷つける、害する

□ 623
上市
shàng▾shì

🔲 市場に出回る

□ 624
设立
shèlì

🔲 設立する、設置する

| 38日目🎧 038
Quick Review
答えは次頁 | □ 签订
□ 签字
□ 谴责
□ 欠 | □ 强制
□ 敲
□ 钦佩
□ 清理 | □ 轻视
□ 倾听
□ 倾向
□ 取代 | □ 确立
□ 确认
□ 嚷
□ 让座 |

一场大病过后，他丧失了听力。
Yì cháng dàbìng guò hòu, tā sàngshīle tīnglì.
大病の後、彼は聴力を失った。

我们一个冬天要扫五、六次雪。Wǒmen yí ge dōngtiān yào sǎo wǔ、liù cì xuě. ひと冬に5、6回は雪かきをしないといけない。 你用微信扫这个二维码直接加好友吧！Nǐ yòng Wēixìn sǎo zhège èrwéimǎ zhíjiē jiāhǎo yǒu ba! WeChatでこのQRコードをスキャンして直接友達に加えてください！

这附近昨天发生了杀人事件。
Zhè fùjìn zuótiān fāshēngle shā rén shìjiàn.
この附近で昨日殺人事件が起きた。

快刹车，前面有路障！
Kuài shāchē, qiánmiàn yǒu lùzhàng!
早くブレーキを踏んで、前に障害物があるから！

我删除了感染病毒的邮件。
Wǒ shānchúle gǎnrǎn bìngdú de yóujiàn.
ウイルスに感染したメールを削除した。

对孩子而言，父母过度的保护并不是爱，而是伤害。
Duì háizi ér yán, fùmǔ guòdù de bǎohù bìng bú shì ài, ér shì shānghài.
子供にとって、親の過保護は愛ではなく、害である。

新产品还未上市，就已经都预订出去了。
Xīn chǎnpǐn hái wèi shàngshì, jiù yǐjīng dōu yùdìngchuqu le.
新製品はまだ発売されていないが、すでに予約済みだ。

他们公司的总部设立在东京。
Tāmen gōngsī de zǒngbù shèlìzài Dōngjīng.
彼らの会社の本部は東京に設立された。

□ 締結する　□ 強制する　□ 軽視する　□ 確立する
□ サインする　□ たたく　□ 耳を傾ける　□ 確認する
□ 非難する　□ 敬服する　□ 賛成する　□ 大声で叫ぶ
□ 借りがある　□ 清算する　□ 取って代わる　□ 席を譲る

Check 1 🎧 040

□ 625
设想
shèxiǎng

🔲 **考慮する、想像する**
🔲 構想

□ 626
设置
shèzhì

🔲 **設定する、設置する、設立する**

□ 627
申请
shēnqǐng

🔲 **申請する**

□ 628
审判
shěnpàn

🔲 **審判する、裁判する**
🔲 審判、裁判

□ 629
生存
shēngcún

🔲 **生存する、生きながらえる**

□ 630
剩下
shèng▾xià

🔲 **残す、残る**

□ 631
实习
shíxí

🔲 **実習する、インターンシップに参加する**
🔲 実习生 shíxíshēng（インターン生）

□ 632
识字
shí▾zì

🔲 **字が読める、字を覚える**

继续
▼

中国の大学生のインターン"实习"は長期が基本！

1 週目
2 週目
3 週目
4 週目
5 週目
6 週目
7 週目
8 週目
9 週目
10〜12 週目

Check 2 🎧 124

他如此不听劝告，后果将不堪设想。Tā rúcǐ bù tīng quàngào, hòuguǒ jiāng bùkān-shèxiǎng. 彼がこのように忠告を聞かないのであれば、先が思いやられる。

他的城市规划的设想很新颖。Tā de chéngshì guīhuà de shèxiǎng hěn xīnyǐng. 彼の都市計画の構想は斬新だ。

我忘记了网站的登录密码，需要重新设置一下。

Wǒ wàngjìle wǎngzhàn de dēnglù mìmǎ, xūyào chóngxīn shèzhì yíxià.

サイトのログインパスワードを忘れたので、再設定しなければいけない。

我申请了北京大学的夏令营，希望能通过选拔。

Wǒ shēnqǐngle Běijīng Dàxué de xiàlìngyíng, xīwàng néng tōngguò xuǎnbá. 北京大学のサマーキャンプに申し込んだので、選考に合格したい。

人民法院审判案件原则上都应当公开进行。Rénmín fǎyuàn shěnpàn ànjiàn yuánzé shang dōu yīngdāng gōngkāi jìnxíng. 人民法院（裁判所）における事件の裁判は原則、公開で行わなければならない。 发动战争的人必将受到历史的审判。Fādòng zhànzhēng de rén bìjiāng shòudào lìshǐ de shěnpàn. 戦争を引き起こした人物は、必ず歴史の審判を受けるだろう。

生物离开了水就无法生存。

Shēngwù líkāile shuǐ jiù wúfǎ shēngcún.

生物は水から離れると生きられない。

剩下的时间不多了。

Shèngxià de shíjiān bù duō le.

残された時間は多くない。

他现在在市立医院里实习。

Tā xiànzài zài shìlì yīyuàn li shíxí.

彼は現在市立病院でインターンをしている。

很多家长从孩子两岁就开始教他们识字了。

Hěn duō jiāzhǎng cóng háizi liǎng suì jiù kāishǐ jiāo tāmen shízì le.

多くの保護者は子供が 2 歳になったら字を教え始める。

继续
▼

Check 1　　　　　　　　　　　　　　　　　　🎧 040

□ 633
使得
shǐde
　動（ある結果を）引き起こす

□ 634
逝世
shìshì
　動 逝去する、没する
　🔄 死 sǐ、去世 qùshì
　📖 "死了"といった直接的な表現だけでなく、"逝世了"、"走了"、"不在了"といった婉曲表現もあります

□ 635
收购
shōugòu
　動 買収する、買い付ける、買い上げる

□ 636
收回
shōuˇhuí
　動 撤回する、回収する

□ 637
收集
shōují
　動 集める、収集する
　📖 "搜集"は探し求めること、"收集"は "证据"（証拠）、"资料"（資料）、"垃圾"（ゴミ）など具体的なものを集めることに重きが置かれる

□ 638
收缩
shōusuō
　動 縮む、収縮する

□ 639
受骗
shòuˇpiàn
　動 だまされる

□ 640
输出
shūchū
　動 送り出す、輸出する、出力する
　🔄 输入 shūrù
　📖 商品の輸出には "出口"を用いることが多い

今年的洪涝灾害使得农民的收入大大减少了。

Jīnnián de hónglào zāihài shǐde nóngmín de shōurù dàdà jiǎnshǎo le.

今年の洪水災害は農民の収入を大きく減少させた。

他是什么时候逝世的?

Tā shì shénme shíhou shìshì de?

彼はいつ逝去されたのですか。

他们公司被一家美国公司收购了。

Tāmen gōngsī bèi yì jiā Měiguó gōngsī shōugòu le.

彼らの会社はアメリカの会社に買収された。

话一旦说出口，就无法收回了。

Huà yídàn shuōchū kǒu, jiù wúfǎ shōuhuí le.

いったん口に出したら、取り返しがつかなくなる。

我丈夫收集了很多邮票。

Wǒ zhàngfu shōujíle hěn duō yóupiào.

私の夫は切手をたくさん集めている。

这种布遇到水后会收缩。

Zhè zhǒng bù yùdào shuǐ hòu huì shōusuō.

この布は水に濡れると縮む。

我再也不会上当受骗了。

Wǒ zài yě bú huì shàngdàng shòupiàn le.

私はもう二度とだまされない。

四川是中国输出民工最多的地方。

Sìchuān shì Zhōngguó shūchū míngōng zuì duō de dìfang.

四川は中国で出稼ぎ労働者を送り出すのが最も多い場所である。

☐ 回り道する	☐ ～のごとくである	☐ 喪失する	☐ 削除する
☐ 我慢する	☐ 変わりがない	☐ 掃く	☐ 傷つける
☐ 知っている	☐ 嘘をつく	☐ 殺す	☐ 市場に出回る
☐ 思い込む	☐ 競争する	☐ ブレーキをかける	☐ 設立する

Check 1 🎧 041

□ 641
输入
shūrù

❗️ 動 **入力する、輸入する、送り込む**
⇄ 输出 shūchū
📘 商品の輸入には"进口"を用いることが多い

□ 642
说服
shuōˇfú

動 **説得する、説き伏せる**

□ 643
撕
sī

動 **引き裂く**

□ 644
损害
sǔnhài

動 **損害を与える、害する**

□ 645
缩短
suōduǎn

動 **短縮する、縮める**

□ 646
缩小
suōxiǎo

動 **縮小する、小さくする**
⇄ 扩大 kuòdà（拡大する）

□ 647
抬头
táiˇtóu

動 **顔を上げる、台頭する**

□ 648
贪污
tānwū

動 **横領する、収賄する、着服する**

継続
▼

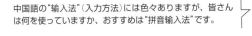

中国語の"输入法"（入力方法）には色々ありますが、皆さんは何を使っていますか、おすすめは"拼音输入法"です。

1週目
2週目
3週目
4週目
5週目
6週目
7週目
8週目
9週目
10～12週目

Check 2

🎧 125

这台电脑可以输入中文简体字吗?

Zhè tái diànnǎo kěyǐ shūrù Zhōngwén jiǎntǐzì ma?

このコンピュータは中国語の簡体字を入力できますか。

爸爸被我说服了，同意了我去留学的决定。

Bàba bèi wǒ shuōfú le, tóngyìle wǒ qù liúxué de juédìng.

父は私に説得されて、私が留学することに同意した。

我不小心把借来的书撕破了。

Wǒ bù xiǎoxīn bǎ jièlai de shū sīpò le.

私はうっかりして借りてきた本を破ってしまった。

他的做法损害了他人的利益。

Tā de zuòfa sǔnhàile tārén de lìyì.

彼のやり方は他人の利益に損害を与えた。

代表团把访日日程缩短了一天。

Dàibiǎotuán bǎ fǎng Rì rìchéng suōduǎnle yì tiān.

代表団は訪日日程を1日短縮した。

请把这张图缩小到四分之一。

Qǐng bǎ zhè zhāng tú suōxiǎodào sì fēn zhī yī.

この図を4分の1に縮小してください。

在大草原上，抬头便是一望无际的星空，特别美。

Zài dà cǎoyuán shang, táitóu biàn shì yíwàng-wújì de xīngkōng, tèbié měi.　大草原では、頭を上げると見渡す限りの星空で、とても美しい。

他贪污了很多公款。

Tā tānwūle hěn duō gōngkuǎn.

彼は多額の公金を横領した。

继续
▼

Check 1

🎧 041

□ 649

谈论
tánlùn

動 議論する、取り沙汰する

□ 650

探亲
tàn▾qīn

動 親族を訪ねる

□ 651

掏
tāo

動 取り出す、掘る

□ 652

提供
tígōng

動 提供する

□ 653

提价
tí▾jià

動 値上げする

□ 654

提交
tíjiāo

動 提出する

□ 655

提醒
tí▾xǐng

動 忠告する、指摘する、注意を与える
🔄 警告 jǐnggào

□ 656

提议
tíyì

動 提案する
名 提案、提議

40日目 🎧 040 Quick Review 答えは次頁	□ 设想	□ 生存	□ 使得	□ 收集
	□ 设置	□ 剩下	□ 逝世	□ 收缩
	□ 申请	□ 实习	□ 收购	□ 受骗
	□ 审判	□ 识字	□ 收回	□ 输出

同学们在一起兴奋地谈论着各自的假期生活。

Tóngxuémen zài yìqǐ xīngfèn de tánlùnzhe gèzì de jiàqī shēnghuó.

学生たちは一緒に興奮して各自の休日生活について議論している。

他请了十天假回家探亲。

Tā qǐngle shí tiān jià huí jiā tànqīn.

彼は 10 日間休みをとってふるさとへ帰省した。

我俩吃饭总是他掏钱买单。

Wǒ liǎ chī fàn zǒngshì tā tāo qián mǎidān.

私たち 2 人が食事をするときは、いつも彼がお金を出して勘定をする。

我觉得他提供的消息并不可靠，不要轻易相信他。

Wǒ juéde tā tígōng de xiāoxi bìng bù kěkào, búyào qīngyì xiāngxìn tā.

彼が提供した情報は信頼できないと思うので、彼を簡単に信用してはいけない。

因为原料成本提高，今年的月饼将整体提价 8%。

Yīnwei yuánliào chéngběn tígāo, jīnnián de yuèbǐng jiāng zhěngtǐ tíjià bǎi fēn zhī bā.　原料製品の値上げで、今年の月餅は全体で 8% 値上げされる。

请在星期一之前提交申请书。

Qǐng zài xīngqīyī zhīqián tíjiāo shēnqǐngshū.

月曜日までに申請書を提出してください。

专家提醒我们不要长时间使用电脑。

Zhuānjiā tíxǐng wǒmen búyào cháng shíjiān shǐyòng diànnǎo.

専門家は我々に長時間コンピュータを使用しないように忠告している。

我提议，为各位来宾的健康干杯。Wǒ tíyì, wèi gè wèi láibīn de jiànkāng gānbēi.　来賓の皆様の健康のために乾杯を提案します。

他的提议引起了上级的重视。Tā de tíyì yǐnqǐle shàngjí de zhòngshì.

彼の提案は上司に評価された。

☐ 考慮する　　　　☐ 生存する　　　　☐ 引き起こす　　　☐ 集める
☐ 設定する　　　　☐ 残す　　　　　　☐ 逝去する　　　　☐ 縮む
☐ 申請する　　　　☐ 実習する　　　　☐ 買収する　　　　☐ だまされる
☐ 審判する　　　　☐ 字が読める　　　☐ 撤回する　　　　☐ 送り出す

Check 1　　　　　　　　　　　　　　　　　　　　🎧 042

□ 657
体现
tǐxiàn

動（具体的に）表現している、体現している

□ 658
挑选
tiāoxuǎn

動 選ぶ、選抜する

□ 659
调节
tiáojié

動 調節する

□ 660
挑战
tiǎo▾zhàn

動 挑戦する

□ 661
通信
tōngxìn

動 連絡を取る、手紙のやり取りをする、通信する

□ 662
统计
tǒngjì

動 統計をとる、集計する、合計する

□ 663
投
tóu

動 投げる、投じる、投稿する

□ 664
投票
tóu▾piào

動 投票する

继续
▼

春節は中国人にとって家族が"団聚"する一年で最もにぎやかなイベントです。

Check 2
🎧 126

这首诗体现了作者对祖国的爱。

Zhè shǒu shī tǐxiànle zuòzhě duì zǔguó de ài.

この詩は作者の祖国に対する愛を表現している。

她精心为妈妈挑选了一件礼物。

Tā jīngxīn wèi māma tiāoxuǎnle yí jiàn lǐwù.

彼女はお母さんのためにじっくりプレゼントを選んだ。

狗的舌头有调节体温的作用。

Gǒu de shétou yǒu tiáojié tǐwēn de zuòyòng.

イヌの舌には体温調節作用がある。

我们要随时准备好迎接生活的各种挑战。

Wǒmen yào suíshí zhǔnbèihǎo yíngjiē shēnghuó de gè zhǒng tiǎozhàn.

私たちはいつでも生活のさまざまな挑戦に備えなければならない。

我已经好长时间没和她通信了。

Wǒ yǐjīng hǎo cháng shíjiān méi hé tā tōngxìn le.

私はもう相当長い間彼女と連絡を取っていない。

中国是世界上最早统计人口的国家之一。 Zhōngguó shì shìjiè shang zuì zǎo tǒngjì rénkǒu de guójiā zhīyī. 中国は世界で最も早く人口の統計をとることを始めた国の一つである。 **李老师正在统计同学们的分数。** Lǐ lǎoshī zhèngzài tǒngjì tóngxuémen de fēnshù. 李先生は、学生たちの点数を集計している。

他又投中了一个三分球。 Tā yòu tóuzhòngle yí ge sānfēnqiú. 彼はまたスリーポイントシュートを決めた。 **企业要想长远发展，必须把目光投向海外，拓展市场。** Qǐyè yào xiǎng chángyuǎn fāzhǎn, bìxū bǎ mùguāng tóuxiàng hǎiwài, tuòzhǎn shìchǎng. 企業が長期的に発展するためには、海外に目を向け、市場を開拓しなければならない。

这次选举你去投票了吗？

Zhè cì xuǎnjǔ nǐ qù tóupiào le ma?

今回の選挙、あなたは投票に行きましたか。

继续
▼

Check 1　　　　　　　　　　　　　　　　🎧 042

□ 665
投资
tóuzī

動 投資する
名 投資

□ 666
突击
tūjī

動 突貫する、突撃する

□ 667
团聚
tuánjù

動 団らんする

□ 668
推迟
tuīchí

動 延期する、遅らせる

□ 669
推出
tuīchū

動 世に送り出す

□ 670
推荐
tuījiàn

動 推薦する、薦める

□ 671
推进
tuījìn

動 推進する、推し進める、前進させる

□ 672
推行
tuīxíng

動 推し進める、(経験や政策などを)普及させる

41日目 🎧 041
Quick Review
答えは次頁

□ 输入	□ 缩短	□ 谈论	□ 提价
□ 说服	□ 缩小	□ 探亲	□ 提交
□ 撕	□ 抬头	□ 掏	□ 提醒
□ 损害	□ 贪污	□ 提供	□ 提议

投资什么行业最能赚钱呢？ Tóuzī shénme hángyè zuì néng zhuàn qián
ne? どの業界に投資すれば一番もうかるだろうか。

今年来自国外的投资超过了两百亿美元。 Jīnnián láizì guówài de tóuzī
chāoguòle liǎngbǎi yì měiyuán. 今年、外国からの投資は200億ドルを超えた。

平时不努力，考前搞**突击**，这可不行。

Píngshí bù nǔlì, kǎo qián gǎo tūjī, zhè kě bùxíng.

ふだんは努力せず、試験前に一気にやるのはだめだ。

圣诞节是西方人家庭**团聚**、互赠礼物的节日。

Shèngdànjié shì xīfāngrén jiātíng tuánjù, hù zèng lǐwù de jiérì.

クリスマスは西洋人が一家団らんし、プレゼントを贈り合う祭日である。

受台风影响，会议**推迟**了三天。

Shòu táifēng yǐngxiǎng, huìyì tuīchíle sān tiān.

台風の影響を受けて、会議は3日間延期された。

肯德基今年**推出**的儿童节套餐十分畅销。

Kěndéjī jīnnián tuīchū de Értóng Jié tàocān shífēn chàngxiāo.

KFCが今年発売した子供の日セットは非常に売れている。

学校**推荐**他去参加演讲比赛。

Xuéxiào tuījiàn tā qù cānjiā yǎnjiǎng bǐsài.

学校は弁論大会に参加するよう彼を推薦した。

政府正在大力**推进**新的环保计划。

Zhèngfǔ zhèngzài dàlì tuījìn xīn de huánbǎo jìhuà.

政府は全力を挙げて新しい環境保護計画を推進中である。

这种经营方式并不适宜在中小型企业**推行**。

Zhè zhǒng jīngyíng fāngshì bìng bú shìyí zài zhōng xiǎoxíng qǐyè tuīxíng.

この経営方式は中小企業で推進するには適していない。

☐ 入力する	☐ 短縮する	☐ 議論する	☐ 値上げする
☐ 説得する	☐ 縮小する	☐ 親族を訪ねる	☐ 提出する
☐ 引き裂く	☐ 顔を上げる	☐ 取り出す	☐ 忠告する
☐ 損害を与える	☐ 横領する	☐ 提供する	☐ 提案する

量詞のまとめ⑥

书
（本）

本 běn
冊子になっているものを数える。

他每个月都会读三本书。
Tā měi ge yuè dōu huì dú sān běn shū.
彼は毎月3冊の本を読んでいるはずだ。

部 bù
量的にも質的にも厚みのあるものを数える。

这部词典很好用。
Zhè bù cídiǎn hěn hǎoyòng.
この辞書は使い勝手がよい。

堆 duī
積み重なったものを数える。

他的写字台上有一大堆书。
Tā de xiězìtái shang yǒu yí dà duī shū.
彼のデスクには山のような本がある。

捆 kǔn
くくられたもの、束ねられたものを数える。

他从房间里搬出了两捆书。
Tā cóng fángjiān li bānchūle liǎng kǔn shū.
彼は部屋から2束の本を運び出した。

摞 luò
5冊以上の本が積み重ねてある状態を指す。

他从桌上的一摞书中抽出一本，递给了孩子。
Tā cóng zhuō shang de yí luò shū zhōng chōuchū yì běn, dìgěile háizi.
彼は机の上に積み重なった本の山から1冊を抜き出し、子供に渡した。

套 tào
ひと揃いのものを数える。

他买了一套十八本的《鲁迅全集》。
Tā mǎile yí tào shíbā běn de《Lǔ Xùn quánjí》.
彼は18冊1セットの『魯迅全集』を買った。

箱 xiāng
段ボール箱や木箱に入っているものを数える。

他从北京寄了一箱书给我。
Tā cóng Běijīng jìle yì xiāng shū gěi wǒ.
彼は北京から1箱の本を私に送ってくれた。

キクタン中国語

7 週目

中国語で言ってみよう！

この件は皆と協議してから決定しよう。

（答えは 698）

Check 1	🎧 043

□ 673
退货
tuìˇhuò
　動 返品する

□ 674
妥协
tuǒxié
　動 妥協する

□ 675
挖
wā
　動 掘る

□ 676
晚点
wǎnˇdiǎn
　動 (列車、船、飛行機などが) 遅れる

□ 677
威胁
wēixié
　動 脅す、威嚇する、脅かす

□ 678
维持
wéichí
　動 維持する、支える、保つ

□ 679
维修
wéixiū
　動 修理する、補修する、保全する

□ 680
为期
wéiqī
　動 ～を期間とする、期限とする

继续
▼

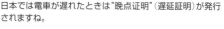
日本では電車が遅れたときは"晩点証明"（遅延証明）が発行
されますね。

1 週目
2 週目
3 週目
4 週目
5 週目
6 週目
7 週目
8 週目
9 週目
10～12 週目

Check 2　　　　　　　　　　　　🎧 127

对不起，我要退货。
Duìbuqǐ, wǒ yào tuìhuò.
すみません、返品します。

我们决不能向困难妥协。
Wǒmen jué bù néng xiàng kùnnan tuǒxié.
私たちは決して困難を前に妥協してはいけない。

为了种树，他在院子里挖了一个坑。
Wèile zhòng shù, tā zài yuànzi li wāle yí ge kēng.
木を植えるために、彼は庭に穴を掘った。

因为火车晚点，我们没有赶上大会开幕式。
Yīnwei huǒchē wǎndiǎn, wǒmen méiyou gǎnshàng dàhuì kāimùshì.
列車が遅れたために、私たちは大会の開幕式に間に合わなかった。

环境恶化已经威胁到了人类的生存。
Huánjìng èhuà yǐjīng wēixiédàole rénlèi de shēngcún.
環境の悪化はすでに人類の生存を脅かしている。

班长的职责是帮助老师维持班级秩序。
Bānzhǎng de zhízé shì bāngzhù lǎoshī wéichí bānjí zhìxù.
学級委員の役割は、先生がクラスの秩序を維持するのを助けることだ。

我的汽车坏了，送去维修了。
Wǒ de qìchē huài le, sòngqu wéixiū le.
私の車は壊れたので、修理に持っていった。

为期两天的国际会议结束了，各国代表也先后离开了。
Wéiqī liǎng tiān de guójì huìyì jiéshù le, gè guó dàibiǎo yě xiānhòu líkāi le.　2日間の国際会議が終わり、各国代表も相次いで去った。

継続
▼

Check 1　　🎧 043

□ 681
为主
wéizhǔ
　動 ～を主とする

□ 682
委托
wěituō
　動 依頼する、依託する

□ 683
慰问
wèiwèn
　動 慰問する、見舞う

□ 684
握
wò
　動 握る

□ 685
无法
wúfǎ
　動 ～しようがない、打つ手がない

□ 686
喜爱
xǐ'ài
　動 好む、好きである

□ 687
嫌
xián
　動 嫌う、嫌がる

□ 688
显示
xiǎnshì
　動 明らかに示す、見せつける、誇示する

42日目🎧042
Quick Review
答えは次頁

□ 体现　□ 通信　□ 投资　□ 推出
□ 挑选　□ 统计　□ 突击　□ 推荐
□ 调节　□ 投　　□ 团聚　□ 推进
□ 挑战　□ 投票　□ 推迟　□ 推行

网络教育以学生自学为主，十分考验学生的自律性。

Wǎngluò jiàoyù yǐ xuésheng zìxué wéizhǔ, shífēn kǎoyàn xuésheng de zìlǜxìng.　インターネット教育は学生の自学自習を主とし、学生の自律性が十分試される。

这件事我已经委托小李去办了。

Zhè jiàn shì wǒ yǐjīng wěituō Xiǎo-Lǐ qù bàn le.

この件は、私がすでに李さんにお願いした。

市长去医院慰问了地震中受伤的人。

Shìzhǎng qù yīyuàn wèiwèn le dìzhèn zhōng shòushāng de rén.

市長は病院に行き、地震で負傷した人を慰問した。

写毛笔字应该这样握笔。

Xiě máobǐzì yīnggāi zhèyàng wò bǐ.

毛筆で字を書くにはこのように筆を握るべきだ。

信纸上的字迹已经模糊不清，无法辨认了。

Xìnzhǐ shang de zìjì yǐjīng móhu bù qīng, wúfǎ biànrèn le.

便箋の字はもうぼやけていて、判読できない。

这只小狗聪明伶俐，很惹人喜爱。

Zhè zhī xiǎo gǒu cōngming-línglì, hěn rě rén xǐ'ài.

この子犬は利口で、人に好かれる。

他嫌那家宾馆的房间太小，又换了一家。

Tā xián nà jiā bīnguǎn de fángjiān tài xiǎo, yòu huànle yì jiā.

彼はそのホテルの部屋が小さすぎるのを嫌って、また別のホテルに変えた。

这首诗显示了诗人对生活的热爱。

Zhè shǒu shī xiǎnshìle shīrén duì shēnghuó de rè'ài.

この詩は詩人の生活に対する情熱を示している。

☐ 表現している	☐ 連絡を取る	☐ 投資する	☐ 世に送り出す
☐ 選ぶ	☐ 統計をとる	☐ 突貫する	☐ 推薦する
☐ 調節する	☐ 投げる	☐ 団らんする	☐ 推進する
☐ 挑戦する	☐ 投票する	☐ 延期する	☐ 推し進める

□ 689
陷入
xiànrù

動 陥る、入り込む

□ 690
限制
xiànzhì

動 制限する
名 制限

□ 691
相比
xiāngbǐ

動 比べる

□ 692
相应
xiāngyìng

動 呼応する、相応する

□ 693
响应
xiǎngyìng

動 (言葉や行動で呼びかけ・提案などに)応える、呼応する

□ 694
享有
xiǎngyǒu

動 博している、有している

□ 695
象征
xiàngzhēng

動 象徴する
名 象徴、シンボル

□ 696
消灭
xiāomiè

動 (悪いもの、敵対するものを)消滅する、消滅させる

継続
▼

1 週目

2 週目

3 週目

4 週目

5 週目

6 週目

7 週目

8 週目

9 週目

10 ~ 12 週目

香港の夜景は何といっても"太平山"(ヴィクトリア・ピーク)
からの眺めが最高です。

Check 2 🎧 128

听了老师的话，同学们都陷入了沉思。

Tīngle lǎoshī de huà, tóngxuémen dōu xiànrùle chénsī.

先生の話を聞いて、学生たちはみな考え込んだ。

我们应该努力突破既成思维的限制，创造性地解决问题。

Wǒmen yīnggāi nǔlì tūpò jì chéng sīwéi de xiànzhì, chuàngzàoxìng de jiějué wèntí.　我々は既存の思考の制限を突破し、創造的に問題を解決するよう努力しなければならない。

相比于春天，我更喜欢秋天。

Xiāngbǐ yú chūntiān, wǒ gèng xǐhuan qiūtiān.

春と比べると、私は秋がより好きだ。

随着科学技术的飞速发展，一些相应学科也纷纷建立起来。

Suízhe kēxué jìshù de fēisù fāzhǎn, yìxiē xiāngyìng xuékē yě fēnfēn jiànlìqilai.　科学技術の急速な発展に伴い、いくつかの対応する学科も次々と設立された。

我们要积极响应国家节能的号召。

Wǒmen yào jījí xiǎngyìng guójiā jiénéng de hàozhào.

我々は国の省エネの呼びかけに積極的に応えなければならない。

他在学术界享有很高的声誉。

Tā zài xuéshùjiè xiǎngyǒu hěn gāo de shēngyù.

彼は学術界で非常に高い名声を博している。

奔流不息的黄河象征着中华民族永远向前的精神。

Bēnliú bù xī de Huánghé xiàngzhēngzhe Zhōnghuá mínzú yǒngyuǎn xiàng qián de jīngshén.　絶えず流れる黄河は中華民族の永遠に前進する精神を象徴している。

我们要多查字典，消灭错字。

Wǒmen yào duō chá zìdiǎn, xiāomiè cuòzì.

たくさん辞書を引いて、誤字をなくさなければならない。

继续
▼

Check 1　　🎧 044

□ 697
歇
xiē

動 休憩する
📖 "歇"は具体的な労働や、手作業など何かの動作をとめて休憩する、"休息"は「今日休む」、「しっかり休みを取る」など直前に具体的な動作はない

□ 698
协商
xiéshāng

動 協議する、相談する

□ 699
协作
xiézuò

動 協力する、提携する
🟰 合作 hézuò

□ 700
写作
xiězuò

動 文章を書く、創作する

□ 701
欣赏
xīnshǎng

動 鑑賞する

□ 702
修建
xiūjiàn

動 建造する

□ 703
修正
xiūzhèng

動 修正する、訂正する

□ 704
悬
xuán

動 掛かる、ぶら下がる、宙に浮く

| 43日目 🎧 043
Quick Review
答えは次頁 | □ 退货
□ 妥协
□ 挖
□ 晚点 | □ 威胁
□ 维持
□ 维修
□ 为期 | □ 为主
□ 委托
□ 慰问
□ 握 | □ 无法
□ 喜爱
□ 嫌
□ 显示 |

你累了吧，快坐下来歇歇。

Nǐ lèi le ba, kuài zuòxialai xiēxie.

疲れたでしょう、早く座って休んでください。

这件事跟大家协商后再决定吧。

Zhè jiàn shì gēn dàjiā xiéshāng hòu zài juédìng ba.

この件は皆と協議してから決定しよう。

我们要团结协作，共同进步。

Wǒmen yào tuánjié xiézuò, gòngtóng jìnbù.

我々は団結して協力し、共に進歩しなければならない。

他一天到晚都在写作，都顾不上吃饭。

Tā yì tiān dào wǎn dōu zài xiězuò, dōu gùbushàng chī fàn.

彼は朝から晩まで文章を書いていて、食事をする暇がない。

我们昨天晚上欣赏了香港的夜景。

Wǒmen zuótiān wǎnshang xīnshǎngle Xiānggǎng de yèjǐng.

私たちは昨夜香港の夜景を鑑賞した。

中国正在修建新的高速铁路。

Zhōngguó zhèngzài xiūjiàn xīn de gāosù tiělù.

中国は新しい高速道路を建設している。

政府修正了《劳动就业法》。

Zhèngfǔ xiūzhèngle《Láodòng jiùyèfǎ》.

政府は「労働就業法」を改正した。

盛夏的太阳像一个大火球一样悬在天上。

Shèngxià de tàiyáng xiàng yí ge dà huǒqiú yíyàng xuánzài tiānshàng.

真夏の太陽が大きな火の玉のように空に掛かっている。

☐ 返品する	☐ 脅す	☐ ～を主とする	☐ ～しようがない
☐ 妥協する	☐ 維持する	☐ 依頼する	☐ 好む
☐ 掘る	☐ 修理する	☐ 慰問する	☐ 嫌う
☐ 遅れる	☐ ～を期間とする	☐ 握る	☐ 明らかに示す

45日目 動詞27

Check 1 045

□ 705 **选修** xuǎnxiū	動 選択履修する
□ 706 **询问** xúnwèn	動 尋ねる、質問する、問い合わせる
□ 707 **压缩** yāsuō	動 縮める、圧縮する、減らす、縮小する
□ 708 **演讲** yǎnjiǎng	動 演説する、講演する
□ 709 **养成** yǎngchéng	動（習慣などを）身につける
□ 710 **摇头** yáo▾tóu	動（否定の意味で）頭を横に振る
□ 711 **遗传** yíchuán	動 遺伝する
□ 712 **引进** yǐnjìn	動 引き入れる

继续
▼

Check 2 🎧 129

我大学时曾经选修过拉丁语。

Wǒ dàxué shí céngjīng xuǎnxiūguo Lādīngyǔ.

私は大学時代にラテン語を履修したことがある。

她向医生询问了自己的病情。

Tā xiàng yīshēng xúnwènle zìjǐ de bìngqíng.

彼女は医者に自分の病状を尋ねた。

你这篇文章太长了，要压缩一下。

Nǐ zhè piān wénzhāng tài cháng le, yào yāsuō yíxià.

あなたのこの文章は長すぎるから、少し縮めなければならない。

大选之前，政治家们声嘶力竭地在大街上演讲。

Dà xuǎn zhīqián, zhèngzhìjiāmen shēngsī-lìjié de zài dàjiē shàng yǎnjiǎng. 総選挙前、政治家たちは声をからし力の限りに街頭演説をした。

我们要从小养成勤俭节约的好习惯。

Wǒmen yào cóngxiǎo yǎngchéng qínjiǎn jiéyuē de hǎo xíguàn.

私たちは小さい頃から勤勉と節約のよい習慣を身につけなければならない。

他摇摇头，一句话也说不出来。

Tā yáoyaotóu, yí jù huà yě shuōbuchūlai.

彼は頭を横に振って、一言もしゃべらなかった。

这种病是不会遗传的。

Zhè zhǒng bìng shì bú huì yíchuán de.

この病気は遺伝しない。

他们公司从国外引进了一套新设备。

Tāmen gōngsī cóng guówài yǐnjìnle yí tào xīn shèbèi.

彼らの会社は外国から新しい設備を導入した。

继续
▼

1 週目
2 週目
3 週目
4 週目
5 週目
6 週目
7 週目
8 週目
9 週目
10〜12 週目

Check 1　🎧 045

□ 713 **应** yīng	動 応える、承諾する 助動 ～すべきである 名 应 yìng（相手の質問に）返答する、適応する、応じる
□ 714 **赢得** yíngdé	動 勝ち取る
□ 715 **应对** yìngduì	動 対応する、応対する
□ 716 **应付** yìngfu	動 対応する、処理する
□ 717 **用来** yònglái	動 ～として使用される、～を使って
□ 718 **有着** yǒuzhe	動 持っている
□ 719 **娱乐** yúlè	動 楽しむ 名 娯楽
□ 720 **预计** yùjì	動 予想する、見通しをたてる

去办公室敲门也没人应。Qù bàngōngshì qiāo mén yě méi rén yīng.
オフィスに行ってドアをノックしたが誰も応えなかった。

依法纳税是每个公民应尽的义务。Yīfǎ nàshuì shì měi ge gōngmín yīng
jìn de yìwù.　法律による納税はすべての公民が果たすべき義務である。

这篇小说为他赢得了很高的声誉。

Zhè piān xiǎoshuō wèi tā yíngdéle hěn gāo de shēngyù.
この小説は彼に高い名声をもたらした。

他抗压能力很强，无论多大压力都能轻松应对。

Tā kàngyā nénglì hěn qiáng, wúlùn duō dà yālì dōu néng qīngsōng
yìngduì.　彼はストレスに強く、どんなに強いストレスにも楽に対応できる。

他有能力应付当前的局面。

Tā yǒu nénglì yìngfu dāngqián de júmiàn.
彼には目前の局面に対応する能力がある。

大学的助学金是用来资助贫困学生的。

Dàxué de zhùxuéjīn shì yònglái zīzhù pínkùn xuésheng de.
大学の奨学金は貧しい学生を援助するために使われる。

他对家乡有着深厚的感情。

Tā duì jiāxiāng yǒuzhe shēnhòu de gǎnqíng.
彼は故郷に深い感情を持っている。

他们经常一起学习、娱乐，所以特别有默契。

Tāmen jīngcháng yìqǐ xuéxí, yúlè, suǒyǐ tèbié yǒu mòqì.
彼らはよく一緒に勉強し、遊ぶので、とても相性がよい。

这次会议预计要开三天。

Zhè cì huìyì yùjì yào kāi sān tiān.
今回の会議は 3 日間の予定だ。

☐ 陥る	☐ 応える	☐ 休憩する	☐ 鑑賞する
☐ 制限する	☐ 博している	☐ 協議する	☐ 建造する
☐ 比べる	☐ 象徴する	☐ 協力する	☐ 修正する
☐ 呼応する	☐ 消滅する	☐ 文章を書く	☐ 掛かる

Check 1 　　　　　　　　　　　　　　　　　　　　　　　🎧 046

□ 721
预约
yùyuē

動 予約する

□ 722
愿
yuàn

動 願う、望む

□ 723
约定
yuēdìng

動 約束する

□ 724
运行
yùnxíng

動 運行する

□ 725
在场
zàichǎng

動 その場にいる、同席する

□ 726
在乎
zàihu

動 気にかける
語 否定文や反語に用いられることが多い

□ 727
在意
zài˅yì

動 気にする

□ 728
在于
zàiyú

動 （原因や目的などが）～にある

継続
▼

Check 2 🎧 130

参观博物馆是免费的，但是需要提前打电话预约。

Cānguān bówùguǎn shì miǎnfèi de, dànshì xūyào tíqián dǎ diànhuà yùyuē. 博物館の見学は無料だが、事前に電話で予約する必要がある。

愿你这次去巴黎一切顺利。

Yuàn nǐ zhè cì qù Bālí yíqiè shùnlì.
今回のパリ行きがすべて順調でありますように。

同学们约定明天上午在学校门口集合。

Tóngxuémen yuēdìng míngtiān shàngwǔ zài xuéxiào ménkǒu jíhé.
学生たちは明日の午前中に校門に集合すると約束した。

请给我一张列车运行时刻表。

Qǐng gěi wǒ yì zhāng lièchē yùnxíng shíkèbiǎo.
列車の運行時刻表を１枚ください。

在场的人都哈哈大笑起来。

Zàichǎng de rén dōu hāhā dàxiàoqilai.
その場にいた人はみな大笑いした。

随便你怎么想吧，我不在乎。

Suíbiàn nǐ zěnme xiǎng ba, wǒ bú zàihu.
あなたがどう考えても、私は気にしない。

不要那么在意别人对你的看法。

Búyào nàme zàiyì biéren duì nǐ de kànfa.
他人が自分をどう見ているかを、あまり気にするな。

成功的关键在于坚持不懈。

Chénggōng de guānjiàn zàiyú jiānchí bú xiè.
成功の鍵はたゆまぬ努力にある。

継続
▼

Check 1 　　　　　　　　　　　　　　　　　　　　🎧 046

□ 729
遭遇
zāoyù

動（よくないことに）遭遇する
名 境遇

□ 730
増大
zēngdà

動 増える、（体積などが）大きくなる

□ 731
贈送
zèngsòng

動 贈呈する

□ 732
摘
zhāi

動（帽子などを）取る、摘み取る

□ 733
展开
zhǎn▾kāi

動 開く、広げる、（活動や討論を）展開する、大掛かりにやる

□ 734
展示
zhǎnshì

動 はっきりと示す

□ 735
战胜
zhànshèng

動 打ち勝つ

□ 736
涨
zhǎng

動（水位や物価が）上昇する
関 上涨 shàngzhǎng（上昇する）、
高涨 gāozhǎng（（物価が）上がる）

45日目 🎧 045 Quick Review 答えは次頁	□ 选修	□ 养成	□ 应	□ 用来
	□ 询问	□ 摇头	□ 赢得	□ 有着
	□ 压缩	□ 遗传	□ 应对	□ 娱乐
	□ 演讲	□ 引进	□ 应付	□ 预计

那艘船在海上遭遇了暴风雨，已经彻底沉没了。
Nà sōu chuán zài hǎi shang zāoyùle bàofēngyǔ, yǐjīng chèdǐ chénmò le.
その船は海上で嵐に遭い、完全に沈没した。

气压会随着高度的降低而增大。
Qìyā huì suízhe gāodù de jiàngdī ér zēngdà.
気圧は高度が低くなるにつれて大きくなる。

我们大学向灾区小学赠送了一批图书。
Wǒmen dàxué xiàng zāiqū xiǎoxué zèngsòngle yì pī túshū.
私たちの大学は被災地の小学校に図書を寄贈した。

在教室里请把帽子摘下来。
Zài jiàoshì li qǐng bǎ màozi zhāixialai.
教室では帽子を脱いでください。

画面上展开了意大利传教士利玛窦的《坤舆万国全图》。Huàmiàn shang zhǎnkāile Yìdàlì chuánjiàoshì Lì Mǎdòu de "Kūnyú wànguó quántú".　スクリーンにはイタリアの宣教師マテオ・リッチの『坤舆万国全図』が広がっている。近日学校正在全校展开遵纪守法教育。Jìnrì xuéxiào zhèngzài quánxiào zhǎnkāi zūnjì shǒufǎ jiàoyù.　最近、学校では全校で遵法教育が推し進められている。

这次联欢晚会给了同学们一个展示自我的机会。
Zhè cì liánhuān wǎnhuì gěile tóngxuémen yí ge zhǎnshì zìwǒ de jīhuì.
今回の交歓パーティーは学生たちに自己を表現する機会を与えた。

红队在决赛中战胜了蓝队。
Hóngduì zài juésài zhōng zhànshèngle lánduì.
赤組は決勝戦で青組に勝った。

大雨过后，水库的水位涨了一米多。
Dàyǔ guò hòu, shuǐkù de shuǐwèi zhǎngle yì mǐ duō.
大雨の後、ダムの水かさが1メートルあまり上昇した。

☐ 選択履修する	☐ 身につける	☐ 応える	☐ ～として使用される
☐ 尋ねる	☐ 頭を横に振る	☐ 勝ち取る	☐ 持っている
☐ 縮める	☐ 遺伝する	☐ 対応する	☐ 楽しむ
☐ 演説する	☐ 引き入れる	☐ 対応する	☐ 予想する

Check 1　　　　　　　　　　　　　　　　　　　　　⌒ 047

□ 737
招生
zhāo˅shēng

動 新入生を募集する

□ 738
珍惜
zhēnxī

動 大事にする

□ 739
诊断
zhěnduàn

動 診断する

□ 740
证实
zhèngshí

動 実証する

□ 741
支撑
zhīchēng

動 こらえる、支える

□ 742
支付
zhīfù

動 支払う
関 "支付宝 Zhīfùbǎo"（アリペイ）、"微信支付 Wēixìn Zhīfù"（WeChatPay）

□ 743
支配
zhīpèi

動 支配する

□ 744
治理
zhìlǐ

動 管理する、治める

継続
▼

1 週目

2 週目

3 週目

4 週目

5 週目

6 週目

7 週目

8 週目

9 週目

10~12 週目

"支付"にはいろんな種類がありますが、"微信支付"(WeChatPay)がよく使われています。

Check 2　　　　　　　　　　　　　　　　　　　　🎧 131

今年秋季的招生工作是张老师负责的。

Jīnnián qiūjì de zhāoshēng gōngzuò shì Zhāng lǎoshī fùzé de.

今年の秋の学生募集は張先生が担当した。

我们要珍惜眼前所拥有的一切。

Wǒmen yào zhēnxī yǎnqián suǒ yōngyǒu de yíqiè.

我々は目の前にある全てのものを大切にしなければならない。

几名医生共同诊断了他的病情。

Jǐ míng yīshēng gòngtóng zhěnduànle tā de bìngqíng.

何名かの医者が彼の病状を一緒に診断した。

科学家证实，这是火山活动的结果。

Kēxuéjiā zhèngshí, zhè shì huǒshān huódòng de jiéguǒ.

科学者は、これが火山活動の結果であると実証した。

临近终点，他终于支撑不住，倒下了！

Línjìn zhōngdiǎn, tā zhōngyú zhīchēngbuzhù, dǎoxià le!

ゴール寸前で、彼はとうとうこらえきれず倒れてしまった。

可以用信用卡支付吗?

Kěyǐ yòng xìnyòngkǎ zhīfù ma?

クレジットカードで支払えますか。

我要自己支配自己的命运。

Wǒ yào zìjǐ zhīpèi zìjǐ de mìngyùn.

私は自分の運命を自分で支配したい。

政府正在大力治理环境卫生。

Zhèngfǔ zhèngzài dàlì zhìlǐ huánjìng wèishēng.

政府は環境衛生の管理に力を入れている。

继续
▼

□ 745

治疗
zhìliáo

動 治療する

□ 746

至于
zhìyú

動 (ある程度) なる、(ある段階に) 至る
前 …に至っては、…については
語 否定や反語で用いられる

□ 747

制止
zhìzhǐ

動 制止する

□ 748

制作
zhìzuò

動 制作する

□ 749

终止
zhōngzhǐ

動 終了する、終止する、やめる

□ 750

中奖
zhòng▾jiǎng

動 (宝くじなどに) 当たる

□ 751

主持
zhǔchí

動 主宰する、支持する、司会をする

□ 752

嘱咐
zhǔfu

動 言い聞かせる
≒ 吩咐 fēnfu

| 46日目 🎧 046
Quick Review
答えは次頁 | □ 预约
□ 愿
□ 约定
□ 运行 | □ 在场
□ 在乎
□ 在意
□ 在于 | □ 遭遇
□ 增大
□ 赠送
□ 摘 | □ 展开
□ 展示
□ 战胜
□ 涨 |

1 週目
2 週目
3 週目
4 週目
5 週目
6 週目
7 週目
8 週目
9 週目
10~12 週目

他的病需要住院治疗。

Tā de bìng xūyào zhùyuàn zhìliáo.

彼の病気は入院して治療しなければならない。

小赵不至于那么不讲交情吧。 Xiǎo-Zhào bú zhìyú nàme bù jiǎng jiāoqing ba. 趙さんはそこまで友情をないがしろにしないだろう。 **至于工作中的错误，可以作为今后的经验教训。** Zhìyú gōngzuò zhōng de cuòwù, kěyǐ zuòwéi jīnhòu de jīngyàn jiàoxun. 仕事中のミスについては、今後の経験と教訓にすることができる。

警察成功制止了恐怖分子的行动。

Jǐngchá chénggōng zhìzhǐle kǒngbù fènzǐ de xíngdòng.

警察はテロリストの行動を阻止することに成功した。

教育电视台最近制作了一个新节目。

Jiàoyù diànshìtái zuìjìn zhìzuòle yí ge xīn jiémù.

教育テレビ局は最近新しい番組を制作した。

你没有权利单方面终止我们的合同。

Nǐ méiyǒu quánlì dān fāngmiàn zhōngzhǐ wǒmen de hétong.

あなたには私たちの契約を一方的に終了させる権利はない。

他每周都会买彩票，但从来都没中过奖。

Tā měi zhōu dōu huì mǎi cǎipiào, dàn cónglái dōu méi zhòngguo jiǎng.

彼は毎週宝くじを買うが、一度も当たったことがない。

这次演讲由孙教授主持。

Zhè cì yǎnjiǎng yóu Sūn jiàoshòu zhǔchí.

今回の講演会は孫教授が主宰する。

他嘱咐孩子们要好好儿学习。

Tā zhǔfu háizimen yào hǎohāor xuéxí.

彼は子供たちにしっかり勉強するように言い聞かせた。

☐ 予約する	☐ その場にいる	☐ 遭遇する	☐ 開く
☐ 願う	☐ 気にかける	☐ 増える	☐ はっきりと示す
☐ 約束する	☐ 気にする	☐ 贈呈する	☐ 打ち勝つ
☐ 運行する	☐ ～にある	☐ 取る	☐ 上昇する

Check 1　　　　　　　　　　　　　　　　　　　🎧 048

□ 753
注册
zhù▾cè

🔢 登録する、(インターネットのサイトなどで)**新規登録する、サインアップする**
📖 "登录 dēnglù"(ログインする)、"退出 tuìchū"(ログアウトする)

□ 754
注重
zhùzhòng

🔢 **重視する、重んじる**

□ 755
祝福
zhùfú

🔢 **祝福する**

□ 756
祝愿
zhùyuàn

🔢 **祈る、祝う**

□ 757
专用
zhuānyòng

🔢 **専用にする**

□ 758
转播
zhuǎnbō

🔢 **中継する、伝播する**

□ 759
转换
zhuǎnhuàn

🔢 **転換する**

□ 760
转身
zhuǎn▾shēn

🔢 **体の向きを変える、あっという間に**

継続
▼

1 週目

2 週目

3 週目

4 週目

5 週目

6 週目

7 週目

8 週目

9 週目

10~12 週目

"简繁转换"（簡体字と繁体字の変換）ができる便利なサイトがあるので確認しておきましょう。

Check 2　　　　　　　　　　　　🎧 132

他花了三万块钱，注册了一家小公司。
Tā huāle sān wàn kuài qián, zhùcèle yì jiā xiǎo gōngsī.
彼は 3 万元を払って、小さな会社を登記した。

老师要注重培养学生的综合能力。
Lǎoshī yào zhùzhòng péiyǎng xuésheng de zōnghé nénglì.
先生は学生の総合力の育成を重視すべきである。

他们的婚礼在亲友的祝福声中结束了。
Tāmen de hūnlǐ zài qīnyǒu de zhùfú shēng zhōng jiéshù le.
彼らの結婚式は親友の祝福の声の中で終わった。

祝愿我们伟大的祖国长治久安。
Zhùyuàn wǒmen wěidà de zǔguó chángzhì-jiǔ'ān.
我々の偉大な祖国が末永く安定することを祈る。

这是董事长的专用电梯，一般职工是不可以乘坐的。
Zhè shì dǒngshìzhǎng de zhuānyòng diàntī, yìbān zhígōng shì bù kěyǐ chéngzuò de.　これは社長専用エレベーターで、一般社員は乗れない。

很多国家都转播了奥运会的赛事。
Hěn duō guójiā dōu zhuǎnbōle Àoyùnhuì de sàishì.
多くの国がオリンピックの試合を中継した。

你能把这个文件转换成繁体字吗?
Nǐ néng bǎ zhège wénjiàn zhuǎnhuànchéng fántǐzì ma?
あなたはこのファイルを繁体字に変換することができますか。

妈妈拿起钥匙，转身走出了家门。
Māma náqǐ yàoshi, zhuǎnshēn zǒuchūle jiāmén.
母は鍵を持つと、あっという間に家を出た。

継続
▼

Check 1	🎧 048

□ 761

转移
zhuǎnyí

動 **移動する、移る**

□ 762

赚
zhuàn

動 **もうける**

□ 763

装饰
zhuāngshì

動 **装飾する**
名 装飾品

□ 764

追求
zhuīqiú

動 **追求する、異性を追い求める**

□ 765

咨询
zīxún

動 **相談する、諮問する**
関 咨询台 zīxúntái(インフォメーションカウンター)

□ 766

资助
zīzhù

動 **(経済的に) 援助する**

□ 767

自信
zìxìn

動 **自信を持つ**

□ 768

自学
zìxué

動 **独学する**

47日目 🎧 047 Quick Review 答えは次頁	□ 招生 □ 珍惜 □ 诊断 □ 证实	□ 支撑 □ 支付 □ 支配 □ 治理	□ 治疗 □ 至于 □ 制止 □ 制作	□ 终止 □ 中奖 □ 主持 □ 嘱咐

他们想用这种方法转移人们的视线。

Tāmen xiǎng yòng zhè zhǒng fāngfǎ zhuǎnyí rénmen de shìxiàn.

彼らはこの方法で人々の注意をそらそうと考えた。

我写网络小说就是为了赚钱。

Wǒ xiě wǎngluò xiǎoshuō jiùshì wèile zhuàn qián.

私がネット小説を書いているのは金もうけのためだ。

她用富有民族特色的工艺品装饰房间。Tā yòng fùyǒu mínzú tèsè de gōngyìpǐn zhuāngshì fángjiān. 彼女は民族色あふれる工芸品で部屋を飾っている。 她的卧室里挂着很多贝壳做的装饰品。Tā de wòshì li guàzhe hěn duō bèiké zuò de zhuāngshìpǐn. 彼女の寝室にはたくさんの貝殻で作った装飾品がぶら下がっている。

人人都有追求幸福的权利。

Rénrén dōu yǒu zhuīqiú xìngfú de quánlì.

人々はみな幸福を追求する権利がある。

市政府开通了免费咨询热线。

Shìzhèngfǔ kāitōngle miǎnfèi zīxún rèxiàn.

市政府は無料の相談ホットラインを設置した。

希望工程资助了许多失学儿童。

Xīwàng Gōngchéng zīzhùle xǔduō shīxué értóng.

希望プロジェクトは多くの学校教育を受けられない児童を援助した。

他自信这次可以成功，结果还是失败了。

Tā zìxìn zhè cì kěyǐ chénggōng, jiéguǒ háishi shībài le.

彼は今度こそ成功すると信じていたが、結局失敗に終わった。

他自学了英语和法语。

Tā zìxuéle Yīngyǔ hé Fǎyǔ.

彼は独学で英語とフランス語を勉強した。

☐ 新入生を募集する　☐ こらえる　☐ 治療する　☐ 終了する
☐ 大事にする　☐ 支払う　☐ なる　☐ 当たる
☐ 診断する　☐ 支配する　☐ 制止する　☐ 主宰する
☐ 実証する　☐ 管理する　☐ 制作する　☐ 言い聞かせる

Check 1　　　　　　　　　　　　　　　　　　　　🎧 049

□ 769 **揍** zòu	動 殴る、打つ
□ 770 **组织** zǔzhī	動 組織する、組み立てる 名 組織、構成
□ 771 **阻止** zǔzhǐ	動 阻止する
□ 772 **尊重** zūnzhòng	動 尊重する 形 (言動が) まじめで慎重である
□ 773 **不可** bùkě	助動 ("非"と呼応して) 〜でなければ いけない
□ 774 **肯** kěn	助動 すすんで〜 (する)、喜んで〜 (する)
□ 775 **应当** yīngdāng	助動 当然〜すべきである、〜しなければ ならない
□ 776 **昂贵** ánguì	形 非常に高価な

継続
▼

Check 2　　　　　　　　　　　　　　　　　　　　🎧 133

他被人揍了一顿。
Tā bèi rén zòule yí dùn.
彼は誰かに殴られた。

为了帮助大家尽快提高学习成绩，老师组织了互助学习小组。Wèile bāngzhù dàjiā jǐnkuài tígāo xuéxí chéngjì, lǎoshī zǔzhīle hùzhù xuéxí xiǎozǔ.　できるだけ早く成績を上げるために、先生は相互学習グループを組織した。　他已经向党组织提交了入党申请书。Tā yǐjīng xiàng dǎng zǔzhī tíjiāole rùdǎng shēnqǐngshū.　彼はすでに党組織に入党申請書を提出した。

即使困难再大，也阻止不了我们推进改革的脚步。
Jíshǐ kùnnan zài dà, yě zǔzhǐbuliǎo wǒmen tuījìn gǎigé de jiǎobù.
たとえ困難がどんなに大きくても、我々が改革を進める足どりを止めることはできない。

我们要尊重其他国家的风俗和习惯。Wǒmen yào zūnzhòng qítā guójiā de fēngsú hé xíguàn.　私たちは他国の風俗と習慣を尊重しなければならない。　请你放尊重一点儿，这是国际会议。Qǐng nǐ fàng zūnzhòng yìdiǎnr, zhè shì guójì huìyì.　ちょっと言動を慎みなさい、これは国際会議だ。

他说，要提高汉语会话水平，非去中国不可。
Tā shuō, yào tígāo Hànyǔ huìhuà shuǐpíng, fēi qù Zhōngguó bùkě.
彼は中国語会話のレベルを高めるには、中国に行かなければならないと言った。

她肯和我们去看电影吗?
Tā kěn hé wǒmen qù kàn diànyǐng ma?
彼女はすすんで私たちと映画を見に行きますか。

应当承认，他的确是个很有个性的演员。
Yīngdāng chéngrèn, tā díquè shì ge hěn yǒu gèxìng de yǎnyuán.
彼が確かに個性的な俳優であることを認めなければならない。

礼物并非越昂贵越好。
Lǐwù bìngfēi yuè ángguì yuè hǎo.
プレゼントは決して高いほどよいわけではない。

继续
▼

Check 1　　　　　　　　　　　　　　　🎧 049

□ 777 **宝贵** bǎoguì	形 **貴重である、価値がある**
□ 778 **被动** bèidòng	形 **受動的である、主導権がない**
□ 779 **笨** bèn	形 （理解する能力や記憶力が低く）**愚かである、不器用である**
□ 780 **便利** biànlì	形 **便利である** 動 便利にする
□ 781 **薄弱** bóruò	形 **薄弱である、手薄である**
□ 782 **不满** bùmǎn	形 **不満である**
□ 783 **不足** bùzú	形 **足りない** 動 〜するに足りない、できない
□ 784 **惭愧** cánkuì	形 **恥ずかしい**

48日目 🎧 048
Quick Review
答えは次頁

□ 注册　□ 专用　□ 转移　□ 咨询
□ 注重　□ 转播　□ 赚　□ 资助
□ 祝福　□ 转换　□ 装饰　□ 自信
□ 祝愿　□ 转身　□ 追求　□ 自学

真抱歉，占用了您的宝贵时间。

Zhēn bàoqiàn, zhànyòngle nín de bǎoguì shíjiān.

貴重なお時間をいただいて誠に申し訳ありません。

我们要打破这种被动局面。

Wǒmen yào dǎpò zhè zhǒng bèidòng júmiàn.

我々はこの受動的な状況を打破しなければならない。

他看起来很笨，但实际上聪明得很。

Tā kànqilai hěn bèn, dàn shíjìshang cōngmingde hěn.

彼は愚かに見えるが、実際はとても賢い。

通了地铁后，交通便利多了。Tōngle dìtiě hòu, jiāotōng biànlì duō le.
地下鉄が開通して、交通がずっと便利になった。

高速公路大大便利了南北经济的交流。Gāosù gōnglù dàdà biànlìle nánběi
jīngjì de jiāoliú.　高速道路は南北の経済交流を大いに便利にした。

中国的原子能工业还比较薄弱。

Zhōngguó de yuánzǐnéng gōngyè hái bǐjiào bóruò.

中国の原子力工業はまだ比較的弱い。

我对于他处理这件事的方式有些不满。

Wǒ duìyú tā chǔlǐ zhè jiàn shì de fāngshì yǒuxiē bùmǎn.

私は彼のこの件の処理に関して、少々不満がある。

我还有很多不足，希望以后大家多多指教。Wǒ hái yǒu hěn duō bùzú, xīwàng
yǐhòu dàjiā duōduō zhǐjiào.　私にはまだ足りないところがあるので、今後もどうぞ宜し
くお願いします。　他每天的生活费用不足一千日元。Tā měi tiān de shēnghuó
fèiyong bùzú yìqiān rìyuán.　彼の毎日の生活費は 1000 円にも満たない。

想到这些，我心里感到很惭愧。

Xiǎngdào zhèxiē, wǒ xīnli gǎndào hěn cánkuì.

それらを考えると、恥ずかしい限りだ。

☐ 登録する　　　☐ 専用にする　　　☐ 移動する　　　☐ 相談する
☐ 重視する　　　☐ 中継する　　　☐ もうける　　　☐ 援助する
☐ 祝福する　　　☐ 転換する　　　☐ 装飾する　　　☐ 自信を持つ
☐ 祈る　　　　　☐ 体の向きを変える　☐ 追求する　　　☐ 独学する

量詞のまとめ⑦

纸
(紙)

包 bāo
ひと包みの紙を数える。

一包 A4 纸要多少钱?
Yì bāo A sì zhǐ yào duōshao qián?
A4 の紙ひと包みはいくらですか。

叠 dié
ひと重ねのものを数える。

他拿着厚厚的一叠纸走出办公室。
Tā názhe hòuhòu de yì dié zhǐ zǒuchū bàngōngshì.
彼は分厚い紙の束を抱えてオフィスを出て行った。

份 fèn
新聞や書類などを数える。

我每天看三份报纸。
Wǒ měi tiān kàn sān fèn bàozhǐ.
私は毎日 3 紙の新聞を読む。

盒 hé
箱に入っている紙を数える。

桌上放着一盒纸巾。
Zhuō shang fàngzhe yì hé zhǐjīn.
テーブルに 1 箱のティッシュペーパーが置いてある。

卷 juǎn
ロール状のものを数える。

他买了六卷手纸。
Tā mǎile liù juǎn shǒuzhǐ.
彼はトイレットペーパーを 6 つ買った。

团 tuán
丸まった状態のものを数える。

他向我扔了一团纸。
Tā xiàng wǒ rēngle yì tuán zhǐ.
彼は私に向かって丸めた紙を投げた。

张 zhāng
平面のものを数える。

桌上放着三张纸。
Zhuō shang fàngzhe sān zhāng zhǐ.
テーブルに 3 枚の紙が置いてある。

キクタン中国語

8 週目

中国語で言ってみよう！

私の父は無口な人である。

（答えは 788）

Check 1 🎧 050

□ 785

馋

chán

形 **食いしん坊である**
動 食べたがる

□ 786

长途

chángtú

形 **長い距離**

□ 787

彻底

chèdǐ

形 **徹底的である**

□ 788

沉默

chénmò

形 **寡黙である**
動 黙る

□ 789

沉重

chénzhòng

形 **重い、深刻である**

□ 790

诚恳

chéngkěn

形 **心からの、真心がこもっている**

□ 791

吃力

chīlì

形 **苦労する**

□ 792

充实

chōngshí

形 **充実している**
動 充実させる、豊富にする

継続
▼

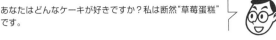
あなたはどんなケーキが好きですか？私は断然"草莓蛋糕"です。

他这个人就是有点儿嘴馋。 Tā zhège rén jiùshì yǒudiǎnr zuǐ chán.
彼という人はすこし食い意地がはっている。　**小孩儿看着柜台里的蛋糕，馋得直流口水。** Xiǎoháir kànzhe guìtái li de dàngāo, chánde zhí liú kǒushuǐ.　子供はカウンターのケーキを見て、よだれを流して欲しがった。

比起高铁，我更喜欢乘坐长途汽车去旅行。
Bǐqǐ gāotiě, wǒ gèng xǐhuan chéngzuò chángtú qìchē qù lǚxíng.
高速鉄道より、私は長距離バスで旅行するほうがずっと好きだ。

希望警方能尽快彻底查清他们的犯罪事实。
Xīwàng jǐngfāng néng jǐnkuài chèdǐ cháqīng tāmen de fànzuì shìshí.
警察には早急に彼らの犯罪の事実を徹底究明してほしい。

我爸爸是一个沉默寡言的人。 Wǒ bàba shì yí ge chénmò guǎyán de rén.
私の父は無口な人である。
他听到这个消息后，沉默了半天。 Tā tīngdào zhège xiāoxi hòu, chénmòle bàntiān.　彼はこのニュースを聞いて長い間黙っていた。

看完这个电影，大家的心情都很沉重。
Kànwán zhège diànyǐng, dàjiā de xīnqíng dōu hěn chénzhòng.
この映画を見終わって、みんなの気持ちは沈んだ。

我诚恳地希望他能留下来。
Wǒ chéngkěn de xīwàng tā néng liúxialai.
私は彼が残ってくれることを心から願う。

他基础不太好，学习上很吃力。
Tā jīchǔ bú tài hǎo, xuéxí shang hěn chīlì.
彼は基礎があまりよくないので、勉強に苦労している。

他退休后，日子过得很充实。 Tā tuìxiū hòu, rìzi guòde hěn chōngshí.
彼は退職後、充実した日を過ごしている。
让知识充实我们的每一天。 Ràng zhīshi chōngshí wǒmen de měi yì tiān.
知識で私たちの毎日を充実させよう。

继续
▼

Check 1　　　　　　　　　　　　　　　🎧 050

| □ 793
臭
chòu | 形 臭い
⇔ 香 xiāng（よい香りがする、（食べ物の）味がよい） |

| □ 794
纯洁
chúnjié | 形 **純潔である、清らかである**
動 純化する、浄化する |

| □ 795
大胆
dàdǎn | 形 **大胆である** |

| □ 796
大方
dàfang | 形 **ゆったりと大らかである、おうようである、気前がよい** |

| □ 797
大批
dàpī | 形 **多数の、大口の、大量の** |

| □ 798
单纯
dānchún | 形 **（よい意味で）単純である、純粋である**
⇔ 复杂 fùzá（複雑な） |

| □ 799
典型
diǎnxíng | 形 **典型的である、代表的である**
名 モデル、典型 |

| □ 800
定期
dìngqī | 形 **定期的な** |

| 49日目 🎧 049
Quick Review
答えは次頁 | □ 揍
□ 组织
□ 阻止
□ 尊重 | □ 不可
□ 肯
□ 应当
□ 昂贵 | □ 宝贵
□ 被动
□ 笨
□ 便利 | □ 薄弱
□ 不满
□ 不足
□ 惭愧 |

臭豆腐很臭，但吃起来香。 Chòudòufu hěn chòu, dàn chīqilai xiāng.
臭豆腐は臭いけど、食べてみると美味しい。
这里原来是一条臭水沟。 Zhèli yuánlái shì yì tiáo chòu shuǐgōu.
ここはもともとどぶだった。

医护人员被称为纯洁的白衣天使。 Yīhù rényuán bèi chēngwéi chúnjié de báiyī tiānshǐ. 医療従事者は純潔な白衣の天使と呼ばれている。 **我们要努力纯洁祖国的语言文字。** Wǒmen yào nǔlì chúnjié zǔguó de yǔyán wénzì.
私たちは祖国の言語と文字を純化するよう努めなければならない。

他的大胆行为让老师大吃一惊。
Tā de dàdǎn xíngwéi ràng lǎoshī dàchī-yìjīng.
彼の大胆な行動は、先生を大いに驚かせた。

她举止大方，很招人喜欢。
Tā jǔzhǐ dàfang, hěn zhāo rén xǐhuan.
彼女は振る舞いがおっとりしていて、みんなに好かれている。

中国有大批学生在日本留学。
Zhōngguó yǒu dàpī xuésheng zài Rìběn liúxué.
中国では多くの学生が日本に留学している。

小红是个单纯善良的女孩子。
Xiǎohóng shì ge dānchún shànliáng de nǚháizi.
小红は純真で、善良な女の子だ。

他是个典型的北方人。 Tā shì ge diǎnxíng de běifāngrén.
彼は典型的な北方人だ。
我们县是改革开放的典型。 Wǒmen xiàn shì gǎigé kāifàng de diǎnxíng.
我々の県は改革開放のモデルだ。

学校安排老师们进行定期体检。 Xuéxiào ānpái lǎoshīmen jìnxíng dìngqī tǐjiǎn. 学校は先生たちに定期健康診断を受けるよう手配した。
登山者制造的垃圾有专人定期处理。 Dēngshānzhě zhìzào de lājī yǒu zhuānrén dìngqī chǔlǐ. 登山者が出すゴミは専門業者が定期的に処理する。

□ 殴る □ ～でなければいけない □ 貴重である □ 薄弱である
□ 組織する □ すすんで～ □ 受動的である □ 不満である
□ 阻止する □ 当然～すべきである □ 愚かである □ 足りない
□ 尊重する □ 非常に高価な □ 便利である □ 恥ずかしい

Check 1 　　　　　　　　　　　　　　　　　　　　🎧 051

□ 801
动人
dòngrén

形 感動的である、人の心を動かす

□ 802
多样
duōyàng

形 多様な、さまざまな

□ 803
恶劣
èliè

形 ひどい、あくどい

□ 804
繁华
fánhuá

形 繁華である、盛んでにぎやかである

□ 805
繁荣
fánróng

形 繁栄している、栄えている
動 繁栄させる

□ 806
非法
fēifǎ

形 非合法である、不法である
⇔ 合法 héfǎ（合法である）

□ 807
愤怒
fènnù

形 激しく怒るさま、憤怒するさま

□ 808
疯
fēng

形 気が狂っている、正気でない

継続
▼

"南京路"は"南京东路"と"南京西路"に分かれていますが、この通りがいつからあるか知っていますか?

1週目
2週目
3週目
4週目
5週目
6週目
7週目
8週目
9週目
10～12週目

Check 2   🎧 135

这篇小说讲述了一个美丽动人的故事。

Zhè piān xiǎoshuō jiǎngshùle yí ge měilì dòngrén de gùshi.

この小説は美しく感動的な物語を述べている。

我们应该尊重并保护世界文明的多样性。

Wǒmen yīnggāi zūnzhòng bìng bǎohù shìjiè wénmíng de duōyàngxìng.

私たちは世界文明の多様性を尊重し保護しなければならない。

由于气候条件恶劣，今天的航班都取消了。

Yóuyú qìhòu tiáojiàn èliè, jīntiān de hángbān dōu qǔxiāo le.

悪天候のため本日の便は全て欠航となった。

南京路是上海最繁华的商业街。

Nánjīnglù shì Shànghǎi zuì fánhuá de shāngyèjiē.

南京路は上海で最もにぎやかな商店街だ。

祝愿祖国永远繁荣昌盛! Zhùyuàn zǔguó yǒngyuǎn fánróng chāngshèng!
祖国の永远の繁栄を祈ります! 年轻一代要担负起建设家乡、繁荣家乡的责任。Niánqīng yídài yào dānfùqǐ jiànshè jiāxiāng、fánróng jiāxiāng de zérèn. 若い世代は故郷を建設し、繁栄させる責任を負わねばならない。

法院没收了他的非法收入。

Fǎyuàn mòshōule tā de fēifǎ shōurù.

裁判所は彼の非合法な収入を没収した。

法院的判决让他十分愤怒。

Fǎyuàn de pànjué ràng tā shífēn fènnù.

裁判所の判決は彼を激怒させた。

你疯了吗? 怎么能说出这种话?

Nǐ fēng le ma? Zěnme néng shuōchū zhè zhǒng huà?

気でも触れたの。どうしてそんなことが言えるの。

继续
▼

Check 1　　　　　　　　　　　　　　　　　　　🎧 051

□ 809
封建
fēngjiàn
形 **封建的である**
名 封建制

□ 810
干脆
gāncuì
形 **思い切りがよい、きっぱりしている**
副 あっさりと、思い切って

□ 811
高贵
gāoguì
形 **気高い、(身分が) 高い、(値段が) 高い**

□ 812
高速
gāosù
形 **急速である、高速である**

□ 813
个别
gèbié
形 **まれな、ごくわずかな**
副 個別に、個々に

□ 814
公平
gōngpíng
形 **公正である、公平である**

□ 815
古老
gǔlǎo
形 **古い、長い年代を経ている**

□ 816
固定
gùdìng
形 **固定している**
動 固定する、定着させる

50日目 🎧 050
Quick Review
答えは次頁

□ 馋	□ 沉重	□ 臭	□ 大批
□ 长途	□ 诚恳	□ 纯洁	□ 单纯
□ 彻底	□ 吃力	□ 大胆	□ 典型
□ 沉默	□ 充实	□ 大方	□ 定期

1週目
2週目
3週目
4週目
5週目
6週目
7週目
8週目
9週目
10〜12週目

轻视妇女是封建**思想的表现。** Qīngshì fùnǚ shì fēngjiàn sīxiǎng de biǎoxiàn. 女性軽視は封建思想の表れである。

这出戏的主题是反封建**。** Zhè chū xì de zhǔtí shì fǎn fēngjiàn. この芝居のテーマは反封建制である。

他这个人很干脆**。** Tā zhège rén hěn gāncuì. 彼という人はさっぱりしている。

你要是不满意，干脆**就算了。** Nǐ yàoshi bù mǎnyì, gāncuì jiù suàn le. あなたが気に入らなければ、いっそのことやめておこう。

谦虚是学者最高贵**的品质。**
Qiānxū shì xuézhě zuì gāoguì de pǐnzhì.
謙遜さは学者の最も気高い品性だ。

高速**发展带来的不一定都是好事。**
Gāosù fāzhǎn dàilai de bù yídìng dōu shì hǎoshì.
急速な発展がもたらすのは必ずしもよいことばかりではない。

这只是极个别**的现象。** Zhè zhǐshì jí gèbié de xiànxiàng. これはごくまれな現象にすぎない。 **为了了解学生们的心理状况，老师找学生们**个别**谈话。** Wèile liǎojiě xuéshengmen de xīnli zhuàngkuàng, lǎoshī zhǎo xuéshengmen gèbié tánhuà. 学生の心理状況を理解するために、先生は学生たちと個別面談をする。

公平**竞争能够促进社会发展。**
Gōngpíng jìngzhēng nénggòu cùjìn shèhuì fāzhǎn.
公正な競争は社会の発展を促進することができる。

当地人都知道这个古老**的传说。**
Dāngdìrén dōu zhīdao zhège gǔlǎo de chuánshuō.
地元の人なら誰でもこの古い伝説を知っている。

我们公司有固定**的供货单位。** Wǒmen gōngsī yǒu gùdìng de gōnghuò dānwèi. 我が社には決まった商品供給先がある。

为了安全，最好把钢琴固定**一下。** Wèile ānquán, zuìhǎo bǎ gāngqín gùdìng yíxià. 安全のために、できるだけピアノを固定したほうがよい。

□ 食いしん坊である
□ 重い
□ 臭い
□ 多数の
□ 長い距離
□ 心からの
□ 純潔である
□ 単純である
□ 徹底的である
□ 苦労する
□ 大胆である
□ 典型的である
□ 寡黙である
□ 充実している
□ ゆったりと大らかである
□ 定期的な

Check 1	🎧 052

□ 817
怪
guài

形 怪しい、不思議に思う
副 とても、たいへん、かなり
動 責める、とがめる
注 主に話し言葉で "怪…的" の形で用いられる

□ 818
贵重
guìzhòng

形 貴重である

□ 819
过分
guòfèn

! 形 （話や行為が）行きすぎている

□ 820
过时
guòshí

形 時代遅れである

□ 821
含糊
hánhu

形 あいまいな、いいかげんな

□ 822
豪华
háohuá

形 豪華な

□ 823
好容易
hǎoróngyì

形 やっと、ようやく
≡ 好不容易 hǎobù róngyì

□ 824
和谐
héxié

形 調和のとれた

継続
▼

"豪华"がつく名詞には"〜邮轮"、"〜别墅"、"〜住宅"、"〜酒店"、"〜婚礼"などがあるので、まとめて覚えましょう。

Check 2 🎧 136

这是什么**怪**味道? 太难闻了。Zhè shì shénme guài wèidao? Tài nánwén le.
これは何か変な臭いですね。とても臭い。

这汤怎么做的? **怪**好喝的。Zhè tāng zěnme zuò de? Guài hǎohē de.
このスープはどうやって作るのですか。とてもおいしいですね。

贵重物品不能托运，请随身携带。

Guìzhòng wùpǐn bù néng tuōyùn, qǐng suíshēn xiédài.

貴重品は託送できませんので、お持ちください。

他实在太**过分**了。

Tā shízài tài guòfèn le.

彼は本当にひどい。

这种发型已经**过时**了。

Zhè zhǒng fàxíng yǐjīng guòshí le.

このヘアースタイルはもう時代遅れだ。

这一点绝不能**含糊**。

Zhè yìdiǎn jué bù néng hánhu.

この点は決してあいまいであってはならない。

她最近又买了一辆**豪华**轿车，真让人羡慕。

Tā zuìjìn yòu mǎile yí liàng háohuá jiàochē, zhēn ràng rén xiànmù.

彼女が最近またリムジンを買ったので、本当にうらやましい。

她**好容易**才说服他去参加会议。

Tā hǎoróngyì cái shuōfú tā qù cānjiā huìyì.

彼女はやっと彼を説得して会議に参加させた。

现在他们生活很**和谐**。

Xiànzài tāmen shēnghuó hěn héxié.

今彼らの生活は調和がとれている。

继续
▼

1週目　2週目　3週目　4週目　5週目　6週目　7週目　8週目　9週目　10〜12週目

Check 1

□ 825
滑
huá

形 滑らかである
動 滑る

□ 826
华丽
huálì

形 ゴージャスである、華美である

□ 827
辉煌
huīhuáng

形 光り輝いている

□ 828
活跃
huóyuè

形 活発である、活気がある
動 活発にする、盛んにする

□ 829
激动
jīdòng

形 興奮する、感激する
動 感動させる

□ 830
寂寞
jìmò

形 寂しい、ひっそりしている、静かである

□ 831
坚定
jiāndìng

形 (立場や主張などが) しっかりして
いる
動 確固たるものにする

□ 832
坚硬
jiānyìng

形 硬い、硬くて強い

---

1 週目

2 週目

3 週目

4 週目

5 週目

6 週目

7 週目

8 週目

9 週目

10~12 週目

你走路小心点，地上很滑。 Nǐ zǒulù xiǎoxīn diǎn, dì shang hěn huá.
気をつけて歩いて、地面が滑りやすいから。

小朋友都很喜欢滑滑梯。 Xiǎopéngyou dōu hěn xǐhuan huá huátī.
子供たちは滑り台を滑るのが大好きだ。

她今天晚上的礼服真华丽！
Tā jīntiān wǎnshang de lǐfú zhēn huálì!
彼女の今晩の式服は本当にゴージャスだ！

夜深了，街上依旧灯火辉煌。
Yè shēn le, jiē shang yījiù dēnghuǒ huīhuáng.
夜が更けたが、町はまだ明かりが光り輝いている。

小红在任何课堂上都很活跃。 Xiǎohóng zài rènhé kètáng shang dōu hěn huóyuè.　小红はどんな授業でも活発である。　**这项政策对活跃市场经济发挥了很大作用。** Zhè xiàng zhèngcè duì huóyuè shìchǎng jīngjì fāhuīle hěn dà zuòyòng.　この政策は市場経済の活性化に大きな役割を果たした。

我第一次做翻译时，心情非常激动。 Wǒ dì-yī cì zuò fānyì shí, xīnqíng fēicháng jīdòng.　私は初めて通訳をしたとき、非常に興奮した。

每件事都那么新鲜、令人激动。 Měi jiàn shì dōu nàme xīnxian, lìng rén jīdòng.　どれもみな新鮮で、わくわくする。

在国外留学时，我常常感到很寂寞。
Zài guówài liúxué shí, wǒ chángcháng gǎndào hěn jìmò.
外国に留学していたとき、私はいつも寂しい思いをした。

他是一个立场坚定的人。 Tā shì yí ge lìchǎng jiāndìng de rén.
彼はしっかりした立場の人だ。

我们都要坚定自己的信念。 Wǒmen dōu yào jiāndìng zìjǐ de xìnniàn.
私たちは自身の信念を確固たるものにしなければならない。

薄薄的土壤下面是坚硬的岩石。
Báobáo de tǔrǎng xiàmian shì jiānyìng de yánshí.
薄い土壌の下は硬い岩石である。

□ 感動的である	□ 繁栄している	□ 封建的である	□ まれな
□ 多様な	□ 非合法である	□ 思い切りがよい	□ 公正である
□ ひどい	□ 激しく怒るさま	□ 気高い	□ 古い
□ 繁華である	□ 気が狂っている	□ 急速である	□ 固定している

Check 1　　　　　　　　　　　　　　　　　　　　🎧 053

□ 833

艰巨
jiānjù

形 きわめて困難である、負担が大きい

□ 834

尖锐
jiānruì

形 鋭い

□ 835

简便
jiǎnbiàn

形 簡便である、手軽で便利である

□ 836

间接
jiànjiē

形 間接的である
⇔ **直接** zhíjiē（直接的である）

□ 837

焦急
jiāojí

形 焦っている

□ 838

紧急
jǐnjí

形 緊急の

□ 839

精美
jīngměi

形 （建物や器物などが）精巧で美しい

□ 840

精确
jīngquè

形 精確である

継続
▼

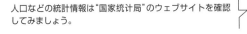

人口などの統計情報は"国家统计局"のウェブサイトを確認してみましょう。

这项艰巨**的任务就交给你了！**

Zhè xiàng jiānjù de rènwu jiù jiāogěi nǐ le!

このきわめて困難な任務は君に任せる！

你的这个问题提得很尖锐。

Nǐ de zhège wèntí tíde hěn jiānruì.

あなたのこの問題提議は鋭い。

现在办理护照的手续很简便。

Xiànzài bànlǐ hùzhào de shǒuxù hěn jiǎnbiàn.

今はパスポートの手続きは簡単だ。

我也是间接**听说这件事的。**

Wǒ yě shì jiànjiē tīngshuō zhè jiàn shì de.

私も間接的にこのことを聞いた。

小刚还没有回家，妈妈很焦急。

Xiǎogāng hái méiyou huí jiā, māma hěn jiāojí.

小剛がまだ帰って来ないので、母は焦っている。

有了紧急**情况请马上通知我。**

Yǒule jǐnjí qíngkuàng qǐng mǎshàng tōngzhī wǒ.

緊急の状況になればすぐに私に知らせてください。

博物馆里陈列着很多精美**的瓷器。**

Bówùguǎn li chénlièzhe hěn duō jīngměi de cíqì.

博物館にはたくさんの美しい磁器が陳列されている。

这次全国人口调查的结果很精确。

Zhè cì quánguó rénkǒu diàochá de jiéguǒ hěn jīngquè.

今回の全国人口調査の結果はとても精確だ。

继续
▼

1週目
2週目
3週目
4週目
5週目
6週目
7週目
8週目
9週目
10〜12週目

Check 1　🎧 053

□ 841
惊奇
jīngqí
形（意外さに驚き）不思議に思う

□ 842
惊人
jīngrén
形 驚くべき

□ 843
惊喜
jīngxǐ
形 驚喜する

□ 844
静
jìng
形 静かである、静止している

□ 845
开放
kāifàng
形 開放的である
動 開放する、公開する

□ 846
可怜
kělián
形 かわいそうである、哀れである
動 かわいそうに思う

□ 847
刻苦
kèkǔ
形 努力する、質素である

□ 848
恐怖
kǒngbù
形 恐ろしい、残忍な

52日目 🎧 052
Quick Review
答えは次頁

□ 怪	□ 含糊	□ 滑	□ 激动
□ 贵重	□ 豪华	□ 华丽	□ 寂寞
□ 过分	□ 好容易	□ 辉煌	□ 坚定
□ 过时	□ 和谐	□ 活跃	□ 坚硬

她对周围的变化感到十分惊奇。

Tā duì zhōuwéi de biànhuà gǎndào shífēn **jīngqí**.

彼女は周囲の変化を不思議に思った。

这个城市的变化太惊人了。

Zhège chéngshì de biànhuà tài **jīngrén** le.

この都市の変化には目を見張るものがある。

她在电话里惊喜地叫了一声。

Tā zài diànhuà li **jīngxǐ** de jiàole yì shēng.

彼女は電話で驚きの声を上げた。

教室里静得连掉根针都能听见。

Jiàoshì li **jìng**de lián diào gēn zhēn dōu néng tīngjiàn.

教室の中は針が落ちても聞こえるほど静かだ。

中国从一九七九年开始实行改革开放。Zhōngguó cóng yī jiǔ qī jiǔ nián kāishǐ shíxíng gǎigé **kāifàng**.　中国は1979年から改革開放政策を実行した。　我们大学的图书馆平日开放到晚上十点。Wǒmen dàxué de túshūguǎn píngrì **kāifàng**dào wǎnshang shí diǎn.　我々の大学図書館は平日夜の10時まで開館している。

这个孩子从小就失去了母亲，真可怜。Zhège háizi cóngxiǎo jiù shīqùle mǔqin, zhēn **kělián**.　この子は幼い頃に母親を亡くし、本当にかわいそうだ。

你这是自找的，没人可怜你。Nǐ zhè shì zìzhǎo de, méi rén **kělián** nǐ.

これは君の自業自得だから誰も君に同情する人はいない。

他比我们谁都学习刻苦。

Tā bǐ wǒmen shéi dōu xuéxí **kèkǔ**.

彼は私たちの誰よりも努力して勉強している。

这部电影太恐怖了，我不太喜欢。

Zhè bù diànyǐng tài **kǒngbù** le, wǒ bú tài xǐhuan.

この映画は恐すぎて、あまり好きではない。

☐ 怪しい	☐ あいまいな	☐ 滑らかである	☐ 興奮する
☐ 貴重である	☐ 豪華な	☐ ゴージャスである	☐ 寂しい
☐ 行きすぎている	☐ やっと	☐ 光り輝いている	☐ しっかりしている
☐ 時代遅れである	☐ 調和のとれた	☐ 活発である	☐ 硬い

Check 1　　　　　　　　　　　　　　　　　　　　　　　🎧 054

□ 849
恐惧
kǒngjù

形 恐れる、怖がる

□ 850
夸张
kuāzhāng

形 大げさである、誇張された

□ 851
快活
kuàihuo

形 楽しい、うれしい

□ 852
快速
kuàisù

形 高速の

□ 853
宽敞
kuānchang

形 広々としている

□ 854
宽大
kuāndà

形 寛大である、広くて大きい

□ 855
懒
lǎn

形 怠惰である、だるい

□ 856
狼狈
lángbèi

形 ろうばいする、困り果てる、困惑している

継続
▼

Check 2　　　　　　　　　　　　　　　　　　　　🎧 138

陌生人打来的电话让他恐惧不安。

Mòshēngrén dǎlai de diànhuà ràng tā kǒngjù bù'ān.

知らない人からの電話に彼は恐れをなした。

这实在是太夸张了！

Zhè shízài shì tài kuāzhāng le!

これは本当に大げさだよ！

这些孩子每天都过得很快活。

Zhèxiē háizi měi tiān dōu guòde hěn kuàihuo.

この子供たちは毎日楽しく過ごしている。

只有不断提高效率，经济才能快速发展。

Zhǐyǒu búduàn tígāo xiàolǜ, jīngjì cái néng kuàisù fāzhǎn.

効率を高め続けてこそ、経済は急速に発展できる。

他买了一套宽敞的三居室。

Tā mǎile yí tào kuānchang de sān jūshì.

彼は広い3LDKを買った。

我今后一定注意，这次请宽大处理。

Wǒ jīnhòu yídìng zhùyì, zhè cì qǐng kuāndà chǔlǐ.

今後は必ず注意しますので、今回は寛大に処理をしてください。

今天你可比我起得早，我好像越来越懒了。

Jīntiān nǐ kě bǐ wǒ qǐde zǎo, wǒ hǎoxiàng yuè lái yuè lǎn le.

今日はあなたが私より早く起きたので、私はますます怠け者になったようだ。

他被记者们问得很狼狈。

Tā bèi jìzhěmen wènde hěn lángbèi.

彼は記者たちに質問されてうろたえた。

継続
▼

Check 1　　　　　　　　　　　　　　　　　　　　　　🎧 054

□ 857
老实
lǎoshi

形 **まじめである、誠実である、馬鹿正直である**

□ 858
冷静
lěngjìng

形 **冷静である、ひっそりしている**

□ 859
灵活
línghuó

形 **機敏だ、機転が利く**

□ 860
麻木
mámù

形 **しびれている、無神経である、鈍い**

□ 861
马虎
mǎhu

形 **いいかげんである、ぞんざいである、うっかりしている**

□ 862
忙碌
mánglù

形 **忙しい**

□ 863
美观
měiguān

形 **美しい**

□ 864
猛烈
měngliè

形 **すさまじい、急激である**

| 53日目 🎧 053
Quick Review
答えは次頁 | □ 艰巨
□ 尖锐
□ 简便
□ 间接 | □ 焦急
□ 紧急
□ 精美
□ 精确 | □ 惊奇
□ 惊人
□ 惊喜
□ 静 | □ 开放
□ 可怜
□ 刻苦
□ 恐怖 |

谁都喜欢老实肯干的人。

Shéi dōu xǐhuan lǎoshi kěngàn de rén.

誰でもまじめでよく働く人が好きだ。

面对突然发生的大地震，人们十分冷静。

Miànduì tūrán fāshēng de dà dìzhèn, rénmen shífēn lěngjìng.

突然の大地震に直面しても、人々はとても冷静だった。

他解决问题的方法非常灵活。

Tā jiějué wèntí de fāngfǎ fēicháng línghuó.

彼は問題を解決する方法が非常に機敏である。

天气太冷，我手脚都冻得麻木了。

Tiānqì tài lěng, wǒ shǒujiǎo dōu dòngde mámù le.

寒すぎて、手足がしびれてしまった。

这件事关系重大，万万不可马虎。

Zhè jiàn shì guānxi zhòngdà, wànwàn bùkě mǎhu.

この件は影響が大きいので、決していいかげんにはできない。

快高考了，毕业班的老师们开始忙碌起来了。

Kuài gāokǎo le, bìyèbān de lǎoshīmen kāishǐ mánglùqilai le.

大学入試が近づき、卒業クラスの先生たちは忙しくなってきた。

她的房间布置得又美观又大方。

Tā de fángjiān bùzhìde yòu měiguān yòu dàfang.

彼女の部屋は美しく上品にしつらえてある。

我方对敌军发起了猛烈进攻。

Wǒ fāng duì díjūn fāqǐle měngliè jìngōng.

わが方は敵軍に猛烈な攻撃を仕掛けた。

□ きわめて困難である	□ 焦っている	□ 不思議に思う	□ 開放的である
□ 鋭い	□ 緊急の	□ 驚くべき	□ かわいそうである
□ 簡便である	□ 精巧で美しい	□ 驚喜する	□ 努力する
□ 間接的である	□ 精確である	□ 静かである	□ 恐ろしい

1週目
2週目
3週目
4週目
5週目
6週目
7週目
8週目
9週目
10〜12週目

Check 1　　　　　　　　　　　　　　　　　　　　　🎧 055

□ 865 **勉强** miǎnqiǎng	**❶ 形** 無理がある、間に合わせの **動** 無理強いする
□ 866 **敏感** mǐngǎn	**形** 敏感である
□ 867 **耐烦** nàifán	**形** 辛抱強い
□ 868 **耐用** nàiyòng	**形** 長持ちする
□ 869 **难得** nándé	**形** 得がたい
□ 870 **宁静** níngjìng	**形** 静かな、安らかな
□ 871 **浓厚** nónghòu	**形** (興味、関心が) 深い、濃い、厚い、(色彩、雰囲気が) 重い
□ 872 **暖** nuǎn	**形** 暖かい **動** 温める

继续
▼

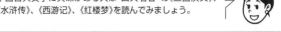

中国古典文学に興味がある人は"四大名著"の《三国演义》、
《水浒传》、《西游记》、《红楼梦》を読んでみましょう。

1週目
2週目
3週目
4週目
5週目
6週目
7週目
8週目
9週目
10〜12週目

Check 2　　　🎧 139

可以看出来他笑得很勉强。 Kěyǐ kànchulai tā xiàode hěn miǎnqiǎng.
彼が無理に笑っているのが分かる。

他不愿意去就不勉强他了。 Tā bú yuànyì qù jiù bù miǎnqiǎng tā le.
彼が行きたくないなら、無理強いしないで。

外贸工作者对汇率变化非常敏感。
Wàimào gōngzuòzhě duì huìlǜ biànhuà fēicháng mǐngǎn.
外国貿易に従事する人は為替相場の変化に非常に敏感である。

那个营业员有点儿不耐烦了。
Nàge yíngyèyuán yǒudiǎnr bú nàifán le.
あの販売員は少しイライラしている。

这种产品又便宜又耐用，非常受欢迎。
Zhè zhǒng chǎnpǐn yòu piányi yòu nàiyòng, fēicháng shòu huānyíng.
この製品は安くて丈夫なので、とても人気がある。

大家能够坐到一起探讨是很难得的。
Dàjiā nénggòu zuòdào yìqǐ tàntǎo shì hěn nándé de.
皆で一堂に会して検討できるのは、とても得がたい。

乡村的夜晚十分宁静。
Xiāngcūn de yèwǎn shífēn níngjìng.
田舎の夜はとても静かだ。

她对中国古典文学有着浓厚的兴趣。
Tā duì Zhōngguó gǔdiǎn wénxué yǒuzhe nónghòu de xìngqù.
彼女は中国古典文学に深い興味がある。

春天了，天气一下就变暖了。 Chūntiān le, tiānqì yíxià jiù biànnuǎn le.
春になり、天気が急に暖かくなった。　**外面太冷了，快进来喝杯热茶，暖暖身子
吧。** Wàimiàn tài lěng le, kuài jìnlai hē bēi rè chá, nuǎnnuǎn shēnzi ba.
外はとても寒いから、早く入って熱いお茶を飲んで、体を温めなさい。

继续
▼

Check 1　🎧 055

□ 873

偏
piān

形 偏っている、偏る、傾く
副 わざと、あくまで、あいにく

□ 874

频繁
pínfán

形 頻繁である、頻繁に

□ 875

迫切
pòqiè

形 切実である

□ 876

朴素
pǔsù

形 派手でない、素朴である、質素である

□ 877

齐全
qíquán

形 完備している

□ 878

起码
qǐmǎ

形 最低限度の

□ 879

恰当
qiàdàng

形 適切である

□ 880

谦虚
qiānxū

形 謙虚である
動 謙遜する

| 54日目 🎧 054
Quick Review
答えは次頁 | □ 恐惧
□ 夸张
□ 快活
□ 快速 | □ 宽敞
□ 宽大
□ 懒
□ 狼狈 | □ 老实
□ 冷静
□ 灵活
□ 麻木 | □ 马虎
□ 忙碌
□ 美观
□ 猛烈 |

太阳已经偏西了，但是谁也不肯走。Tàiyáng yǐjīng piān xī le, dànshì shéi yě bùkěn zǒu. 太陽はもう西に傾いているが、誰も行こうとはしない。

你为什么偏要跟我作对？ Nǐ wèi shénme piān yào gēn wǒ zuòduì? あなたはどうしてわざと私に敵対するのか。

由于工作的原因，他总是在频繁搬家。

Yóuyú gōngzuò de yuányīn, tā zǒngshì zài pínfán bānjiā.

仕事の都合で、彼はいつも頻繁に引っ越す。

消费者迫切想知道这种产品安全不安全。

Xiāofèizhě pòqiè xiǎng zhīdao zhè zhǒng chǎnpǐn ānquán bù ānquán.

消費者はこの製品が安全かどうか切実に知りたがっている。

这个女孩儿穿得很朴素。

Zhège nǚháir chuānde hěn pǔsù.

この女の子は着ているものが派手ではない。

我们工厂各种机械设备都很齐全。

Wǒmen gōngchǎng gè zhǒng jīxiè shèbèi dōu hěn qíquán.

我々の工場は各種機器設備が完備している。

这是起码的常识。

Zhè shì qǐmǎ de chángshí.

これは最低限の常識だ。

小李的文章用词恰当，条理清楚。

Xiǎo-Lǐ de wénzhāng yòng cí qiàdàng, tiáolǐ qīngchu.

李さんの文章は言葉遣いが適切で、理路整然としている。

张教授是个很谦虚的人。Zhāng jiàoshòu shì ge hěn qiānxū de rén. 張教授はとても謙虚な人である。

我认为做人要谦虚，有礼貌。Wǒ rènwéi zuòrén yào qiānxū, yǒu lǐmào. 私は人は謙虚で礼儀正しくあるべきだと思う。

□ 恐れる	□ 広々としている	□ まじめである	□ いいかげんである
□ 大げさである	□ 寛大である	□ 冷静である	□ 忙しい
□ 楽しい	□ 怠惰である	□ 機敏だ	□ 美しい
□ 高速の	□ ろうばいする	□ しびれている	□ すさまじい

Check 1	🎧 056

□ 881
勤奋
qínfèn

形 勤勉である

□ 882
清洁
qīngjié

形 清潔である

□ 883
清醒
qīngxǐng

形 冷静である、頭がはっきりしている

□ 884
善良
shànliáng

形 善良である、純真である

□ 885
失望
shīwàng

形 失望している、がっかりしている

□ 886
时髦
shímáo

形 流行している、モダンな
⇔ 时尚 shíshàng

□ 887
爽快
shuǎngkuai

形 爽快である、(性格が) さっぱりしている

□ 888
私营
sīyíng

形 私営の、個人経営の
⇔ 国营 guóyíng（国営の）

継続
▼

Check 2 🎧 140

李明勤奋好学，成绩优秀。
Lǐ Míng qínfèn hàoxué, chéngjì yōuxiù.
李明は勤勉好学で、成績優秀だ。

大厅既清洁又美观，令人心情舒畅。
Dàtīng jì qīngjié yòu měiguān, lìng rén xīnqíng shūchàng.
ロビーは清潔で美しく、気持ちがいい。

形势越好，我们越要保持清醒的头脑。 Xíngshì yuè hǎo, wǒmen yuè yào bǎochí qīngxǐng de tóunǎo. 情勢がよければよいほど、私たちは冷静な頭を維持しなければならない。 **你先清醒清醒，一会儿我们再谈。** Nǐ xiān qīngxǐngqīngxǐng, yíhuìr wǒmen zài tán. あなたはまずちょっと頭をはっきりさせて、それから話し合おう。

她是一个美丽善良的女人。
Tā shì yí ge měilì shànliáng de nǚrén.
彼女は美しく善良な女性だ。

无论遇到什么样的挫折，他从来没对生活失望过。
Wúlùn yùdào shénme yàng de cuòzhé, tā cónglái méi duì shēnghuó shīwàngguo. どんな挫折に遭っても、彼は生活に失望したことがない。

这种发型现在很时髦。
Zhè zhǒng fàxíng xiànzài hěn shímáo.
このヘアースタイルは今はやっている。

跟朋友们聊了以后，我心里爽快多了。
Gēn péngyoumen liáole yǐhòu, wǒ xīnli shuǎngkuai duō le.
友人と語り合ったことで、私の気持ちはすっきりした。

这家私营企业发展得越来越好。
Zhè jiā sīyíng qǐyè fāzhǎnde yuè lái yuè hǎo.
この私営企業は、ますます発展している。

继续
▼

Check 1　　　　　　　　　　　　　　　　　　　　　🎧 056

□ 889
随意
suí▾yì
形 **思いどおりにする、気軽な**

□ 890
踏实
tāshi
形 **しっかりしている、落ち着いている**

□ 891
特定
tèdìng
形 **特定の、特に指定された**

□ 892
特有
tèyǒu
形 **特有の**

□ 893
疼痛
téngtòng
形 **痛い、痛む**

□ 894
天生
tiānshēng
形 **生まれつき**

□ 895
调皮
tiáopí
形 **いたずらである、腕白である**

□ 896
听话
tīng▾huà
形 **聞き分けがよい**

55日目 🎧 055
Quick Review
答えは次頁

□ 勉强	□ 难得	□ 偏	□ 齐全
□ 敏感	□ 宁静	□ 频繁	□ 起码
□ 耐烦	□ 浓厚	□ 迫切	□ 恰当
□ 耐用	□ 暖	□ 朴素	□ 谦虚

我干了，你随意。 Wǒ gān le, nǐ suíyì.
私は飲み干しますが、あなたはご自由に。
她今天穿得很随意。 Tā jīntiān chuānde hěn suíyì.
彼女は今日ラフな服装をしている。

朱涛做事踏实认真，很快就被升职了。
Zhū Tāo zuòshì tāshi rènzhēn, hěn kuài jiù bèi shēngzhí le.
朱涛は着実に仕事をして、すぐに昇進した。

这个词只能在特定场合下用。
Zhège cí zhǐ néng zài tèdìng chǎnghé xià yòng.
この言葉は特定の場面でしか使えない。

这种咖啡豆有一种特有的香味。
Zhè zhǒng kāfēidòu yǒu yì zhǒng tèyǒu de xiāngwèi.
このコーヒー豆は特有の香りがする。

他得了一种怪病，浑身疼痛难忍。
Tā déle yì zhǒng guàibìng, húnshēn téngtòng nánrěn.
彼は奇病にかかり、全身が痛くてたまらない。

她天生有一副好嗓子。
Tā tiānshēng yǒu yí fù hǎo sǎngzi.
彼女は生まれつきよい声をしている。

调皮的孩子不一定都是坏孩子。
Tiáopí de háizi bù yídìng dōu shì huài háizi.
いたずらっ子が悪い子ばかりとは限らない。

她是一个听话的孩子。
Tā shì yí ge tīnghuà de háizi.
彼女は聞き分けのよい子供だ。

☐ 無理がある ☐ 得がたい ☐ 偏っている ☐ 完備している
☐ 敏感である ☐ 静かな ☐ 頻繁である ☐ 最低限度の
☐ 辛抱強い ☐ 深い ☐ 切実である ☐ 適切である
☐ 長持ちする ☐ 暖かい ☐ 派手でない ☐ 謙虚である

量詞のまとめ⑧

画
(絵)

幅　fú
絵を数える。

这幅画的作者是一位明代画家。
Zhè fú huà de zuòzhě shì yí wèi Míngdài huàjiā.
この絵の作者は明代の画家である。

卷　juǎn
巻物を数える。

考古队在一个山洞里发现了好几卷古画。
Kǎogǔduì zài yí ge shāndòng li fāxiànle hǎo jǐ juǎn gǔhuà.
考古学チームは洞穴で何巻もの古い絵を発見した。

张　zhāng
写真や絵などを数える。

我儿子画的几张画获得了老师的好评。
Wǒ érzi huà de jǐ zhāng huà huòdéle lǎoshī de hǎopíng.
息子が描いた数枚の絵は先生の好評を得た。

组　zǔ
シリーズになっているものを数える。

陈逸飞关于周庄的一组画使他一举成名。
Chén Yìfēi guānyú Zhōuzhuāng de yì zǔ huà shǐ tā yìjǔ chéngmíng.
陳逸飛は周庄に関するシリーズ画で一挙に名を上げた。

力量
(力)

份　fèn
何かのために力を尽くすという気持ちを表すときに使う。

他说他要尽他的一份力量帮助我。
Tā shuō tā yào jìn tā de yí fèn lìliang bāngzhù wǒ.
彼は自分の持てる力を尽くして私を助けると言った。

股　gǔ
力が集中している状態を表すときに使う。

她的眼睛有一股力量，使我不得不去看她。
Tā de yǎnjing yǒu yì gǔ lìliang, shǐ wǒ bùdébù qù kàn tā.
彼女の目には力があり、私は彼女を見ずにはいられなかった。

支　zhī
無視できないしっかりした力を形容するときに使う。

80后作家开始成为一支不可忽视的力量。
Bālíng hòu zuòjiā kāishǐ chéngwéi yì zhī bùkě hūshì de lìliang.
80年代生まれの作家は無視できない力になり始めた。

1 週目

2 週目

3 週目

4 週目

5 週目

6 週目

7 週目

8 週目

9 週目

10 ~ 週目 12

キクタン中国語

9 週目

✔ 学習したらチェック！

■ 57 日目　形容詞 9

■ 58 日目　形容詞 10

■ 59 日目　形容詞 11 ／副詞 1

■ 60 日目　副詞 2

■ 61 日目　副詞 3

■ 62 日目　副詞 4 ／前置詞 1

■ 63 日目　前置詞 2 ／接続詞 1

中国語で言ってみよう！

人の命には限りがあるが、学ぶことは永遠に終わりがない。

（答えは 921）

Check 1 🎧 057

□ 897
通常
tōngcháng

形 **普通の、通常の、いつもの**
副 普通、通常、いつも

□ 898
顽固
wángù

形 **頑固である、かたくなである**

□ 899
顽强
wánqiáng

形 **頑強である、粘り強い、我慢強い**

□ 900
完善
wánshàn

形 **完全である、完璧である、立派である**
動 完全なものにする

□ 901
委屈
wěiqu

形 **不満である、無念である**
動 つらい思いをさせる

□ 902
温和
wēnhé

形 **穏やかである、暖かい、温暖である、温和である**

□ 903
无数
wúshù

形 **無数である**

□ 904
无限
wúxiàn

形 **無限である**

継続
▼

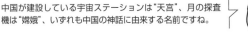
中国が建設している宇宙ステーションは"天宮"、月の探査機は"嫦娥"、いずれも中国の神話に由来する名前ですね。

1週目
2週目
3週目
4週目
5週目
6週目
7週目
8週目
9週目
10〜12週目

Check 2 🎧 141

通常情况下，这类工程一年就可以完工。Tōngcháng qíngkuàng xià, zhè lèi gōngchéng yì nián jiù kěyǐ wángōng.　通常の状況では、このような工事は1年で完成する。　你通常都是怎样处理这种事情的? Nǐ tōngcháng dōu shì zěnyàng chǔlǐ zhè zhǒng shìqing de?　通常こういった問題をどのように対処していますか。

别劝了，他态度很顽固，不会听你的话的。
Bié quàn le, tā tàidu hěn wángù, bú huì tīng nǐ de huà de.
説得しても無駄、彼は態度が頑固で、君の言うことを聞かないだろう。

她以顽强的意志战胜了疾病。
Tā yǐ wánqiáng de yìzhì zhànshèngle jíbìng.
彼女は強靭な意志で病に打ち勝った。

那个国家的法律制度还不太完善。Nàge guójiā de fǎlǜ zhìdù hái bú tài wánshàn.　その国の法律制度はまだ完全ではない。　随着公司的发展，我们要进一步完善管理制度。Suízhe gōngsī de fāzhǎn, wǒmen yào jìn yí bù wánshàn guǎnlǐ zhìdù.　会社の発展に従って、管理制度をさらに完全なものにしなければいけない。

我心里很委屈。Wǒ xīnli hěn wěiqu.
私は心の中ではとても悔しい。
让你们受委屈了。Ràng nǐmen shòu wěiqu le.
あなた達につらい思いをさせてしまった。

刘老师性格温和、平易近人。
Liú lǎoshī xìnggé wēnhé、píngyì-jìnrén.
劉先生は性格が穏やかで、親しみやすい人だ。

浩瀚宇宙中还有无数未解之谜，等着我们去探索。
Hàohàn yǔzhòu zhōng hái yǒu wúshù wèi jiě zhī mí, děngzhe wǒmen qù tànsuǒ.　広大な宇宙にはまだ無数の未解決の謎があり、我々が探索に行くのを待っている。

宇宙的时间和空间都是无限的。
Yǔzhòu de shíjiān hé kōngjiān dōu shì wúxiàn de.
宇宙の時間と空間は無限だ。

继续
▼

Check 1　　　🎧 057

☐ 905
细致
xìzhì

形 注意深い、精密である、綿密である、丹念である

☐ 906
鲜明
xiānmíng

形 鮮やかである、鮮明である

☐ 907
显著
xiǎnzhù

形 著しい、顕著である

☐ 908
相符
xiāngfú

形 一致している

☐ 909
新式
xīnshì

形 新型の、新式の

☐ 910
新型
xīnxíng

形 新型の

☐ 911
新颖
xīnyǐng

形 斬新である、奇抜である

☐ 912
雄伟
xióngwěi

形 壮大である、雄壮である

| 56日目 🎧 056
Quick Review
答えは次頁 | ☐ 勤奋
☐ 清洁
☐ 清醒
☐ 善良 | ☐ 失望
☐ 时髦
☐ 爽快
☐ 私营 | ☐ 随意
☐ 踏实
☐ 特定
☐ 特有 | ☐ 疼痛
☐ 天生
☐ 调皮
☐ 听话 |

她是一个很细致的人。

Tā shì yí ge hěn xìzhì de rén.

彼女はとても注意深い人だ。

我喜欢色彩鲜明、设计独特的服装。

Wǒ xǐhuan sècǎi xiānmíng、shèjì dútè de fúzhuāng.

私は色鮮やかで、ユニークなデザインの服が好きだ。

这几年来，故乡的经济有了显著发展。

Zhè jǐ nián lái, gùxiāng de jīngjì yǒule xiǎnzhù fāzhǎn.

この数年、故郷の経済には著しい発展があった。

他的打扮和年龄极不相符。

Tā de dǎban hé niánlíng jí bù xiāngfú.

彼の服装は年齢にそぐわない。

这种新式液晶电视要多少钱?

Zhè zhǒng xīnshì yèjīng diànshì yào duōshao qián?

この新型液晶テレビはいくらですか。

这种新型病毒传播很快，大家一定要做好个人防护。

Zhè zhǒng xīnxíng bìngdú chuánbō hěn kuài, dàjiā yídìng yào zuòhǎo gèrén fánghù. この新型ウイルスは急速に伝播しているので、皆さんは個人の防護をしっかりしてください。

他们公司的产品造型很新颖。

Tāmen gōngsī de chǎnpǐn zàoxíng hěn xīnyǐng.

彼らの会社の製品は造りが斬新だ。

万里长城真雄伟!

Wàn Lǐ Chángchéng zhēn xióngwěi!

万里の長城は本当に壮大だ!

☐ 勤勉である　　　☐ 失望している　　　☐ 思いどおりにする　　☐ 痛い
☐ 清潔である　　　☐ 流行している　　　☐ しっかりしている　　☐ 生まれつき
☐ 冷静である　　　☐ 爽快である　　　　☐ 特定の　　　　　　　☐ いたずらである
☐ 善良である　　　☐ 私営の　　　　　　☐ 特有の　　　　　　　☐ 聞き分けがよい

□ 913
虚心
xūxīn

形 謙虚である、素直である

□ 914
要好
yàohǎo

形 仲がよい

□ 915
一贯
yíguàn

形 一貫している

□ 916
优胜
yōushèng

形 優秀な
名 優秀

□ 917
优异
yōuyì

形 優れている

□ 918
犹豫
yóuyù

形 ためらう

□ 919
有害
yǒuhài

形 有害の

□ 920
有机
yǒujī

形 有機の
⇔ 无机 wújī（無機の）

継続
▼

1 週目

2 週目

3 週目

4 週目

5 週目

6 週目

7 週目

8 週目

9 週目

10 ～ 12 週目

中国国歌は≪义勇军进行曲≫ですが、聞いたことあります
か？

Check 2

虚心使人进步，**骄傲**使人落后。
Xūxīn shǐ rén jìnbù, jiāo'ào shǐ rén luòhòu.
謙虚は人を進歩させ、傲慢は人を落後させる。

他们两个是很**要好**的朋友。
Tāmen liǎng ge shì hěn yàohǎo de péngyou.
彼ら二人はとても仲のよい友達だ。

说到做到是他的**一贯**作风。
Shuōdào zuòdào shì tā de yíguàn zuòfēng.
やるといえばやるのが彼のいつものやり方だ。

只在这方面，我比他**优胜**。Zhǐ zài zhè fāngmiàn, wǒ bǐ tā yōushèng.
この方面だけは、私は彼より優れている。
红队在今年的运动会上取得了**优胜**。Hóngduì zài jīnnián de yùndònghuì
shang qǔdéle yōushèng.　赤組は今年の運動会で優勝した。

通过努力，他取得了**优异**成绩。
Tōngguò nǔlì, tā qǔdéle yōuyì chéngjì.
努力して、彼は優秀な成績を収めた。

我毫不**犹豫**地把真相告诉了大家。
Wǒ háo bù yóuyù de bǎ zhēnxiàng gàosule dàjiā.
私は少しもためらわず真実をみんなに話した。

森林能吸收空气中的**有害**物质。
Sēnlín néng xīshōu kōngqì zhōng de yǒuhài wùzhì.
森林は空気中の有害な物質を吸収することができる。

有机农药在自然界中分解得很慢。
Yǒujī nóngyào zài zìránjiè zhōng fēnjiěde hěn màn.
有機農薬は自然界での分解が遅い。

继续
▼

Check 1　　　　　　　　　　　　　　　　　　　　🎧 058

□ 921
有限
yǒuxiàn

形 有限である

□ 922
愉快
yúkuài

形 愉快である

□ 923
圆满
yuánmǎn

形 円満である

□ 924
扎实
zhāshi

形 しっかりしている
⇨ 踏实 tāshi

□ 925
珍贵
zhēnguì

形 貴重である、珍重である
⇨ 宝贵 bǎoguì

□ 926
正当
zhèngdàng

形 正当な、正しい

□ 927
庄严
zhuāngyán

形 荘厳である、厳粛である

□ 928
壮丽
zhuànglì

形 壮麗である

57日目 🎧 057
Quick Review
答えは次頁

□ 通常	□ 委屈	□ 细致	□ 新式
□ 顽固	□ 温和	□ 鲜明	□ 新型
□ 顽强	□ 无数	□ 显著	□ 新颖
□ 完善	□ 无限	□ 相符	□ 雄伟

人的生命是<u>有限</u>的，但学习却是永无止境的。

Rén de shēngmìng shì yǒuxiàn de, dàn xuéxí què shì yǒngwúzhǐjìng de.

人の命には限りがあるが、学ぶことは永遠に終わりがない。

大家虽然很累，但心情都很<u>愉快</u>。

Dàjiā suīrán hěn lèi, dàn xīnqíng dōu hěn yúkuài.

みんな疲れてはいるが、気分は愉快だ。

经过我们的不懈努力，问题终于<u>圆满</u>解决了。

Jīngguò wǒmen de búxiè nǔlì, wèntí zhōngyú yuánmǎn jiějué le.

我々のたゆまぬ努力によって、問題はついに円満に解決した。

学习武术首先需要有<u>扎实</u>的基本功。

Xuéxí wǔshù shǒuxiān xūyào yǒu zhāshi de jīběngōng.

武術を学ぶにはまずしっかりした基礎的な訓練が必要だ。

他拍卖了收藏多年的<u>珍贵</u>字画。

Tā pāimàile shōucáng duō nián de zhēnguì zìhuà.

彼は長年かけて収集した貴重な書画をオークションにかけた。

没有<u>正当</u>理由，绝不允许迟到。

Méiyǒu zhèngdàng lǐyóu, jué bù yǔnxǔ chídào.

正当な理由がないかぎり絶対に遅刻は認めない。

颁奖典礼在<u>庄严</u>的国歌声中开始了。

Bānjiǎng diǎnlǐ zài zhuāngyán de guógē shēng zhōng kāishǐ le.

授賞式は厳粛な国歌の中で始まった。

泰山的<u>壮丽</u>景色令人难忘。

Tàishān de zhuànglì jǐngsè lìng rén nánwàng.

泰山の壮麗な景色は忘れがたい。

☐ 普通の	☐ 不満である	☐ 注意深い	☐ 新型の
☐ 頑固である	☐ 穏やかである	☐ 鮮やかである	☐ 新型の
☐ 頑強である	☐ 無数である	☐ 著しい	☐ 斬新である
☐ 完全である	☐ 無限である	☐ 一致している	☐ 壮大である

Check 1　　　　　　　　　　　　　　　　　　　　　🎧 059

□ 929
自发
zìfā

形 自発的である

□ 930
自满
zìmǎn

形 うぬぼれる

▶ □ 931
按时
ànshí

副 時間どおりに、時間に応じて

□ 932
毕竟
bìjìng

副 さすがに、やはり、結局、しょせん

□ 933
便
biàn

副 すぐに
接 たとえ～しても

□ 934
不断
búduàn

副 絶えず、しきりに
⊜ 不停 bùtíng

□ 935
不见得
bújiànde

副 ～とは限らない、～とは言えない

□ 936
不禁
bùjīn

副 思わず

継続
▼

生粋の北京語はとにかく話す速度が速く、儿化が多いのが特徴で、江戸っ子が話す日本語とちょっと似ているかもです。

1週目　2週目　3週目　4週目　5週目　6週目　7週目　8週目　9週目　10〜12週目

网球爱好者自发组织了这个网球协会。

Wǎngqiú àihàozhě zìfā zǔzhīle zhège wǎngqiú xiéhuì.

テニス愛好者は自発的にこのテニス協会を組織した。

我们在任何情况下都不应该骄傲自满。

Wǒmen zài rènhé qíngkuàng xià dōu bù yīnggāi jiāo'ào zìmǎn.

私たちはどんな状況でも、うぬぼれてはいけない。

她今天又没按时来上班。

Tā jīntiān yòu méi ànshí lái shàngbān.

彼女は今日もまた時間どおりに出勤しなかった。

你毕竟年纪大了，不要勉强。

Nǐ bìjìng niánjì dà le, búyào miǎnqiǎng.

あなたはさすがにお歳ですから、無理しないでください。

你等我一下，我换件衣服便跟你走。Nǐ děng wǒ yíxià, wǒ huàn jiàn yīfu biàn gēn nǐ zǒu.　ちょっと待って、私は服を着替えてあなたと一緒に行く。

便是明天下雨，我也要去接他。Biàn shì míngtiān xià yǔ, wǒ yě yào qù jiē tā.　明日雨が降っても、私は彼を迎えに行く。

我们的生活在不断发生着变化。

Wǒmen de shēnghuó zài búduàn fāshēngzhe biànhuà.

私たちの生活は絶えず変化が起こっている。

他的想法不见得行不通。

Tā de xiǎngfa bújiàndé xíngbutōng.

彼の考え方がうまくいかないとは限らない。

她不禁笑出声来。

Tā bùjīn xiàochū shēng lai.

彼女は思わず笑い出した。

继续
▼

Check 1　　　　　　　　　　　　　　　　　　　　🎧 059

□ 937 **不免** bùmiǎn	副 **どうしても～する、免れない、思わず ～する** 当 未免 wèimiǎn、难免 nánmiǎn

□ 938 **不时** bùshí	副 **たびたび、しばしば**

□ 939 **曾** céng	副 **かつて** 語 "曾" +動詞・形容詞+ "过" の形で用いられること が多い

□ 940 **常年** chángnián	副 **1年中** 名 平年

□ 941 **纯粹** chúncuì	❗ 副 **単に、ただ、全く** 形 純粋である、混じりけのない

□ 942 **从此** cóngcǐ	副 **それ以来、これから**

□ 943 **大多** dàduō	副 **大部分、大多数** 当 大都 dàdū

□ 944 **大力** dàlì	副 **全力をあげて**

58日目 🎧 058
Quick Review
答えは次頁

□ 虚心	□ 优异	□ 有限	□ 珍贵
□ 要好	□ 犹豫	□ 愉快	□ 正当
□ 一贯	□ 有害	□ 圆满	□ 庄严
□ 优胜	□ 有机	□ 扎实	□ 壮丽

他是第一次参加奥运会，心里不免有些紧张。

Tā shì dì-yī cì cānjiā Àoyùnhuì, xīnli bùmiǎn yǒuxiē jǐnzhāng.

彼はオリンピックに初めて参加したので、どうしても少し緊張した。

他从没有忘记过你，总是不时跟我提起你。

Tā cóng méiyou wàngjìguo nǐ, zǒngshì bùshí gēn wǒ tíqǐ nǐ.

彼はあなたのことを忘れたことがなく、いつも私にあなたのことを話してくれる。

十几年来，这种感觉未曾有过。

Shíjǐ nián lái , zhèzhǒng gǎnjué wèi céng yǒu guo.

十数年来、この種の感覚は経験したことがない。

这里常年干旱，庄稼产量一直很低。

Zhèli chángnián gānhàn, zhuāngjia chǎnliàng yìzhí hěn dī.

ここは年中干ばつで、作物の生産量はずっと低い。

这纯粹是我的私事。Zhè chúncuì shì wǒ de sīshì.

これは単に個人的な事です。

他能说一口纯粹的北京话。Tā néng shuō yìkǒu chúncuì de Běijīnghuà.

彼は生粋の北京語を話せる。

他们大吵了一架，从此再也不联系彼此了。

Tāmen dà chǎole yí jià, cóngcǐ zài yě bù liánxì bǐcǐ le.

彼らは大喧嘩をし、それ以来お互いに連絡を取り合っていない。

山里的孩子大多很纯朴，不会撒谎的。

Shān li de háizi dàduō hěn chúnpǔ, bú huì sāhuǎng de.

山の中の子供はたいてい純朴で、嘘をつかない。

中国正在大力提高国民的环保意识。

Zhōngguó zhèngzài dàlì tígāo guómín de huánbǎo yìshi.

中国は国民の環境保護意識を大いに高めている。

☐ 謙虚である　☐ 優れている　☐ 有限である　☐ 貴重である
☐ 仲がよい　☐ ためらう　☐ 愉快である　☐ 正当な
☐ 一貫している　☐ 有害の　☐ 円満である　☐ 荘厳である
☐ 優秀な　☐ 有機の　☐ しっかりしている　☐ 壮麗である

Check 1 🎧 060

□ 945 **倒是** dàoshì	副 〜なのだから、かえって〜
□ 946 **独自** dúzì	副 1人で、単独で
□ 947 **顿时** dùnshí	副 急に
□ 948 **凡是** fánshì	副 〜であるかぎり、およそ、すべて
□ 949 **反而** fǎn'ér	副 かえって、逆に
□ 950 **仿佛** fǎngfú	副 〜のようだ、あたかも〜のようだ ⇔ 好像 hǎoxiàng
□ 951 **非** fēi	副 ぜひとも（しなければならない）、どうしても、〜でなければならない
□ 952 **格外** géwài	副 特に、とりわけ、別に、ほかに

継続
▼

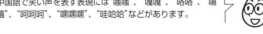
中国語で笑い声を表す表現には"嗤嗤"、"嘎嘎"、"咯咯"、"嘻嘻"、"呵呵呵"、"嘿嘿嘿"、"哇哈哈"などがあります。

1 週目
2 週目
3 週目
4 週目
5 週目
6 週目
7 週目
8 週目
9 週目
10〜12 週目

Check 2 🎧 144

我**倒是**觉得这是件好事，至少你可以轻松一点了。
Wǒ **dàoshì** juéde zhè shì jiàn hǎoshì, zhìshǎo nǐ kěyǐ qīngsōng yìdiǎn le.
それはいいことなのだから、少なくともあなたはもう少し気楽になれます。

他**独自**去外国旅游了。
Tā **dúzì** qù wàiguó lǚyóu le.
彼は1人で外国旅行に行った。

她一看见我，**顿时**愣住了。
Tā yí kànjiàn wǒ, **dùnshí** lèngzhù le.
彼女は私を見たとたん急にぼうぜんとした。

凡是正当的要求公司都会同意。
Fánshì zhèngdàng de yāoqiú gōngsī dōu huì tóngyì.
正当な要求であるかぎり会社は同意するはずだ。

雨**不但**没停，**反而**越下越大了。
Yǔ **búdàn** méi tíng, **fǎn'ér** yuè xià yuè dà le.
雨はやまないどころか、ますますひどくなった。

小李**仿佛**不知道什么是疲倦。
Xiǎo-Lǐ **fǎngfú** bù zhīdào shénme shì píjuàn.
李さんはまるで疲れなど知らないようだ。

你**非**要去那么远的地方工作吗?
Nǐ **fēi** yào qù nàme yuǎn de dìfang gōngzuò ma?
そんなに遠くまで仕事に行かなければならないのですか。

她今天的心情好像**格外**地好。
Tā jīntiān de xīnqíng hǎoxiàng **géwài** de hǎo.
彼女は今日気分が特によさそうだ。

继续
▼

Check 1 　　　　🎧 060

□ 953
或许
huòxǔ
副 ～かもしれない

□ 954
极
jí
副 きわめて

□ 955
急忙
jímáng
副 急いで、慌ただしく、せわしく

□ 956
既
jì
副 ～であり（その上また～）
接 ～である以上

□ 957
简直
jiǎnzhí
副 まるで、まったく、ほとんど

□ 958
渐渐
jiànjiàn
副 しだいに、だんだんと
⟲ 慢慢 mànmàn

□ 959
将
jiāng
副 まもなく～しようとする、きっと～するだろう
前 ～を
📖 主に書き言葉に用いる

□ 960
仅仅
jǐnjǐn
副 ただ、わずかに

或许他在忙着写论文，才没有回你消息吧。

Huòxǔ tā zài mángzhe xiě lùnwén, cái méiyou huí nǐ xiāoxi ba.

もしかしたら彼は論文を書くのに忙しくて、あなたに返事をしてないのだろう。

老师的鼓励给了我极大的信心，我一定能拿一等奖。

Lǎoshī de gǔlì gěile wǒ jí dà de xìnxīn, wǒ yídìng néng ná yī děng jiǎng. 先生の励ましが私にきわめて大きな自信を与えてくれたので、きっと1等賞を取ることができるだろう。

她听说孩子病了，急忙赶到学校。

Tā tīngshuō háizi bìng le, jímáng gǎndào xuéxiào.

彼女は子供が病気だと聞いて、急いで学校に駆けつけた。

新来的老师既温柔又漂亮，大家都很喜欢她。

Xīn lái de lǎoshī jì wēnróu yòu piàoliang, dàjiā dōu hěn xǐhuan tā.

新しく来た先生は優しくてきれいなので、みんな彼女のことが大好きだ。

他简直像疯了一样大笑起来。

Tā jiǎnzhí xiàng fēngle yíyàng dà xiàoqilai.

彼はまるで狂ったかのように大笑いし始めた。

天渐渐黑下来了。

Tiān jiànjiàn hēixialai le.

しだいに日が暮れてきた。

有人认为，在不久的未来，电子书籍将彻底取代纸质书籍。Yǒu rén rènwéi, zài bùjiǔ de wèilái, diànzǐ shūjí jiāng chèdǐ qǔdài zhǐzhì shūjí. 近い将来、電子書籍が紙の書籍に完全に取って代わると考える人もいる。 请将姓名填在指定位置。Qǐng jiāng xìngmíng tiánzài zhǐdìng wèizhi. 名前を指定した場所に記入してください。

我和她仅仅是同事的关系。

Wǒ hé tā jǐnjǐn shì tóngshì de guānxi.

私と彼女はただの同僚だ。

☐ 自発的である	☐ すぐに	☐ どうしても〜する	☐ 単に
☐ うぬぼれる	☐ 絶えず	☐ たびたび	☐ それ以来
☐ 時間どおりに	☐ 〜とは限らない	☐ かつて	☐ 大部分
☐ さすがに	☐ 思わず	☐ 1年中	☐ 全力をあげて

Check 1 🎧 061

□ 961
进一步
jìn yí bù

副 さらに、いちだんと

□ 962
竟然
jìngrán

副 意外にも

□ 963
居然
jūrán

副 意外にも、なんと

□ 964
立即
lìjí

副 すぐに、直ちに

□ 965
陆续
lùxù

副 絶え間なく、引き続き

□ 966
偶尔
ǒu'ěr

副 時々、たまに
形 まれである、偶然である
⇔ 偶然 ǒurán
⇔ 经常 jīngcháng（常に）

□ 967
恰恰
qiàqià

副 まさしく、ちょうど

□ 968
甚至
shènzhì

副 〜さえ、〜すら

继续
▼

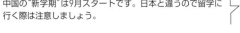
Check 2 🎧 145

政府决定进一步深化经济改革。

Zhèngfǔ juédìng jìn yí bù shēnhuà jīngjì gǎigé.

政府はさらに踏み込んだ経済改革を決定した。

她竟然不知道日本的首相是谁。

Tā jìngrán bù zhīdào Rìběn de shǒuxiàng shì shéi.

彼女はなんと日本の首相が誰なのか知らない。

我对你这么好，你居然背着我作出这种事。

Wǒ duì nǐ zhème hǎo, nǐ jūrán bèizhe wǒ zuòchū zhè zhǒng shì.

あなたにこんなに親切なのに、私に隠れてこんなことをするなんて。

他一上台，台下立即响起热烈的掌声。

Tā yí shàngtái, tái xia lìjí xiǎngqǐ rèliè de zhǎngshēng.

彼が舞台にあがるや、すぐに熱烈な拍手が響き渡った。

新学期开始了，同学们陆续回到学校。

Xīn xuéqī kāishǐ le, tóngxuémen lùxù huídào xuéxiào.

新学期が始まり、同級生たちは続々と学校へ戻ってきた。

爸爸经常加班，偶尔才按时回家。Bàba jīngcháng jiābān, ǒu'ěr cái ànshí huí jiā. 父はよく残業するが、たまに時間どおりに帰ってくる。

只是在很偶尔的时候，他才会想起那件事。Zhǐshì zài hěn ǒu'ěr de shíhou, tā cái huì xiǎngqǐ nà jiàn shì. ただごくまれに、彼はあの事件を思い出すことがある。

你所说的恰恰是我想说的。

Nǐ suǒ shuō de qiàqià shì wǒ xiǎng shuō de.

あなたの言っていることはまさに私が言いたいことだ。

这道题甚至连老师都解答不出来。

Zhè dào tí shènzhì lián lǎoshī dōu jiědábuchūlai.

この問題は先生でさえ解くことができない。

継続
▼

副詞3

Check 1

061

□ 969
是否
shìfǒu
副 ～かどうか

□ 970
索性
suǒxìng
副 思い切って、いっそのこと、あっさりと
≒ 干脆 gāncuì

□ 971
特地
tèdì
副 わざわざ、特に
≒ 特意 tèyì

□ 972
特意
tèyì
副 わざわざ、特に
≒ 特地 tèdì　“特地”と“特意”は基本的に同じ場面で利用できるが、“特意”は意図的に行うという点が強調されることもある

□ 973
偷偷
tōutōu
副 こっそりと
≒ 暗暗 àn'àn

□ 974
先后
xiānhòu
副 相次いで
名 前後

□ 975
依然
yīrán
副 依然として、相変わらず

□ 976
一旦
yídàn
副 いったん
名 1日のうち

60日目 060
Quick Review
答えは次頁

□ 倒是	□ 反而	□ 或许	□ 简直
□ 独自	□ 仿佛	□ 极	□ 渐渐
□ 顿时	□ 非	□ 急忙	□ 将
□ 凡是	□ 格外	□ 既	□ 仅仅

我送了他一支笔作为生日礼物，不知道他是否喜欢。

Wǒ sòngle tā yì zhī bǐ zuòwéi shēngri lǐwù, bù zhīdào tā shìfǒu xǐhuan.

私は誕生日プレゼントとしてペンをあげたが、彼が気に入ったかどうかは分からない。

反正来不及了，索性不去了。

Fǎnzheng láibují le, suǒxìng bú qù le.

どうせ間に合わないのだから、思い切って行かないことにした。

为了开拓孩子视野，妈妈特地带他出国旅游。

Wèile kāituò háizi shìyě, māma tèdì dài tā chūguó lǚyóu.

子供の視野を広げるために、母親はわざわざ海外旅行に連れて行った。

她特意利用休息时间来看望我。

Tā tèyì lìyòng xiūxi shíjiān lái kànwàng wǒ.

彼女は休憩時間を利用してわざわざ私を見舞いに来てくれた。

她偷偷地告诉我她要结婚了。

Tā tōutōu de gàosu wǒ tā yào jiéhūn le.

彼女はこっそり私に結婚すると言った。

他先后发表了几篇短篇小说。 Tā xiānhòu fābiǎole jǐ piān duǎnpiān
xiǎoshuō. 彼は相次いで何本か短編小説を発表した。

你把先后顺序写错了，改一下吧。 Nǐ bǎ xiānhòu shùnxù xiěcuò le, gǎi
yíxià ba. 前後の順番を間違えて書いているので、ちょっと直してください。

五年过去了，她依然那么年轻漂亮，一点都没变。

Wǔ nián guòqu le, tā yīrán nàme niánqīng piàoliang, yìdiǎn dōu méi
biàn. 5年経っても、彼女は相変わらず若くてきれいで、少しも変わっていない。

他一旦开始做一件事，就一定会把它完成。

Tā yídàn kāishǐ zuò yí jiàn shì, jiù yídìng huì bǎ tā wánchéng.

彼はいったん何かを始めたら、必ずそれを完成させる。

□ ～なのだから　　□ かえって　　　□ ～かもしれない　□ まるで
□ 1人で　　　　　□ ～のようだ　　□ きわめて　　　□ しだいに
□ 急に　　　　　　□ ぜひとも　　　□ 急いで　　　　□ まもなく～しようとする
□ ～であるかぎり　□ 特に　　　　　□ ～であり　　　□ ただ

Check 1　　　　　　　　　　　　　　　　　　　　🎧 062

| □ 977 **一口气**
yìkǒuqì | 副 **一気に** |

| □ 978 **一律**
yílǜ | 副 **一律に**
形 一律である、同様である |

| □ 979 **一向**
yíxiàng | 副 **ずっと、平素から、いつも** |

| □ 980 **一再**
yízài | 副 **再三** |

| □ 981 **再次**
zàicì | 副 **再度、もう一度** |

| □ 982 **再三**
zàisān | 副 **再三、たびたび** |

| □ 983 **只不过**
zhǐbuguò | 副 **ただ～に過ぎない** |

| □ 984 **只得**
zhǐdé | 副 **～するよりほかにない** |

継続
▼

Check 2　🎧 146

我一口气喝光了一大杯白酒。
Wǒ yìkǒuqì hēguāngle yí dà bēi báijiǔ.
私は一気に大ぶりの白酒の盃を飲み干した。

国家不分大小，在国际事务上一律平等。
Guójiā bù fēn dàxiǎo, zài guójì shìwù shang yílǜ píngděng.
国の大小を問わず、国際事務上は一律に平等である。

他一向很听你的话，今儿这是怎么了？
Tā yíxiàng hěn tīng nǐ de huà, jīnr zhè shì zěnme le?
彼はいつもあなたの話をよく聞くのに、今日はいったいどうしたの。

他一再表示，自己不会犯同样的错误。
Tā yízài biǎoshì, zìjǐ bú huì fàn tóngyàng de cuòwù.
彼は再三、自分は同じ過ちを犯さないと言った。

我已经上过一次当了，不可能再次上当。
Wǒ yǐjīng shàngguo yí cì dàng le, bù kěnéng zàicì shàngdàng.
私はすでに1度騙されたことがあるので、再び騙されることはない。

虽然我再三叮嘱过他，可他还是忘了。
Suīrán wǒ zàisān dīngzhǔguo tā, kě tā háishi wàng le.
私は彼に再三言い聞かせたが、彼はやはり忘れてしまった。

这本词典很有用，只不过贵了些。
Zhè běn cídiǎn hěn yǒuyòng, zhǐbuguò guì le xiē.
この辞書は役に立つが、少し高いだけだ。

战士们实在太饿了，只得抓了几把雪充饥。
Zhànshìmen shízài tài è le, zhǐdé zhuāle jǐ bǎ xuě chōngjī.
兵士たちは本当に腹が減ったので、雪をつかんで空腹を満たすしかなかった。

継続
▼

Check 1　　　　　　　　　　　　　　　　　　🎧 062

□ 985
只管
zhǐguǎn
圖 ひたすら〜する、気にしないで

□ 986
总算
zǒngsuàn
圖 ようやく、やっと

□ 987
除
chú
前 〜以外は
動 除く
同 除了 chúle
説 主に書き言葉で用いる

□ 988
据
jù
前 〜に基づいて

□ 989
沿着
yánzhe
前 〜に沿って

□ 990
因
yīn
前 〜によって
接 〜なので〜

□ 991
于
yú
前 〜において、〜で
説 主に書き言葉で用いる

□ 992
与
yǔ
前 〜と、〜と共に
接 〜と〜、そして〜
説 主に書き言葉で用いる

Check 2　　　　　　　　　　　　　　　🎧 146

1週目

2週目

3週目

4週目

5週目

6週目

7週目

8週目

9週目

10~12週目

你只管去做，我会支持你的。

Nǐ zhǐguǎn qù zuò, wǒ huì zhīchí nǐ de.

君はやるだけだ、私は君を支持する。

终于放假了，我总算能放松一下了。

Zhōngyú fàngjià le, wǒ zǒngsuàn néng fàngsōng yíxià le.

とうとう休みになったので、ようやく少しリラックスできる。

除随身的背包外，我没有别的行李了。

Chú suíshēn de bēibāo wài, wǒ méiyǒu bié de xíngli le.

私は手荷物のリュック以外に他の荷物はない。

据报道，这个小区已经发现了五名新冠感染者。

Jù bàodào, zhège xiǎoqū yǐjīng fāxiànle wǔ míng xīnguān gǎnrǎnzhě.

報道によると、この団地ではすでに5人のコロナ感染者が発見された。

沿着这条路一直走到尽头，就可以看到我们学校了。

Yánzhe zhè tiáo lù yìzhí zǒudào jìntóu, jiù kěyǐ kàndào wǒmen xuéxiào le.

この道に沿って突き当たりまで行くと、私たちの学校が見える。

因天气原因，运动会推迟举行了。

Yīn tiānqì yuányīn, yùndònghuì tuīchí jǔxíng le.

天候のせいで、運動会は延期された。

这次学术会议将于东京召开。

Zhè cì xuéshù huìyì jiāng yú Dōngjīng zhàokāi.

今回の学術会議は東京で開催される。

李华与张贺断绝了朋友关系。

Lǐ Huá yǔ Zhāng Hè duànjuéle péngyou guānxi.

李華は張賀と友人関係を絶った。

□ さらに　　　　□ 絶え間なく　　　□ 〜かどうか　　　□ こっそりと

□ 意外にも　　　□ 時々　　　　　□ 思い切って　　　□ 相次いで

□ 意外にも　　　□ まさしく　　　□ わざわざ　　　　□ 依然として

□ すぐに　　　　□ 〜さえ　　　　□ わざわざ　　　　□ いったん

Check 1 🎧 063

□ 993
自
zì

前 〜から、〜より

□ 994
不料
búliào

接 思いがけなく、意外にも

□ 995
除非
chúfēi

接 〜してこそ〜する、〜でないかぎり〜しない

□ 996
此外
cǐwài

接 このほかは、これ以外は

□ 997
而
ér

接 〜かつ、その上、〜であるがしかし〜
語 書き言葉で使われ、並列、順接、累加、逆接など様々な意味で用いられる

□ 998
否则
fǒuzé

接 そうでないと、さもなければ

□ 999
即便
jíbiàn

接 たとえ〜でも

□ 1000
加上
jiāshàng

接 その上、さらに

継続
▼

中国語では雨が降る音は"哗哗 huāhuā"って知ってましたか？

1 週目
2 週目
3 週目
4 週目
5 週目
6 週目
7 週目
8 週目
9 週目
10～12 週目

Check 2 🎧 147

自下周开始，我就要到另一个部门工作了。

Zì xiàzhōu kāishǐ, wǒ jiù yào dào lìng yí ge bùmén gōngzuò le.

来週から別の部署で働くことになった。

上午还晴空万里，**不料**下午却下起了倾盆大雨。

Shàngwǔ hái qíngkōng-wànlǐ, **búliào** xiàwǔ què xiàqǐle qīngpén dà yǔ.

午前中は晴れていたのに、午後になると土砂降りになった。

除非亲身体验，否则不会真正理解。

Chúfēi qīnshēn tǐyàn, fǒuzé bú huì zhēnzhèng lǐjiě.

自分自身で体験しないことには、本当に理解することはできない。

学生上课要认真听讲，**此外**，还要积极回答问题。

Xuéshēng shàngkè yào rènzhēn tīngjiǎng, **cǐwài**, hái yào jījí huídá wèntí.

学生は授業中はまじめに受講するほか、積極的に問題にも答えなければならない。

你应该努力学习，**而**不是每天荒废时间。

Nǐ yīnggāi nǔlì xuéxí, **ér** bú shì měi tiān huāngfèi shíjiān.

あなたは一生懸命勉強すべきで、毎日時間を無駄にするのではありません。

必须先交押金，**否则**不能预订。

Bìxū xiān jiāo yājīn, **fǒuzé** bù néng yùdìng.

前金を払わないと予約できません。

在中国**即便**不懂汉语也不会觉得不方便。

Zài Zhōngguó **jíbiàn** bù dǒng Hànyǔ yě bú huì juéde bù fāngbiàn.

中国では中国語が分からなくても不便に感じないだろう。

今天太晚了，再**加上**又下了雨，你还是在这儿住一晚吧。

Jīntiān tài wǎn le, zài **jiāshàng** yòu xiàle yǔ, nǐ háishi zài zhèr zhù yì wǎn ba. 今日は遅すぎるし、雨も降っているから、ここに1泊したほうがいいよ。

继续
▼

Check 1	🎧 063

☐ 1001
假使
jiǎshǐ

接 もしも～なら、仮に～ならば
≒ 假若 jiǎruò、假如 jiǎrú

☐ 1002
就算
jiùsuàn

接 たとえ～であっても

☐ 1003
可见
kějiàn

接 ～ということが分かる

☐ 1004
免得
miǎnde

接 ～しないですむように

☐ 1005
要么
yàome

接 ～でなければ～
用 "要么～,要么～"の形で「～するか、または～する」

☐ 1006
与其
yǔqí

接 ～よりも～のほうが

☐ 1007
再说
zàishuō

接 その上、それに
動 あとで考える

☐ 1008
总之
zǒngzhī

接 つまり

62日目🎧062 Quick Review 答えは次頁	☐ 一口气 ☐ 一律 ☐ 一向 ☐ 一再	☐ 再次 ☐ 再三 ☐ 只不过 ☐ 只得	☐ 只管 ☐ 总算 ☐ 除 ☐ 据	☐ 沿着 ☐ 因 ☐ 于 ☐ 与

1 週目
2 週目
3 週目
4 週目
5 週目
6 週目
7 週目
8 週目
9 週目
10~12 週目

假使她也来，我们就有十个人了。

Jiǎshǐ tā yě lái, wǒmen jiù yǒu shí ge rén le.

もし彼女も来れば、私たちは 10 人になる。

就算他错了，你也不用动手打他吧?

Jiùsuàn tā cuò le, nǐ yě búyòng dòngshǒu dǎ tā ba?

たとえ彼が間違っていたとしても、彼を殴る必要はないでしょう。

他还没来，可见他是不想参加了。

Tā hái méi lái, kějiàn tā shì bù xiǎng cānjiā le.

彼はまだ来てないが、参加したくなくなったのだろう。

你还是给家里打个电话吧，免得他们着急。

Nǐ háishi gěi jiā li dǎ ge diànhuà ba, miǎnde tāmen zháojí.

彼らが焦らないように、やはり家に電話をしなさい。

要么读研，要么工作，你总要选一个。

Yàome dú yán, yàome gōngzuò, nǐ zǒng yào xuǎn yí ge.

大学院に行くか、または仕事をするか、ともかく 1 つを選ばなければならない。

与其撒谎不如实话实说。

Yǔqí sāhuǎng bùrú shíhuà shíshuō.

うそを言うよりは、事実をありのままに話すほうがよい。

她说不想见你，再说你们也没有见面的必要了。Tā shuō bù xiǎng jiàn nǐ, zàishuō nǐmen yě méiyou jiànmiàn de bìyào le. 彼女はあなたに会いたくないと言っているし、それにあなた達も会う必要はない。　今天到这儿，剩下的明天再说吧。Jīntiān dào zhèr, shèngxià de míngtiān zàishuō ba. 今日はここまでにして、残ったのは明日にしよう。

总之，每个人都有自己的想法。

Zǒngzhī, měi ge rén dōu yǒu zìjǐ de xiǎngfa.

つまり、誰もが自分の考えを持っているのだ。

□ 一気に	□ 再度	□ ひたすら～する	□ ～に沿って
□ 一律に	□ 再三	□ ようやく	□ ～によって
□ ずっと	□ ただ～に過ぎない	□ ～以外は	□ ～において
□ 再三	□ ～するよりほかにない	□ ～に基づいて	□ ～と

衣服
（衣服）

件 jiàn　　　衣類・事柄・ものを数える。

我胖了，这几件衣服都不能穿了。
Wǒ pàng le, zhè jǐ jiàn yīfu dōu bù néng chuān le.
私は太ったので、この数着の服を着られなくなった。

摞 luò　　　何枚かいっぺんに抱えられている服を数える。

他抱着一摞衣服走了进来。
Tā bàozhe yí luò yīfu zǒule jinlai.
彼は腕に数枚の服を抱えて入ってきた。

身 shēn　　　上下の服を合わせて数える。

这身衣服是我奶奶送我的。
Zhè shēn yīfu shì wǒ nǎinai sòng wǒ de.
このひと揃いの服は祖母が私にプレゼントしてくれたものだ。

套 tào　　　ひと揃いになっているものを数える。

做一套西服要多少工钱?
Zuò yí tào xīfú yào duōshao gōngqián?
スーツ1着を作ると仕立て代はどれくらいですか。

房子
（家）

栋 dòng　　　家屋を数える。

他贷款三百万元买了这栋房子。
Tā dàikuǎn sānbǎi wàn yuán mǎile zhè dòng fángzi.
彼は300万元を借り入れてこの1棟の家を買った。

间 jiān　　　部屋を数える。

这间房子是朝阳的。
Zhè jiān fángzi shì cháoyáng de.
この部屋は南向きだ。

所 suǒ　　　建物を数える。

昨天的火灾烧毁了三十所房子。
Zuótiān de huǒzāi shāohuǐle sānshí suǒ fángzi.
昨日の火災で30軒の家が焼失した。

幢 zhuàng　　　建物の棟数を数える。主に中国南方でよく使われる。

这幢房子是一九一一年修建的。
Zhè zhuàng fángzi shì yī jiǔ yī yī nián xiūjiàn de.
この家は1911年に建造されたものだ。

キクタン中国語
10-12 週目

1 週目
2 週目
3 週目
4 週目
5 週目
6 週目
7 週目
8 週目
9 週目
10 週目 ~ 12

Check 1　　　　　　　　　　　　　　　　　🎧 064
Check 2　　　　　　　　　　　　　　　　　🎧 148

□ 1009

安居乐业
ānjū-lèyè

安心して生活し、楽しく働く
近 国泰民安 / 丰衣足食　反 民不聊生

连工作都找不到，怎么能安居乐业？
Lián gōngzuò dōu zhǎobudào, zěnme néng ānjū-lèyè?
仕事も見つけられないのに、どうして安心して暮らせるだろうか。

□ 1010

必由之路
bìyóuzhīlù

必ず通らなければならない道
近 必经之路

艰苦奋斗是成功的必由之路。
Jiānkǔ fèndòu shì chénggōng de bìyóuzhīlù.
刻苦奮闘は、成功のために必ず通らなければならない道である。

□ 1011

不动声色
búdòng-shēngsè

冷静沈着、感情を声や顔に出さない
近 不露声色 / 无动于衷
反 不知所措 / 手足无措

情况紧急，他却不动声色，心中想着对策。
Qíngkuàng jǐnjí, tā què búdòng-shēngsè, xīnzhōng xiǎngzhe duìcè.
事態が切迫しているのに、彼は冷静沈着に対策を考えている。

□ 1012

不可思议
bùkě-sīyì

不思議である、想像できない、理解しがたい
近 匪夷所思　反 顺理成章

他这么快就写完了论文，真是不可思议！
Tā zhème kuài jiù xiěwánle lùnwén, zhēn shì bùkě-sīyì!
彼がこんなに早く論文を書き終えたのは、本当に不思議だ！

63日目 🎧 063
Quick Review
答えは次頁

□ 自	□ 而	□ 假使	□ 要么
□ 不料	□ 否则	□ 就算	□ 与其
□ 除非	□ 即便	□ 可见	□ 再说
□ 此外	□ 加上	□ 免得	□ 总之

□ 1013
不以为然
bùyǐwéirán

そうとは思わない、同意しない、納得できない
近 嗤之以鼻　反 五体投地

起初我很不以为然，后来才发现他说的有道理。

Qǐchū wǒ hěn bùyǐwéirán, hòulái cái fāxiàn tā shuō de yǒu dàolǐ.

最初私は全く納得していなかったが、後になって彼の言うことは筋が通っていると分かった。

□ 1014
不由自主
bùyóuzìzhǔ

思わず、知らず知らず
近 情不自禁　反 迫不得已

听到这熟悉的旋律，我不由自主地跟着哼唱起来。

Tīngdào zhè shúxī de xuánlǜ, wǒ bùyóuzìzhǔ de gēnzhe hēng chàngqilai.

この聞き慣れたメロディーに、思わずハミングをしてしまった。

□ 1015
不约而同
bùyuē'értóng

期せずして一致する
近 不谋而合　反 零零散散

外面下雪了，孩子们不约而同地跑了出来。

Wàimiàn xià xuě le, háizimen bùyuē'értóng de pǎole chulai.

外は雪だったので、子供たちは期せずして飛び出してきた。

□ 1016
不折不扣
bùzhé-búkòu

掛け値なしの、正真正銘の、まぎれもなく
近 彻头彻尾 / 如假包换

她真是一个不折不扣的骗子。

Tā zhēn shì yí ge bùzhé-búkòu de piànzi.

彼女はまぎれもない嘘つきだ。

□ ～から	□ ～かつ	□ もしも～なら	□ ～でなければ～
□ 思いがけなく	□ そうでないと	□ たとえ～であっても	□ ～よりも～のほうが
□ ～してこそ～する	□ たとえ～でも	□ ～ということが分かる	□ その上
□ このほかは	□ その上	□ ～しないですむように	□ つまり

1 週目
2 週目
3 週目
4 週目
5 週目
6 週目
7 週目
8 週目
9 週目
10～12 週目

| Check 1 | 🎧 065 |
| Check 2 | 🎧 149 |

□ 1017
不知不觉
bùzhī-bùjué

知らず知らず、いつのまにか
近 潜移默化　反 惊天动地

跟朋友边喝边聊，不知不觉就把酒喝光了。
Gēn péngyou biān hē biān liáo, bùzhī-bùjué jiù bǎ jiǔ hēguāng le.
友達と飲みながら話しているうちに、いつのまにかお酒を飲み干してしまった。

□ 1018
不知所措
bùzhī-suǒcuò

どうしてよいか分からない、なすところ
を知らずうろたえるさま
近 手足无措 / 惊惶失措　反 从容不迫

面对质问，他有些不知所措。
Miànduì zhìwèn, tā yǒuxiē bùzhī-suǒcuò.
面と向かって詰問され、彼は少し戸惑った。

□ 1019
层出不穷
céngchū-bùqióng

次から次へと現れて尽きない
近 屡见不鲜　反 寥若晨星

在研发产品的过程中，新的问题层出不穷。
Zài yánfā chǎnpǐn de guòchéng zhōng, xīn de wèntí céngchū-bùqióng.
製品研究開発の過程で、新たな問題が続出した。

□ 1020
长治久安
chángzhì-jiǔ'ān

長期にわたって社会が安定していること
反 动荡不安

孙中山说："有了很好的道德，国家才能长治久安。"
Sūn Zhōngshān shuō :"Yǒule hěn hǎo de dàodé, guójiā cái néng chángzhì-jiǔ'ān."
孫文は「よい道徳あってこそ、国家は常しえに安定する」と言った。

64日目 🎧 064
Quick Review
答えは次頁

| □ 安居乐业 | □ 不动声色 | □ 不以为然 | □ 不约而同 |
| □ 必由之路 | □ 不可思议 | □ 不由自主 | □ 不折不扣 |

□ 1021

成千上万
chéngqiān-shàngwàn

何千何万の、おびただしい数の
🔵 千千万万　🔴 寥寥无几

每到夏天，就有成千上万的人到云南旅游。
Měi dào xiàtiān, jiù yǒu chéngqiān-shàngwàn de rén dào Yúnnán lǚyóu.

夏になると、何千何万もの人が雲南に旅行に行く。

□ 1022

持之以恒
chízhī-yǐhéng

持続する、根気よくがんばる
🔵 锲而不舍 / 孜孜不倦
🔴 一暴十寒 / 半途而废

不管做什么，都要有持之以恒的精神。
Bùguǎn zuò shénme, dōu yào yǒu chízhī-yǐhéng de jīngshén.

何をするにも、根気強さを持たなければならない。

□ 1023

出人意料
chūrényìliào

人の意表に出る、思いがけない、唐突である
🔵 出乎意料 / 出其不意　🔴 意料之中

他们俩能走到一起，确实出人意料。
Tāmen liǎ néng zǒudào yìqǐ, quèshí chūrényìliào.

彼ら2人が一緒になったのは、確かに意外だった。

□ 1024

触目惊心
chùmù-jīngxīn

ひどい情景を見て心を痛める
🔵 惊心动魄　🔴 司空见惯

看到这触目惊心的一幕，我一下子说不出话来了。
Kàndào zhè chùmù-jīngxīn de yí mù, wǒ yíxiàzi shuōbuchū huà lái le.

その痛ましい光景を見て、私はしばし言葉を失った。

□ 安心して生活し、　　□ 冷静沈着　　　　□ そうとは思わない　　□ 期せずして一致す
　楽しく働く　　　　　　　　　　　　　　　　　　　　　　　　　　　　る
□ 必ず通らなければ　　□ 不思議である　　□ 思わず　　　　　　　□ 掛け値なしの
　ならない道

1週目
2週目
3週目
4週目
5週目
6週目
7週目
8週目
9週目
10〜12週目

Check 1　　　　　　　　　　　　　　　　　　🎧 066
Check 2　　　　　　　　　　　　　　　　　　🎧 150

□ 1025
此起彼伏
cǐqǐ-bǐfú

連続して絶え間ない、こちらで起きるとあちらで静まる
近 此起彼落　反 销声匿迹

他们的表演太精彩了，会场里的掌声此起彼伏。
Tāmen de biǎoyǎn tài jīngcǎi le，huìchǎng li de zhǎngshēng cǐqǐ-bǐfú.
彼らの演技は非常に素晴らしかったので、会場内は拍手がわき起こった。

□ 1026
错综复杂
cuòzōng-fùzá

複雑に入り組んでいる、錯綜している
近 扑朔迷离 / 纵横交错　反 一目了然

这本小说中的人物关系错综复杂。
Zhè běn xiǎoshuō zhōng de rénwù guānxi cuòzōng-fùzá.
この小説の人間関係は複雑に入り組んでいる。

□ 1027
大吃一惊
dàchī-yìjīng

びっくり仰天する、非常に驚く
近 惊诧万分　反 心平气和

比赛的结果让观众大吃一惊。
Bǐsài de jiéguǒ ràng guānzhòng dàchī-yìjīng.
試合の結果は観客を大変驚かせた。

□ 1028
大街小巷
dàjiē-xiǎoxiàng

街中いたるところ、大通りや路地
近 街头巷尾

春节到了，大街小巷喜气洋洋。
Chūnjié dào le，dàjiē-xiǎoxiàng xǐqì-yángyáng.
春節になり、町中が喜びにあふれている。

| □ 不知不觉 | □ 层出不穷 | □ 成千上万 | □ 出人意料 |
| □ 不知所措 | □ 长治久安 | □ 持之以恒 | □ 触目惊心 |

1 週目
2 週目
3 週目
4 週目
5 週目
6 週目
7 週目
8 週目
9 週目
10～12 週目

□ 1029
当务之急
dāngwùzhījí

差し当たってやらねばならないこと
近 迫在眉睫　反 无关紧要

当务之急是解决毕业生的就业问题。
Dāngwùzhījí shì jiějué bìyèshēng de jiùyè wèntí.
卒業生の就職問題の解決が急務だ。

□ 1030
德才兼备
décái-jiānbèi

才徳兼備
近 德才兼修　反 德薄才疏

德才兼备是我们公司录用新人的标准。
Décái-jiānbèi shì wǒmen gōngsī lùyòng xīnrén de biāozhǔn.
才能と徳を兼ね備えていることが我が社の新人採用の基準である。

□ 1031
得天独厚
détiāndúhòu

特に恵まれている、よい環境に恵まれている
近 天时地利 / 地利人和　反 先天不足

日本四面环海，自然条件**得天独厚**。
Rìběn sìmiàn huánhǎi, zìrán tiáojiàn détiāndúhòu.
日本は四方を海に囲まれ、自然条件に恵まれている。

□ 1032
耳目一新
ěrmù-yìxīn

耳目を一新する、聞くもの見るものがすっかり変わる
近 焕然一新　反 依然如故

他知识面广，所以谈话的内容总能让人**耳目一新**。
Tā zhīshi miàn guǎng, suǒyǐ tánhuà de nèiróng zǒng néng ràng rén ěrmù-yìxīn.
彼は知識が広いので、話の内容はいつも新鮮だ。

□ 知らず知らず　□ 次から次へと現れて尽きない　□ 何千何万の　□ 人の意表に出る
□ どうしてよいか分からない　□ 長期にわたって社会が安定していること　□ 持続する　□ ひどい情景を見て心を痛める

Check 1　　　　　　　　　　　　　　　　　🎧 067
Check 2　　　　　　　　　　　　　　　　　🎧 151

□ 1033

翻天覆地
fāntiān-fùdì

天地がひっくり返るような変化
近 天翻地覆　反 一成不变

近些年，我的家乡发生了翻天覆地的变化。
Jìn xiē nián, wǒ de jiāxiāng fāshēngle fāntiān-fùdì de biànhuà.
ここ数年で、私の故郷では天地がひっくり返るような大きな変化があった。

□ 1034

丰富多彩
fēngfù-duōcǎi

多彩である、多種多様である、色とりどりである
近 五花八门　反 枯燥乏味

晚会上有丰富多彩的节目。
Wǎnhuì shang yǒu fēngfù-duōcǎi de jiémù.
パーティーでは多彩なプログラムがあった。

□ 1035

风云变幻
fēngyún-biànhuàn

変化が目まぐるしい
近 风云突变 / 风诡云谲　反 岿然不动

股票市场风云变幻，股民的心情跌宕起伏。
Gǔpiào shìchǎng fēngyún-biànhuàn, gǔmín de xīnqíng diēdàng qǐfú.
株式市場は変化が目まぐるしく、個人投資家の気持ちは乱高下している。

□ 1036

高瞻远瞩
gāozhān-yuǎnzhǔ

広い視野を持つ、高所から遠くを見る、遠大な見識を持つ
近 目光远大 / 高屋建瓴　反 鼠目寸光 / 目光如豆

他是一位高瞻远瞩的领导，带领公司飞速发展。
Tā shì yí wèi gāozhān-yuǎnzhǔ de lǐngdǎo, dàilǐng gōngsī fēisù fāzhǎn.
彼は会社を飛躍的に発展させた広い視野を持つリーダーだ。

66日目 🎧 066
Quick Review
答えは次頁

□ 此起彼伏	□ 大吃一惊	□ 当务之急	□ 得天独厚
□ 错综复杂	□ 大街小巷	□ 德才兼备	□ 耳目一新

1週目
2週目
3週目
4週目
5週目
6週目
7週目
8週目
9週目
10～12週目

☐ 1037

各种各样
gèzhǒng-gèyàng

さまざまな、いろいろな
近 各式各样　反 一模一样

生活带给人们各种各样的烦恼。
Shēnghuó dàigěi rénmen gèzhǒng-gèyàng de fánnǎo.
生活は人々にさまざまな悩みをもたらす。

☐ 1038

供不应求
gōngbúyìngqiú

供給不足である、供給が需要に追いつかない
近 僧多粥少　反 供过于求

这款手机火得很，经常供不应求。
Zhè kuǎn shǒujī huǒ dehěn, jīngcháng gōngbúyìngqiú.
この携帯電話はとても人気があり、常に供給不足の状態だ。

☐ 1039

归根到底
guīgēn-dàodǐ

結局、つまるところ
近 归根结底　反 追根溯源

公司的发展归根到底还是要靠人才。
Gōngsī de fāzhǎn guīgēn-dàodǐ háishi yào kào réncái.
会社の発展は結局のところやはり人材にかかっている。

☐ 1040

轰轰烈烈
hōnghōnglièliè

（規模が大きく）勢いがすさまじい
近 声势浩大　反 冷冷清清

打击毒品犯罪正在全国轰轰烈烈地展开。
Dǎjī dúpǐn fànzuì zhèngzài quánguó hōnghōnglièliè de zhǎnkāi.
薬物撲滅運動は全国で盛んに繰り広げられている。

☐ 連続して絶え間ない　　☐ びっくり仰天する　　☐ 差し当たってやらねばならないこと　　☐ 特に恵まれている

☐ 複雑に入り組んでいる　　☐ 街中いたるところ　　☐ 才徳兼備　　☐ 耳目を一新する

□ 1041

后顾之忧
hòugùzhīyōu

後顧の憂い
近 黄雀伺蝉　反 无忧无虑

李明承担起了照顾奶奶的重任，解决了爸妈的后顾之忧。
Lǐ Míng chéngdānqǐle zhàogù nǎinai de zhòngrèn, jiějuéle bà mā de hòugùzhīyōu.
李明は祖母の世話という重責を引き受け、両親の後々の心配を解決した。

□ 1042

欢聚一堂
huānjù-yītáng

一堂に楽しく会する

学生们欢聚一堂，庆祝内田教授的古稀生日。
Xuéshengmen huānjù-yītáng, qìngzhù Nèitián jiàoshòu de gǔxī shēngrì.
教え子が一堂に会し、内田教授の古稀を祝った。

□ 1043

急功近利
jígōng-jìnlì

功を焦り、目先の利を求める
近 急于求成 / 鼠目寸光
反 深谋远虑 / 高瞻远瞩

有些人急功近利，不肯脚踏实地地付出努力。
Yǒuxiē rén jígōng-jìnlì, bùkěn jiǎotàshídì de fùchū nǔlì.
一部の人は目先の利益に走り、地道に努力しようとしない。

□ 1044

家喻户晓
jiāyù-hùxiǎo

誰でも知っている
近 妇孺皆知　反 默默无闻

《蜡笔小新》是日本家喻户晓的漫画。
《 Làbǐ Xiǎo-Xīn 》shì Rìběn jiāyù-hùxiǎo de mànhuà.
「クレヨンしんちゃん」は日本では誰もが知っている漫画だ。

□ 1045

坚定不移
jiāndìng-bùyí

しっかりとして動揺しない
🔵 坚持不懈　🔺 动摇不定

她对项目的成功抱有坚定不移的信念。

Tā duì xiàngmù de chénggōng bàoyǒu jiāndìng-bùyí de xìnniàn.

彼女は計画の成功について確固とした信念を抱いている。

□ 1046

建功立业
jiàngōnglìyè

功績を立て事績を残す
🔵 建功立事　🔺 碌碌无为

每个有志青年都渴望建功立业。

Měi ge yǒu zhì qīngnián dōu kěwàng jiàngōnglìyè.

志ある青年は誰もが成功を収めたいと渇望している。

□ 1047

见义勇为
jiànyì-yǒngwéi

勇敢に正義を行う、正しいと思ったこと
を勇敢に実行する
🔵 急公好义　🔺 袖手旁观

他见义勇为的行为得到了大家的称赞。

Tā jiànyì-yǒngwéi de xíngwéi dédàole dàjiā de chēngzàn.

彼の勇気ある行為は皆の称賛を得た。

□ 1048

脚踏实地
jiǎotàshídì

足が地に着いている、堅実である
🔵 踏踏实实　🔺 好高骛远

他每年写几篇论文，脚踏实地地积累着研究成果。

Tā měi nián xiě jǐ piān lùnwén, jiǎotàshídì de jīlěizhe yánjiū chéngguǒ.

彼は毎年数本の論文を書き、着実に研究成果を積み重ねている。

□ 天地がひっくり返 　□ 変化が目まぐるしい 　□ さまざまな 　□ 結局
　るような変化
□ 多彩である 　□ 広い視野を持つ 　□ 供給不足である 　□ 勢いがすさまじい

□ 1049

惊心动魄
jīngxīn-dòngpò

はらはらする、心を揺さぶる
近 动魄惊心 / 心惊肉跳
反 稀松平常 / 泰然自若

今天在这里上演了一场惊心动魄的比赛。

Jīntiān zài zhèli shàngyǎnle yì chǎng jīngxīn-dòngpò de bǐsài.

今日はここで手に汗握る試合が繰り広げられた。

□ 1050

久而久之
jiǔ'érjiǔzhī

長く続けるうちに、だんだんに、そのうちに
近 日久天长　反 一朝一夕

作息不规律久而久之，就会得一些慢性病。

Zuòxī bù guīlǜ jiǔ'érjiǔzhī, jiù huì dé yìxiē mànxìngbìng.

仕事や休息が不規則だと、そのうち慢性病にかかるだろう。

□ 1051

举世瞩目
jǔshì-zhǔmù

全世界が注目をしている
近 举世闻名　反 默默无闻

中国航天事业取得了举世瞩目的成就。

Zhōngguó hángtiān shìyè qǔdéle jǔshì-zhǔmù de chéngjiù.

中国の宇宙事業は世界が注目する成果を収めた。

□ 1052

举足轻重
jǔzú-qīngzhòng

言動に影響力がある
近 至关重大　反 无足轻重

他在技术创新中起着举足轻重的作用。

Tā zài jìshù chuàngxīn zhōng qǐzhe jǔzú-qīngzhòng de zuòyòng.

彼は技術革新において重要な役割を果たしている。

68日目 🎧 068
Quick Review
答えは次頁

□ 后顾之忧　　□ 急功近利　　□ 坚定不移　　□ 见义勇为

□ 欢聚一堂　　□ 家喻户晓　　□ 建功立业　　□ 脚踏实地

□ 1053

聚精会神
jùjīng-huìshén

一心不乱に〜する、精神を集中する
近 全神贯注　反 神不守舍

图书馆里人们正聚精会神地看书。
Túshūguǎn li rénmen zhèng jùjīng-huìshén de kàn shū.
図書館では人々が一心不乱に本を読んでいる。

□ 1054

可想而知
kěxiǎng'érzhī

推して知るべし
反 不可预料

这种情况如果继续下去的话，后果是可想而知的。
Zhè zhǒng qíngkuàng rúguǒ jìxùxiaqu de huà, hòuguǒ shì kěxiǎng'érzhī de.
このような状況が続けば、結果は推して知るべしだ。

□ 1055

刻不容缓
kèbùrónghuǎn

一刻の猶予もならない
近 迫不及待 / 火烧眉毛　反 不急不徐

治理环境污染已经到了刻不容缓的地步。
Zhìlǐ huánjìng wūrǎn yǐjing dàole kèbùrónghuǎn de dìbù.
環境汚染対策はすでに一刻の猶予も許されない状況になっている。

□ 1056

来之不易
láizhībúyì

（目的や成果を）得ることは難しい
反 轻而易举

我们要珍惜这来之不易的幸福生活。
Wǒmen yào zhēnxī zhè láizhībúyì de xìngfú shēnghuó
我々はこの得がたい幸せな生活を大切にしなければならない。

□ 後顧の憂い   □ 功を焦り、目先の利を求める   □ しっかりとして動揺しない   □ 勇敢に正義を行う

□ 一堂に楽しく会する   □ 誰でも知っている   □ 功績を立て事績を残す   □ 足が地に着いている

Check 1	🎧 070
Check 2	🎧 154

☐ 1057

理所当然
lǐsuǒdāngrán

理の当然である、道理にかなっている
近 天经地义　反 不合情理

这件事是他做错了，他道歉是理所当然的。
Zhè jiàn shì shì tā zuòcuò le, tā dàoqiàn shì lǐsuǒdāngrán de.
この件は彼がミスをしたのだから、彼が謝るのは当然だ。

☐ 1058

理直气壮
lǐzhí-qìzhuàng

（言動に）勢いがある、理屈が通っていて意気盛んである
近 义正辞严　反 强词夺理／理屈词穷

他觉得自己没有错，话说得理直气壮。
Tā juéde zìjǐ méiyǒu cuò, huà shuōde lǐzhí-qìzhuàng.
彼は自分に間違いはないと思って、堂々と話をした。

☐ 1059

力所能及
lìsuǒnéngjí

力の及ぶ限り、力の及ぶ範囲
近 量力而行　反 无能为力

我愿意为别人做一些力所能及的事。
Wǒ yuànyì wèi biéren zuò yìxiē lìsuǒnéngjí de shì.
私は人のためにできる限りのことをしたい。

☐ 1060

乱七八糟
luànqībāzāo

ごちゃごちゃしている、めちゃくちゃである
近 杂乱无章　反 井然有序

她是个不会收拾的人，家里总是弄得乱七八糟的。
Tā shì ge bú huì shōushi de rén, jiā li zǒngshì nòngde luànqībāzāo de.
彼女は片付けられない人で、家の中はいつも散らかっている。

69日目 🎧 069
Quick Review
答えは次頁

☐ 惊心动魄	☐ 举世瞩目	☐ 聚精会神	☐ 刻不容缓
☐ 久而久之	☐ 举足轻重	☐ 可想而知	☐ 来之不易

☐ 1061
络绎不绝
luòyì-bùjué

往来が絶え間ない
近 川流不息　反 门可罗雀

我家附近新开了一家名牌折扣店，来买东西的人络绎不绝。
Wǒ jiā fùjìn xīn kāile yì jiā míngpái zhékòu diàn, lái mǎi dōngxi de rén luòyì-bùjué.
家の近くにアウトレットショップが新しくオープンし、買い物客が後を絶たない。

☐ 1062
名副其实
míngfùqíshí

名実相伴う、名実ともに備わっている
近 名符其实　反 名不副实／名不符实

他是个名副其实的好老师。
Tā shì ge míngfùqíshí de hǎo lǎoshī.
彼は名実ともによい先生である。

☐ 1063
莫名其妙
mòmíngqímiào

訳が分からない、奇妙である
近 莫明其妙　反 洞若观火

这种现代艺术，我觉得简直是莫名其妙。
Zhè zhǒng xiàndài yìshù, wǒ juéde jiǎnzhí shì mòmíngqímiào.
こういったモダンアートはさっぱり分からない。

☐ 1064
弄虚作假
nòngxū-zuòjiǎ

いんちきをする、虚言を弄する
近 歪门邪道　反 光明磊落

有的企业为了应付检查而弄虚作假。
Yǒude qǐyè wèile yìngfu jiǎnchá ér nòngxū-zuòjiǎ.
検査に備えて不正を行う企業がある。

☐ はらはらする
☐ 長く続くうちに

☐ 全世界が注目をしている
☐ 言動に影響力がある

☐ 一心不乱に～する
☐ 推して知るべし

☐ 一刻の猶予もならない
☐ 得ることは難しい

1週目
2週目
3週目
4週目
5週目
6週目
7週目
8週目
9週目
10〜12週目

Check 1　　　　　　　　　　　　　　　　　　🎧 071
Check 2　　　　　　　　　　　　　　　　　　🎧 155

□ 1065

迫不及待
pòbùjídài

（事態が切迫して）ぐずぐずしていられ
ない、焦る
近 刻不容缓 / 急不可待　反 不急不徐

他腿上的伤刚好，就迫不及待地想参加比赛。
Tā tuǐshang de shāng gāng hǎo, jiù pòbùjídài de xiǎng cānjiā bǐsài.
彼は足の怪我が治るや、すぐにも試合に出たくてたまらなかった。

□ 1066

齐心协力
qíxīn-xiélì

一致協力する、一体となって努力する
近 齐心合力 / 同心同德
反 离心背德 / 一盘散沙

大家应该齐心协力克服困难。
Dàjiā yīnggāi qíxīn-xiélì kèfú kùnnan.
皆が一致協力して困難を克服すべきだ。

□ 1067

旗帜鲜明
qízhì-xiānmíng

態度や主張がはっきりしている
近 立场鲜明　反 模棱两可

在会议上，他旗帜鲜明地表达了自己的观点。
Zài huìyì shang, tā qízhì-xiānmíng de biǎodále zìjǐ de guāndiǎn.
会議の席上、彼ははっきりと自分の見解を表明した。

□ 1068

千方百计
qiānfāng-bǎijì

あらゆる手段を講じる
近 想方设法　反 束手无策

他为了治好女儿的病，千方百计地找好医生。
Tā wèile zhìhǎo nǚ'ér de bìng, qiānfāng-bǎijì de zhǎo hǎo yīshēng.
彼は娘の病気を治療するために、手を尽くして名医を探した。

70日目 🎧 070
Quick Review
答えは次頁

| □ 理所当然 | □ 力所能及 | □ 络绎不绝 | □ 莫名其妙 |
| □ 理直气壮 | □ 乱七八糟 | □ 名副其实 | □ 弄虚作假 |

1 週目
2 週目
3 週目
4 週目
5 週目
6 週目
7 週目
8 週目
9 週目
10～12 週目

□ 1069

千家万户
qiānjiāwànhù

多くの家々

石油价格的上涨关系着千家万户的生活。

Shíyóu jiàgé de shàngzhǎng guānxizhe qiānjiāwànhù de shēnghuó.

石油価格の上昇は多くの家庭の生活に関わる。

□ 1070

前所未有
qiánsuǒwèiyǒu

いまだかつてない、未曽有である
近 史无前例　反 司空见惯

日本的制造业正面临着前所未有的危机。

Rìběn de zhìzàoyè zhèng miànlínzhe qiánsuǒwèiyǒu de wēijī.

日本の製造業はいまだかつてない危機に直面している。

□ 1071

潜移默化
qiányí-mòhuà

知らず知らずのうちに感化する（される）
近 耳濡目染　反 洁身自好 / 无动于衷

父母的言行对孩子有潜移默化的影响。

Fùmǔ de yánxíng duì háizi yǒu qiányí-mòhuà de yǐngxiǎng.

両親の言動は子供に知らず知らず影響する。

□ 1072

情不自禁
qíngbúzìjīn

（主に感情面で）思わず、知らずに
近 不由自主 / 身不由己
反 不露声色 / 无动于衷

电影非常感人，大家都情不自禁地流下了眼泪。

Diànyǐng fēicháng gǎn rén, dàjiā dōu qíngbúzìjīn de liúxiàle yǎnlèi.

映画は非常に感動的で、みんな思わず涙を流した。

□ 理の当然である　　□ 力の及ぶ限り　　□ 往来が絶え間ない　　□ 訳が分からない

□ 勢いがある　　□ ごちゃごちゃしている　　□ 名実相伴う　　□ いんちきをする

Check 1　🎧 072
Check 2　🎧 156

□ 1073
求同存异
qiútóng-cúnyì

共通点を求めて相違点を残す
近 和而不同　反 求全责备

我们要求同存异，发展双方的友好关系。
Wǒmen yào qiútóng-cúnyì, fāzhǎn shuāngfāng de yǒuhǎo guānxi.
私たちは共通点を求めて相違点を残し、双方の友好関係を発展させなければならない。

□ 1074
全力以赴
quánlìyǐfù

全力で対処する
近 竭尽全力　反 敷衍了事

从今天起开始全力以赴，不知道还来不来得及？
Cóng jīntiān qǐ kāishǐ quánlìyǐfù, bù zhīdào hái lái bu láidejí?
今日から全力でやれば、まだ間に合うだろうか。

□ 1075
全心全意
quánxīn-quányì

誠心誠意、専心する
近 一心一意　反 三心二意

他全心全意地为公司工作了一辈子。
Tā quánxīn-quányì de wèi gōngsī gōngzuòle yíbèizi.
彼は会社のために一生、誠心誠意働いた。

□ 1076
日新月异
rìxīn-yuèyì

日進月歩、進歩・発展が速いこと
近 突飞猛进　反 一成不变

科技的发展日新月异，人们的生活越来越便利。
Kējì de fāzhǎn rìxīn-yuèyì, rénmen de shēnghuó yuè lái yuè biànlì.
科学技術の発展は日進月歩で、人々の生活はますます便利になっている。

71日目 🎧 071
Quick Review
答えは次頁

| □ 迫不及待 | □ 旗帜鲜明 | □ 千家万户 | □ 潜移默化 |
| □ 齐心协力 | □ 千方百计 | □ 前所未有 | □ 情不自禁 |

1 週目
2 週目
3 週目
4 週目
5 週目
6 週目
7 週目
8 週目
9 週目
10〜12 週目

□ 1077
身体力行
shēntǐ-lìxíng

身をもって体験し行動に移す
近 以身作则　反 夸夸其谈

项目小组的领导身体力行，带头攻克技术难关。

Xiàngmù xiǎozǔ de lǐngdǎo shēntǐ-lìxíng, dàitóu gōngkè jìshù nánguān.

プロジェクトチームのリーダーは、技術的な難関を突破するため率先して取り組んでいる。

□ 1078
审时度势
shěnshí-duóshì

時勢の動きをよく見る
近 揆情度理 / 度德量力　反 墨守成规

政府审时度势，制定了新的市场发展战略。

Zhèngfǔ shěnshí-duóshì, zhìdìngle xīn de shìchǎng fāzhǎn zhànlüè.

政府は時勢を判断し、新たな市場発展戦略を制定した。

□ 1079
实事求是
shíshì-qiúshì

事実に基づいて（問題を）処理する
近 脚踏实地　反 好高骛远

我们应该实事求是地对待环境问题。

Wǒmen yīnggāi shíshì-qiúshì de duìdài huánjìng wèntí.

私たちは現実に即して環境問題に取り組むべきだ。

□ 1080
势在必行
shìzàibìxíng

成り行き上やらざるを得ない
近 势不可挡

为了保护地球家园，垃圾分类势在必行。

Wèile bǎohù dìqiú jiāyuán, lājī fēnlèi shìzàibìxíng.

地球という家を保護するため、ゴミの分別をしなければならない。

□ ぐずぐずしていられない　　□ 態度や主張がはっきりしている　　□ 多くの家々　　□ 知らず知らずのうちに感化する

□ 一致協力する　　□ あらゆる手段を講じる　　□ いまだかつてない　　□ 思わず

☐ 1081

四面八方
sìmiàn-bāfāng

四方八方
近 五湖四海

人们从四面八方赶来参加庆典。
Rénmen cóng sìmiàn-bāfāng gǎnlái cānjiā qìngdiǎn.
式典には人々が各地から参加した。

☐ 1082

讨价还价
tǎojià-huánjià

駆け引きをする、値段を掛け合う
近 斤斤计较

她喜欢逛跳蚤市场，享受讨价还价的乐趣。
Tā xǐhuan guàng tiàozao shìchǎng, xiǎngshòu tǎojià-huánjià de lèqù.
彼女はフリーマーケットを見て回り駆け引きを楽しむのが好きだ。

☐ 1083

统筹兼顾
tǒngchóujiāngù

全体を見とおし、各方面にも配慮する
近 统筹帷幄　反 目光短浅

我们不能只顾眼前利益，要统筹兼顾。
Wǒmen bù néng zhǐ gù yǎnqián lìyì, yào tǒngchóujiāngù.
我々は目先の利益だけを考えず、統一的に計画し、各方面に配慮しなければならない。

☐ 1084

突飞猛进
tūfēi-měngjìn

（事業や学問などの）進展が飛躍的なこと
近 日新月异／一日千里
反 停滞不前／江河日下

进入 21 世纪，我国的教育事业有了突飞猛进的发展。
Jìnrù èrshiyī shìjì, wǒ guó de jiàoyù shìyè yǒule tūfēi-měngjìn de fāzhǎn.
21 世紀に入って、我が国の教育事業は飛躍的に発展した。

☐ 1085

突如其来
tūrú-qílái

突然やってくる

近 从天而降 / 出乎意料　　反 意料之中

我们爬山的时候遇到了一场突如其来的暴雨。
Wǒmen pá shān de shíhou yùdàole yì cháng tūrú-qílái de bàoyǔ.
私たちは山に登っているときに突然の豪雨に遭った。

☐ 1086

脱颖而出
tuōyǐng'érchū

頭角を現す、才能が現れる

近 崭露头角　　反 深藏若虚

他在这次比赛中脱颖而出，取得了第一名。
Tā zài zhè cì bǐsài zhōng tuōyǐng'érchū, qǔdéle dì-yī míng
彼は今回の試合で頭角を現し、1 位を取った。

☐ 1087

万众一心
wànzhòng-yìxīn

一致団結する、万民が心を１つにする

近 同心同德　　反 各自为政

全国人民万众一心，为奥运会贡献自己的力量。
Quánguó rénmín wànzhòng-yìxīn, wèi Àoyùnhuì gòngxiàn zìjǐ de lìliang.
全国民が心を１つにして、オリンピックのために自分の力をささげる。

☐ 1088

无可奈何
wúkěnàihé

どうにも仕方がない、どうすることもできない

近 无计可施

这也是无可奈何的事情，不怪他。
Zhè yě shì wúkěnàihé de shìqing, bú guài tā.
これも仕方のないことで、彼のせいではない。

☐ 共通点を求めて相   ☐ 诚心诚意   ☐ 身をもって体験し   ☐ 事実に基づいて処
違点を残す   行動に移す   理する
☐ 全力で対処する   ☐ 日進月歩   ☐ 時勢の動きをよく   ☐ 成り行き上やらざ
見る   るを得ない

□ 1089

无论如何
wúlùn-rúhé

どんなことがあっても、いずれにしても、どうしても

在这件事上，我是无论如何不会让步的。
Zài zhè jiàn shì shang, wǒ shì wúlùn-rúhé bú huì ràngbù de.

この件に関しては、私はどうしても譲ることができない。

□ 1090

息息相关
xīxī-xiāngguān

息が通い合っている、密接な関係にある
近 休戚相关　反 无关痛痒

科技与我们的生活息息相关。
Kējì yǔ wǒmen de shēnghuó xīxī-xiāngguān.

科学技術は私たちの生活と深く関わっている。

□ 1091

喜闻乐见
xǐwén-lèjiàn

喜んで見聞きする
近 喜闻乐道　反 痛恨不已

足球是人民群众喜闻乐见的体育活动。
Zúqiú shì rénmín qúnzhòng xǐwén-lèjiàn de tǐyù huódòng.

サッカーは人民大衆に喜ばれるスポーツだ。

□ 1092

显而易见
xiǎn'éryìjiàn

一見して分かる、火を見るより明らかである
近 昭然若揭 / 不言自明　反 模棱两可

他们俩合不来，这是显而易见的事嘛。
Tāmen liǎ hébulái, zhè shì xiǎn'éryìjiàn de shì ma.

彼ら2人が気が合わないのは、一目瞭然じゃないか。

| 73日目🎧073 Quick Review 答えは次頁 | □ 四面八方 | □ 统筹兼顾 | □ 突如其来 | 万众一心 |
| | □ 讨价还价 | □ 突飞猛进 | □ 脱颖而出 | 无可奈何 |

1
週目

2
週目

3
週目

4
週目

5
週目

6
週目

7
週目

8
週目

9
週目

10～12
週目

□ 1093
相辅相成
xiāngfǔ-xiāngchéng

互いに補い助け合う
近 相得益彰　反 两败俱伤

在外语学习中，听说读写是相辅相成的，缺一不可。
Zài wàiyǔ xuéxí zhōng, tīng shuō dú xiě shì xiāngfǔ-xiāngchéng de, quē yī bùkě.

外国語学習において、聞く・話す・読む・書くは補完し合い、どれ一つ欠けてもいけない。

□ 1094
想方设法
xiǎngfāng-shèfǎ

あれこれ方法を考える、いろいろ手を尽くす
近 千方百计　反 无计可施

他想方设法为孩子创造良好的学习环境。
Tā xiǎngfāng-shèfǎ wèi háizi chuàngzào liánghǎo de xuéxí huánjìng.

彼はなんとかして子供によい学習環境を作ってあげようと考えている。

□ 1095
小心翼翼
xiǎoxīn-yìyì

注意深い、慎重である、細心である
近 谨小慎微　反 落落大方

箱子里是瓷器，他们搬的时候小心翼翼的。
Xiāngzi li shì cíqì, tāmen bān de shíhou xiǎoxīn-yìyì de.

箱の中は磁器なので、彼らは慎重に運んだ。

□ 1096
形形色色
xíngxíngsèsè

種々さまざまである
近 千奇百怪 / 应有尽有
反 千篇一律 / 如出一辙

她是个售货员，每天都要跟形形色色的人打交道。
Tā shì ge shòuhuòyuán, měi tiān dōu yào gēn xíngxíngsèsè de rén dǎ jiāodào.

彼女は販売員なので、毎日種々さまざまな人の相手をしなければならない。

□ 四方八方　　　　　□ 全体を見とおし、各　□ 突然やってくる　　□ 一致団結する
　　　　　　　　　　　　方面にも配慮する
□ 駆け引きをする　　□ 進展が飛躍的なこと　□ 頭角を現す　　　　□ どうにも仕方がな
　　　　　　　　　　　　　　　　　　　　　　　　　　　　　　　　　　い

Check 1 　　　　　　　　　　　　　　　　　　　🎧 075
Check 2 　　　　　　　　　　　　　　　　　　　🎧 159

□ 1097
行之有效
xíngzhīyǒuxiào

効果がある、実効がある
近 立竿见影　反 徒然无益

希望这个方案行之有效，能彻底解决问题。
Xīwàng zhège fāng'àn xíngzhīyǒuxiào, néng chèdǐ jiějué wèntí.
この案が効果的で、徹底的に問題を解決できることを望む。

□ 1098
兴高采烈
xìnggāo-cǎiliè

大喜びである、非常に興に乗っている
近 欢天喜地　反 无精打采

我一回家，儿子兴高采烈地跑过来。
Wǒ yì huí jiā, érzi xìnggāo-cǎiliè de pǎoguolai.
私が帰宅すると、息子が大喜びで駆け寄ってきた。

□ 1099
兴致勃勃
xìngzhìbóbó

興味津々である、意気揚々としている
近 兴高采烈　反 兴味索然

他兴致勃勃地给我介绍他们的新项目。
Tā xìngzhìbóbó de gěi wǒ jièshào tāmen de xīn xiàngmù.
彼は意気揚々と私に彼らの新しい企画を紹介してくれた。

□ 1100
循序渐进
xúnxù-jiànjìn

（学習や仕事を）順を追って進める
近 由浅入深　反 一步登天

无论做什么事都要循序渐进，不要急于求成。
Wúlùn zuò shénme shì dōu yào xúnxù-jiànjìn, búyào jíyú qiú chéng.
何事も順を追って進め、功を焦ってはいけない。

74日目🎧074
Quick Review
答えは次頁

□ 无论如何　　□ 喜闻乐见　　□ 相辅相成　　□ 小心翼翼

□ 息息相关　　□ 显而易见　　□ 想方设法　　□ 形形色色

1 週目
2 週目
3 週目
4 週目
5 週目
6 週目
7 週目
8 週目
9 週目
10〜12 週目

□ 1101

一脉相承
yímài-xiāngchéng

同じ流れをくむ、同じ宗旨や気風を受け継ぐ
近 一脉相通

日本与中国在佛教信仰上是一脉相承的。
Rìběn yǔ Zhōngguó zài fójiào xìnyǎng shang shì yímài-xiāngchéng de.
日本と中国は仏教信仰の上で同じ流れを受け継いでいる。

□ 1102

一如既往
yìrú-jìwǎng

以前とまったく変わらない、すべてこれまでどおりである
近 始终如一　反 一反常态

我对你的爱一如既往，丝毫不变。
Wǒ duì nǐ de ài yìrú-jìwǎng, sīháo bú biàn.
きみへの愛はこれまでと同じで、少しも変わらない。

□ 1103

一丝不苟
yìsī-bùgǒu

少しもいい加減にはしない、きちんとする
近 兢兢业业　反 粗心大意 / 马马虎虎

他那过于一丝不苟的性格有时会惹麻烦。
Tā nà guòyú yìsī-bùgǒu de xìnggé yǒushí huì rě máfan.
彼のあの几帳面すぎる性格は時に問題を引き起こす。

□ 1104

一心一意
yìxīn-yíyì

一心に、一途に、一意専心
近 全心全意　反 三心二意 / 心猿意马

情人节送十一朵玫瑰代表一心一意爱着你。
Qíngrén Jié sòng shíyī duǒ méigui dàibiǎo yìxīn-yíyì àizhe nǐ.
バレンタインに 11 本のバラを贈るのは一途にあなたを愛するという意味だ。

□ どんなことがあっても　　□ 喜んで見聞きする　　□ 互いに補い助け合う　　□ 注意深い
□ 息が通い合っている　　□ 一見して分かる　　□ あれこれ方法を考える　　□ 種々さまざまである

□ 1105

以身作则

yǐshēn-zuòzé

自ら手本を示す
近 言传身教／身先士卒

父母要以身作则，成为孩子的榜样。

Fùmǔ yào yǐshēn-zuòzé, chéngwéi háizi de bǎngyàng.

親は率先して、子供の手本にならなければならない。

□ 1106

义不容辞

yìbùróngcí

道義上辞退できない、引き受けざるを得ない
近 义无反顾　反 推三阻四

保护环境是我们义不容辞的责任。

Bǎohù huánjìng shì wǒmen yìbùróngcí de zérèn.

環境保護は我々の当然引き受けるべき責任である。

□ 1107

引人注目

yǐnrén-zhùmù

人の注目を集める、注意を引く
近 有目共睹　反 隐姓埋名

她几乎是在一夜之间成为了最引人注目的明星。

Tā jīhū shì zài yí yè zhījiān chéngwéile zuì yǐnrén-zhùmù de míngxīng.

彼女はほぼ 1 夜にして最も注目を集めるスターになった。

□ 1108

应运而生

yìngyùn'érshēng

機運に応じて生まれる
近 应时而生　反 生不逢时

随着网络技术的发展，电子书应运而生。

Suízhe wǎngluò jìshù de fāzhǎn, diànzǐshū yìngyùn'érshēng.

ネット技術の発展に伴い、電子書籍が登場した。

75日目 🎧 075
Quick Review
答えは次頁

□ 行之有效　　□ 兴致勃勃　　□ 一脉相承　　□ 一丝不苟

□ 兴高采烈　　□ 循序渐进　　□ 一如既往　　□ 一心一意

□ 1109
有声有色
yǒushēng-yǒusè

（話や文章が）生き生きしている、精彩
がある
近 绘声绘色 / 栩栩如生　　反 无声无息

他的故事讲得有声有色，孩子们都喜欢听。
Tā de gùshi jiǎngde yǒushēng-yǒusè, háizimen dōu xǐhuan tīng.
彼の話は生き生きしているので、子供たちは皆喜んで聞く。

□ 1110
有识之士
yǒushízhīshì

有識者

关于人类的未来，有识之士纷纷提出了自己的看法。
Guānyú rénlèi de wèilái, yǒushízhīshì fēnfēn tíchūle zìjǐ de kànfa.
人類の未来について、有識者からはさまざまな意見が出ている。

□ 1111
与众不同
yǔzhòngbùtóng

ほかの人々とは異なる、特に優れている
近 独具匠心　　反 平淡无奇

她的音乐风格与众不同。
Tā de yīnyuè fēnggé yǔzhòngbùtóng.
彼女の音楽スタイルは衆人と異なる風格がある。

□ 1112
源远流长
yuányuǎn-liúcháng

源は遠く、流れは長い：歴史・伝統が
長いこと
近 渊源流长

中日人民之间的友好交往源远流长。
Zhōng-Rì rénmín zhījiān de yǒuhǎo jiāowǎng yuányuǎn-liúcháng.
日中両国民の友好的な往来は長い歴史を持っている。

□ 効果がある　　　　□ 興味津々である　　　□ 同じ流れをくむ　　　□ 少しもいい加減に
　　　　　　　　　　　　　　　　　　　　　　　　　　　　　　　　　　　はしない

□ 大喜びである　　　□ 順を追って進める　　□ 以前とまったく変　　□ 一心に
　　　　　　　　　　　　　　　　　　　　　わらない

1週目
2週目
3週目
4週目
5週目
6週目
7週目
8週目
9週目
10～12週目

□ 1113

再接再厉
zàijiē-zàilì

ますます努力する
近 再接再砺　反 得过且过

他决心再接再厉，四年后蝉联冠军。

Tā juéxīn zàijiē-zàilì, sì nián hòu chánlián guànjūn.

彼はさらに努力を重ね、4 年後も連覇すると決めた。

□ 1114

真心实意
zhēnxīn-shíyì

誠心誠意
近 诚心诚意　反 虚情假意 / 三心二意

他是真心实意地想帮你。

Tā shì zhēnxīn-shíyì de xiǎng bāng nǐ.

彼は誠心誠意あなたを助けたいと思っている。

□ 1115

众所周知
zhòngsuǒzhōuzhī

広く知られている、周知のように
近 尽人皆知　反 无人知晓

众所周知，大熊猫是中国的国宝。

Zhòngsuǒzhōuzhī, dàxióngmāo shì Zhōngguó de guóbǎo.

よく知られているように、パンダは中国の国宝だ。

□ 1116

卓有成效
zhuóyǒu-chéngxiào

成果が著しい、飛び抜けた成果がある
近 成效显著　反 鲜有成效

他采取了一系列卓有成效的改革措施。

Tā cǎiqǔle yíxìliè zhuóyǒu-chéngxiào de gǎigé cuòshī.

彼は一連の効果的な改革措置を講じた。

□ 1117
自力更生
zìlì-gēngshēng

自らの力で事を行う
近 自食其力　反 坐享其成 / 寄人篱下

所有的父母都希望自己的孩子能自力更生。
Suǒyǒu de fùmǔ dōu xīwàng zìjǐ de háizi néng zìlì-gēngshēng.
すべての親は自分の子供が自力で生きていくことを望んでいる。

□ 1118
自强不息
zìqiáng-bùxī

たゆまず努力する
近 发愤图强　反 自暴自弃

残奥会上，运动员自强不息的精神感动了每一个人。
Cán'àohuì shang, yùndòngyuán zìqiáng-bùxī de jīngshén gǎndòngle měi yí ge rén.
パラリンピックでは、選手がたゆまず努力する精神に誰もが感動した。

□ 1119
自然而然
zìrán'érrán

自然に、ひとりでに
近 水到渠成

只要平时加强锻炼，身体就会自然而然地好起来。
Zhǐyào píngshí jiāqiáng duànliàn, shēntǐ jiù huì zìrán'érrán de hǎoqilai.
日頃からトレーニングを強化すれば、体は自然とよくなるだろう。

□ 1120
自言自语
zìyán-zìyǔ

独り言を言う
近 喃喃自语

他一个人的时候喜欢自言自语。
Tā yí ge rén de shíhou xǐhuan zìyán-zìyǔ.
彼は1人でいるときに独り言を言うのが好きだ。

□ 自ら手本を示す　□ 人の注目を集める　□ 生き生きしている　□ ほかの人々とは異なる

□ 道義上辞退できない　□ 機運に応じて生まれる　□ 有識者　□ 歴史・伝統が長いこと

Check 1　　　　　　　　　　　　　　　　　　　🎧 078
Check 2　　　　　　　　　　　　　　　　　　　🎧 162

□ 1121
爱面子
ài miànzi

体裁を気にする、メンツにこだわる

孩子比大人还要爱面子，所以不要轻易批评孩子。
Háizi bǐ dàren hái yào ài miànzi, suǒyǐ búyào qīngyì pīpíng háizi.
子供は大人よりも体裁を気にするから、軽々しく叱ってはいけない。

□ 1122
摆架子
bǎi jiàzi

いばる、もったいぶる

他对每个下属都很尊重，从来不摆架子。
Tā duì měi ge xiàshǔ dōu hěn zūnzhòng, cónglái bù bǎi jiàzi.
彼はどの部下も尊重し、これまでいばったことがない。

□ 1123
饱眼福
bǎo yǎnfú

目の保養をする

春晚的节目一年比一年精彩，每次都让全国观众大饱眼福。
Chūnwǎn de jiémù yì nián bǐ yì nián jīngcǎi, měi cì dōu ràng quánguó guānzhòng dà bǎo yǎnfú.
春節聯歓晩会は年々素晴らしくなり、毎回全国の視聴者は大いに楽しんでいる。

□ 1124
抱不平
bào bùpíng

憤慨する、不満を抱く

张勇这次没评上"先进教师"，很多同事都为他抱不平。
Zhāng Yǒng zhè cì méi píngshàng "Xiānjìn jiàoshī", hěn duō tóngshì dōu wèi tā bào bùpíng.
張勇は今回「優秀教師」に選ばれず、多くの同僚が彼のために憤慨した。

77日目 🎧 077
Quick Review
答えは次頁

□ 再接再厉　　□ 众所周知　　□ 自力更生　　□ 自然而然
□ 真心实意　　□ 卓有成效　　□ 自强不息　　□ 自言自语

□ 1125

抱粗腿
bào cūtuǐ

金持ちや権力者に取り入る

任何事情都要自己努力，不能总想着抱别人的粗腿。

Rènhé shìqing dōu yào zìjǐ nǔlì, bù néng zǒng xiǎngzhe bào biéren de cūtuǐ.

どんなことも自分で努力しなければならない、いつも人に取り入ろうと考えていてはだめだ。

□ 1126

抱佛脚
bào fójiǎo

苦しいときの神頼み

平时不认真学习，一到考试就抱佛脚，怎么会取得好成绩呢？

Píngshí bú rènzhēn xuéxí, yí dào kǎoshì jiù bào fójiǎo, zěnme huì qǔdé hǎo chéngjì ne?

日頃は真面目に勉強しないで、試験になると神頼みでは、どうしてよい成績が取れるものか。

□ 1127

变戏法
biàn xìfǎ

ごまかす、手品をする

你这样做不过是变戏法，总有一天会被拆穿的。

Nǐ zhèyàng zuò bú guò shì biàn xìfǎ, zǒng yǒu yì tiān huì bèi chāichuān de.

このようにただごまかしていては、いつの日にか暴かれるだろう。

□ 1128

尝甜头
cháng tiántou

恩恵を受ける、効果を上げる

这家公司尝到了高科技的甜头，越来越支持科技创新了。

Zhè jiā gōngsī chángdàole gāokējì de tiántou, yuè lái yuè zhīchí kējì chuàngxīn le.

この会社はハイテク技術の恩恵を受け、ますます技術革新を支持している。

□ ますます努力する　　□ 広く知られている　　□ 自らの力で事を行う　　□ 自然に

□ 誠心誠意　　□ 成果が著しい　　□ たゆまず努力する　　□ 独り言を言う

Check 1 　　　　　　　　　　　　　　　　　 🎧 079
Check 2 　　　　　　　　　　　　　　　　　 🎧 163

□ 1129 | 近道をする

抄近路
chāo jìnlù

学习必须循序渐进，总想抄近路是要吃亏的。
Xuéxí bìxū xúnxù-jiànjìn, zǒng xiǎng chāo jìnlù shì yào chīkuī de.
学習は順序立ててすべきで、近道ばかりを考えていてはしてやられるだろう。

□ 1130 | （試験などで）0点を取る

吃鸭蛋
chī yādàn

我昨天没复习，明天的考试恐怕要吃鸭蛋了。
Wǒ zuótiān méi fùxí, míngtiān de kǎoshì kǒngpà yào chī yādàn le.
昨日は復習しなかったので、明日のテストは恐らく0点だろう。

□ 1131 | 信号無視をする、危険を冒す

闯红灯
chuǎng hóngdēng

领导干部应按规章制度办事，不要"闯红灯"。
Lǐngdǎo gànbù yīng àn guīzhāng zhìdù bànshì, búyào "chuǎng hóngdēng".
指導者は規則と制度によって事をすべきで、「信号無視」をしてはいけない。

□ 1132 | 保証する、太鼓判を押す

打保票
dǎ bǎopiào

我敢打保票，他一定会成功的。
Wǒ gǎn dǎ bǎopiào, tā yídìng huì chénggōng de.
私は彼が必ず成功するだろうことを保証します。

| 78日目 🎧 078 Quick Review 答えは次頁 | □ 爱面子 | □ 饱眼福 | □ 抱粗腿 | □ 变戏法 |
| | □ 摆架子 | □ 抱不平 | □ 抱佛脚 | □ 尝甜头 |

1週目

2週目

3週目

4週目

5週目

6週目

7週目

8週目

9週目

10~12週目

□ 1133

打官司
dǎ guānsi

言い争う、訴訟を起こす

你们俩不要整天在父母面前打官司告状。

Nǐmen liǎ búyào zhěngtiān zài fùmǔ miànqián dǎ guānsi gàozhuàng.

あなた方2人は1日中両親の前で言い争うのをやめなさい。

□ 1134

打光棍儿
dǎ guānggùnr

（男性が）独身でいる

正因为你有这样的想法，才会到现在都打光棍儿。

Zhèng yīnwei nǐ yǒu zhèyàng de xiǎngfa, cái huì dào xiànzài dōu dǎ guānggùnr.

まさにあなたはそういう考え方だから、いまだに独身なんだろう。

□ 1135

打交道
dǎ jiāodào

付き合う、交際する

我不喜欢和不诚实的人打交道。

Wǒ bù xǐhuan hé bù chéngshí de rén dǎ jiāodào.

私は不誠実な人との付き合いは好まない。

□ 1136

打招呼
dǎ zhāohu

あいさつをする

早上我跟她打招呼，她故意不理我，真奇怪。

Zǎoshang wǒ gēn tā dǎ zhāohu, tā gùyì bù lǐ wǒ, zhēn qíguài.

朝、彼女にあいさつしたが、彼女がわざと無視をしたのは、本当に不思議だ。

□ 体裁を気にする   □ 目の保養をする   □ 金持ちや権力者に取   □ ごまかす
り入る

□ いばる   □ 憤慨する   □ 苦しいときの神頼み   □ 恩恵を受ける

Check 1 　　　　　　　　　　　　　　🎧 080
Check 2 　　　　　　　　　　　　　　🎧 164

□ 1137

打折扣
dǎ zhékòu

手を抜く、割引きをする

他话说得好听，但每次做事都会打折扣。

Tā huà shuōde hǎotīng, dàn měi cì zuòshì dōu huì dǎ zhékòu.

彼は口はうまいが、いつもやることは手抜きだ。

□ 1138

倒胃口
dǎo wèikou

食欲をなくす、うんざりする

这道菜味道很好，但名字却有点让人倒胃口。

Zhè dào cài wèidao hěn hǎo, dàn míngzi què yǒudiǎn ràng rén dǎo wèikou.

この料理は味はよいが、名前がちょっと食欲をなくさせる。

□ 1139

丢面子
diū miànzi

恥をかく、メンツを失う

不懂就要问，这不是什么丢面子的事儿。

Bù dǒng jiù yào wèn, zhè bú shì shénme diū miànzi de shìr.

分からなければ聞くべきで、これは何もメンツを失うようなことではない。

□ 1140

发牢骚
fā láosao

愚痴をこぼす、不平不満をいう

与其一直发牢骚，不如想办法解决问题。

Yǔqí yìzhí fā láosao, bùrú xiǎng bànfǎ jiějué wèntí.

ずっと愚痴をこぼすより、考えて問題を解決するほうがよい。

79日目 🎧 079
Quick Review
答えは次頁

| □ 抄近路 | □ 闯红灯 | □ 打官司 | □ 打交道 |
| □ 吃鸭蛋 | □ 打保票 | □ 打光棍儿 | □ 打招呼 |

1週目
2週目
3週目
4週目
5週目
6週目
7週目
8週目
9週目
10～12週目

□ 1141

发脾气
fā píqi

かんしゃくを起こす

周芝性格很温柔，从来不对任何人发脾气。
Zhōu Zhī xìnggé hěn wēnróu, cónglái bú duì rènhé rén fā píqi.
周芝は性格が穏やかで、誰に対しても怒ったことがない。

□ 1142

赶时髦
gǎn shímáo

流行を追う

许多爱赶时髦的人都喜欢模仿明星的穿搭风格。
Xǔduō ài gǎn shímáo de rén dōu xǐhuan mófǎng míngxīng de chuān dā fēnggé.
多くの流行を追うのが好きな人はスターの着こなし・スタイルをまねるのが好きだ。

□ 1143

搞对象
gǎo duìxiàng

恋愛をする、恋人を作る

我舍友最近好像搞对象了，每天都回来很晚。
Wǒ shèyǒu zuìjìn hǎoxiàng gǎo duìxiàng le, měi tiān dōu huílái hěn wǎn.
ルームメイトは最近どうも恋人ができたようで、毎日帰ってくるのが遅い。

□ 1144

够朋友
gòu péngyou

友達がいがある

谢谢你，你真够朋友，我现在就打电话约面试。
Xièxie nǐ, nǐ zhēn gòu péngyou, wǒ xiànzài jiù dǎ diànhuà yuē miànshì.
ありがとう、ほんと友達がいがある、今からすぐに電話をして面接の予約をするよ。

□ 近道をする　　　□ 信号無視をする　　　□ 言い争う　　　□ 付き合う

□ 0点を取る　　　□ 保証する　　　□ 独身でいる　　　□ あいさつをする

□ 1145
管闲事
guǎn xiánshì

おせっかいをやく

他不但爱管闲事，而且好吃懒做，经常惹祸。
Tā búdàn ài guǎn xiánshì, érqiě hàochī-lǎnzuò, jīngcháng rěhuò.
彼はおせっかい好きなだけでなく、食いしん坊の怠け者で、しょっちゅうトラブルを起こす。

□ 1146
换脑筋
huàn nǎojīn

古い考えを改める

你想让他换脑筋，接受新事物，恐怕不太容易。
Nǐ xiǎng ràng tā huàn nǎojīn, jiēshòu xīn shìwù, kǒngpà bú tài róngyì.
君は彼に古い考えを改め、新しい事を受け入れさせようと思っているが、そう簡単ではないだろう。

□ 1147
借东风
jiè dōngfēng

チャンスを捉える

春明企业借着国家改革的东风迅速发展起来。
Chūnmíng qǐyè jièzhe guójiā gǎigé de dōngfēng xùnsù fāzhǎnqilai.
春明企業は国家改革のチャンスを捉えて迅速に発展しはじめた。

□ 1148
开绿灯
kāi lǜdēng

許可する、便宜を図る

市政府已经给那家公司开绿灯，支持他们优先发展。
Shìzhèngfǔ yǐjīng gěi nà jiā gōngsī kāi lǜdēng, zhīchí tāmen yōuxiān fāzhǎn.
市政府はすでにその会社に許可を与え、優先的に発展するようにサポートをしている。

1 週目

2 週目

3 週目

4 週目

5 週目

6 週目

7 週目

8 週目

9 週目

10~12 週目

□ 1149

开夜车
kāi yèchē

徹夜する

明天就要考试了，看来今晚得开夜车复习了。

Míngtiān jiùyào kǎoshì le, kànlái jīnwǎn děi kāi yèchē fùxí le.

明日は試験だから、今晩はどうやら徹夜で復習しなければならない。

□ 1150

拉关系
lā guānxi

コネをつける、関係を利用する

上司正在和一家美国公司拉关系，以发展海外生意。

Shàngsi zhèngzài hé yì jiā Měiguó gōngsī lā guānxi, yǐ fāzhǎn hǎiwài shēngyi.

上司はアメリカの会社にコネをつけて、海外での商売を広げている。

□ 1151

拉后腿
lā hòutuǐ

足を引っ張る、邪魔をする

他没完成指定的任务，拉了大家的后腿。

Tā méi wánchéng zhǐdìng de rènwu, lāle dàjiā de hòutuǐ.

彼は指定された任務を終えておらず、みんなの足を引っ張っている。

□ 1152

留面子
liú miànzi

顔を立てる

别闹了，这里都是熟人，你要给他留点面子。

Bié nào le, zhèli dōu shì shúrén, nǐ yào gěi tā liú diǎn miànzi.

けんかをしないで、ここはみんな顔なじみだから、君はちょっと彼の顔を立てててやれよ。

□ 手を抜く	□ 恥をかく	□ かんしゃくを起こす	□ 恋愛をする
□ 食欲をなくす	□ 愚痴をこぼす	□ 流行を追う	□ 友達がいがある

□ 1153

马后炮
mǎhòupào

後の祭り、手遅れである

事情都已经过去了，你现在放马后炮还有什么用？
Shìqing dōu yǐjīng guòqule, nǐ xiànzài fàng mǎhòupào hái yǒu shénme yòng?
事はもう終わったのだ、今さら後の祭りをして何の役に立つのだ？

□ 1154

卖力气
mài lìqi

一生懸命にやる

我这么卖力气地帮你，你怎么还埋怨我？
Wǒ zhème mài lìqi de bāng nǐ, nǐ zěnme hái mányuàn wǒ?
こんなにも懸命に助けているのに、君はなぜなお私を恨むんだ？

□ 1155

拿主意
ná zhǔyi

腹を決める

到底该怎么办，你倒是拿个主意啊。
Dàodǐ gāi zěnme bàn, nǐ dàoshì ná ge zhǔyi a.
いったいどのようにすべきか、君は腹を決めなよ。

□ 1156

闹笑话
nào xiàohua

笑いものになる、しくじる

学习一国语言的同时也要学习它的文化，不然就会闹笑话。
Xuéxí yì guó yǔyán de tóngshí yě yào xuéxí tā de wénhuà, bùrán jiù huì nào xiàohua.
言語を学ぶと同時にその文化も学ばなければ、笑われるだろう。

81日目 🎧 081
Quick Review
答えは次頁

□ 管闲事　　　　□ 借东风　　　　□ 开夜车　　　　□ 拉后腿

□ 换脑筋　　　　□ 开绿灯　　　　□ 拉关系　　　　□ 留面子

1週目

2週目

3週目

4週目

5週目

6週目

7週目

8週目

9週目

10〜12週目

□ 1157

闹着玩儿
nàozhe wánr

ふざける、冗談を言う

我没跟你闹着玩儿，你认真听我说行不行？

Wǒ méi gēn nǐ nàozhe wánr, nǐ rènzhēn tīng wǒ shuō xíng bu xíng?

君に冗談を言ってるのではないから、真面目に私の言うことを聞いたらどうだい？

□ 1158

拍马屁
pāi mǎpì

おべっかを使う

我最讨厌没本事还爱拍马屁的人。

Wǒ zuì tǎoyàn méi běnshi hái ài pāi mǎpì de rén.

私は無能でおべっかを使う人が大嫌いです。

□ 1159

拍胸脯
pāi xiōngpú

保証する、請け合う、胸をたたく

你敢拍胸脯保证，我就放心了。

Nǐ gǎn pāi xiōngpú bǎozhèng, wǒ jiù fàngxīn le.

君があえて胸をたたいて保証するのだから、私は安心したよ。

□ 1160

碰钉子
pèng dīngzi

断られる、壁にぶつかる

他向来铁面无私，你去找他求情，肯定碰钉子。

Tā xiànglái tiě miàn wú sī, nǐ qù zhǎo tā qiúqíng, kěndìng pèng dīngzi.

彼はいつも公正無私なので、彼に泣きつきに行っても、きっと断られる。

☐ おせっかいをやく　　☐ チャンスを捉える　　☐ 徹夜する　　☐ 足を引っ張る

☐ 古い考えを改める　　☐ 許可する　　☐ コネをつける　　☐ 顔を立てる

□ 1161

碰运气
pèng yùnqi

運試しをする

不如去旧书市场碰碰运气，也许会找到你要的文献。
Bùrú qù jiùshū shìchǎng pèngpeng yùnqi, yěxǔ huì zhǎodào nǐ yào de wénxiàn.
古本市場にちょっと運試しに行ってみたら、君の欲しい文献が見つかるかもしれない。

□ 1162

翘尾巴
qiào wěiba

思い上がる、得意になる

别取得一点成绩就翘尾巴，要知道天外有天，人外有人。
Bié qǔdé yìdiǎn chéngjì jiù qiào wěiba, yào zhīdao tiānwài-yǒutiān, rénwài-yǒurén.
ちょっとした成績を取ったからと得意になるのではなく、上には上があることを知らなければならない。

□ 1163

伤脑筋
shāng nǎojīn

頭を悩ます

家里又停水了，真伤脑筋。
Jiā li yòu tíngshuǐ le, zhēn shāng nǎojīn.
家がまた断水して、本当に頭が痛い。

□ 1164

上眼药
shàng yǎnyào

悪口を言う、目薬をさす

我不知道谁给我在领导面前上眼药了。
Wǒ bù zhīdào shéi gěi wǒ zài lǐngdǎo miànqián shàng yǎnyào le.
誰が上司の前で私の悪口を言ったのか知りません。

82日目 🎧 082
Quick Review
答えは次頁

| □ 马后炮 | □ 拿主意 | □ 闹着玩儿 | □ 拍胸脯 |
| □ 卖力气 | □ 闹笑话 | □ 拍马屁 | □ 碰钉子 |

□ 1165
使眼色
shǐ yǎnsè

目配せをする

你进去给他使个眼色，让他出来一下。
Nǐ jìnqu gěi tā shǐ ge yǎnsè, ràng tā chūlai yíxià.
入って行って彼に目配せして、ちょっと出てくるように言ってください。

□ 1166
说闲话
shuō xiánhuà

悪口を言う、雑談する

越是无知的人，越爱背后说闲话。
Yuè shì wúzhī de rén, yuè ài bèihòu shuō xiánhuà.
無知な人ほど、影で悪口を言うのが好きだ。

□ 1167
缩脖子
suō bózi

尻込みする、首を縮める

他这人靠不住，关键时刻总是缩脖子。
Tā zhè rén kàobuzhù, guānjiàn shíkè zǒngshì suō bózi.
彼という人は頼りにならず、肝心なときにいつも尻込みをする

□ 1168
掏腰包
tāo yāobāo

自腹を切る

如果饭菜不好吃，顾客是不会掏腰包的。
Rúguǒ fàncài bù hǎochī, gùkè shì bú huì tāo yāobāo de.
料理が美味しくなければ、お客さんは自腹を切らないだろう。

□ 後の祭り　　　□ 腹を決める　　　□ ふざける　　　□ 保証する

□ 一生懸命にやる　　□ 笑いものになる　　□ おべっかを使う　　□ 断られる

1週目
2週目
3週目
4週目
5週目
6週目
7週目
8週目
9週目
10～12週目

□ 1169

挑毛病
tiāo máobing

あら探しをする

这篇论文总体上是好的，你不要故意挑毛病。
Zhè piān lùnwén zǒngtǐ shang shì hǎo de, nǐ búyào gùyì tiāo máobing.
この論文は全体的にはよいので、わざとあら探しをしないように。

□ 1170

捂盖子
wǔ gàizi

不正や問題にふたをする

政府不应该一遇到事情就捂盖子，这样并不能解决问题。
Zhèngfǔ bù yīnggāi yí yùdào shìqing jiù wǔ gàizi, zhèyàng bìng bù néng jiějué wèntí.
政府は事あるごとにふたをするべきでない、それでは問題を解決することができない。

□ 1171

有眉目
yǒu méimù

目鼻がつく

经过一个多月的调查，这件案子终于有眉目了。
Jīngguò yí ge duō yuè de diàochá, zhè jiàn ànzi zhōngyú yǒu méimù le.
1 ヵ月以上の調査を経て、この事件の目鼻がついた。

□ 1172

占便宜
zhàn piányi

うまい汁を吸う、有利である

他这人，做事只想占便宜，一点亏也不愿意吃。
Tā zhè rén, zuòshì zhǐ xiǎng zhàn piányi, yìdiǎn kuī yě bú yuànyì chī.
彼という人は何事もうまい汁を吸いたいだけで、少しの損もしたくはない。

1 週目

2 週目

3 週目

4 週目

5 週目

6 週目

7 週目

8 週目

9 週目

10~12 週目

□ 1173

装糊涂
zhuāng hútu

とぼける、知らん顔をする

这件事她清楚得很，她故意跟我们装糊涂呢。
Zhè jiàn shì tā qīngchu déhěn, tā gùyì gēn wǒmen zhuāng hútu ne.
この事を彼女はよく知っているのに、わざと私たちにとぼけている。

□ 1174

走后门
zǒu hòumén

コネを使う、裏工作をする

自己没能力，靠走后门找到工作，迟早也会被辞退的。
Zìjǐ méi nénglì, kào zǒu hòumén zhǎodào gōngzuò, chízǎo yě huì bèi cítuì de.
自分に能力がなく、コネで仕事を見つけても、いずれ解雇されるだろう。

□ 1175

钻空子
zuān kòngzi

すきに乗じる

要不断健全管理机制，不让贪心之人有机会钻空子。
Yào búduàn jiànquán guǎnlǐ jīzhì, bú ràng tānxīn zhī rén yǒu jīhuì zuān kòngzi.
絶えず管理メカニズムを健全にし、貪欲な人にすきに乗じられないようにしなければならない。

□ 1176

做生意
zuò shēngyi

商売をする

他做生意很实在，从不缺斤少两。
Tā zuò shēngyi hěn shízài, cóng bù quējīn-shǎoliǎng.
彼の商売はうそいつわりなく、物の重さが足りなかったことはない。

□ 運試しをする　　□ 頭を悩ます　　□ 目配せをする　　□ 尻込みする

□ 思い上がる　　□ 悪口を言う　　□ 悪口を言う　　□ 自腹を切る

索引

84日目 🎧 084 Quick Review 答えは次頁	□ 挑毛病	□ 有眉目	□ 装糊涂	□ 钻空子
	□ 揎盖子	□ 占便宜	□ 走后门	□ 做生意

□ あら探しをする	□ 目鼻がつく	□ とぼける	□ すきに乗じる
□ 不正や問題にふたをする	□ うまい汁を吸う	□ コネを使う	□ 商売をする

成語

慣用句

成語

慣用句

改訂版　聞いて覚える中国語単語帳

キクタン

中国語

【中級編】

中検2級レベル

発行日	2022年11月17日（初版）
	2023年　9月22日（第2刷）
監修者	内田慶市（関西大学名誉教授）
	沈国威（関西大学外国語学部教授）
著者	氷野善寛（目白大学外国語学部中国語学科准教授）
	紅粉芳惠（大阪産業大学国際学部教授）
	海暁芳（関西大学文化交渉学博士　北京市建華実験学校）
	齊燦（揚州大学文学院講師）
編集	株式会社アルク出版編集部、竹内路子（株式会社好文出版）
アートディレクター	細山田光宣
デザイン	柏倉美地（細山田デザイン事務所）
イラスト	大塚犬
ナレーション	姜海寧、菊地信子
音楽制作・編集	Niwaty
録音	galette studio（高山慎平）
DTP	新井田晃彦（有限会社共同制作社）、洪永愛（Studio H2）
印刷・製本	シナノ印刷株式会社
発行者	天野智之
発行所	株式会社アルク
	〒102-0073 東京都千代田区九段北4-2-6　市ヶ谷ビル
	Website：https://www.alc.co.jp/

地球人ネットワークを創る

アルクのシンボル
「地球人マーク」です。